技术创新与发展丛书

— TECHNOLOGY INNOVATION AND DEVELOPMENT SERIES —

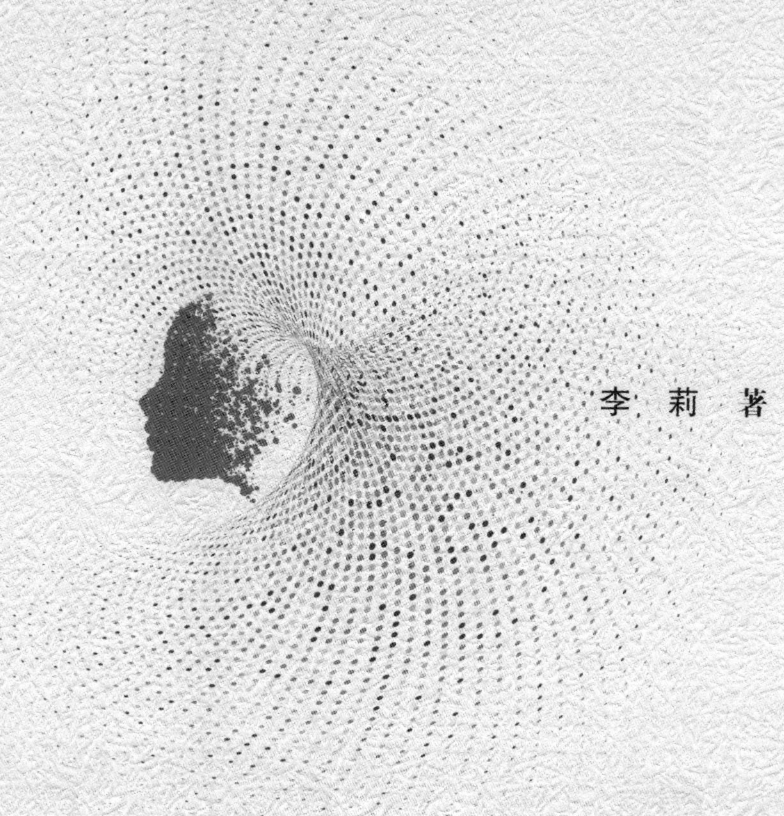

李莉 著

战略性新兴产业高端化理论与实践

ADVANCED DEVELOPMENT OF STRATEGIC EMERGING INDUSTRY
Theory and Practice

2016年度福建省高校新世纪优秀人才支持计划“战略性新兴产业高端化”项目资助；2016年福建省本科高校向应用型转变试点项目“自贸区港口与物流人才培养专业群”项目资助；2019年福建省本科高校重大教育教学改革研究项目“应用型大学活力课堂创新融合驱动机制建构（编号：FBJG20190134）”项目资助

经济管理出版社
ECONOMY & MANAGEMENT PUBLISHING HOUSE

图书在版编目（CIP）数据

战略性新兴产业高端化：理论与实践 / 李莉著. —北京：经济管理出版社，2021. 3
ISBN 978-7-5096-7856-5

Ⅰ. ①战… Ⅱ. ①李… Ⅲ. ①新兴产业—产业发展—研究 Ⅳ. ①F264

中国版本图书馆 CIP 数据核字（2021）第 050741 号

组稿编辑：王光艳
责任编辑：王光艳　杜奕彤
责任印制：黄章平
责任校对：陈　颖

出版发行：经济管理出版社
（北京市海淀区北蜂窝 8 号中雅大厦 A 座 11 层　100038）
网　　址：www. E-mp. com. cn
电　　话：（010）51915602
印　　刷：唐山昊达印刷有限公司
经　　销：新华书店
开　　本：720mm×1000mm /16
印　　张：17. 5
字　　数：319 千字
版　　次：2021 年 3 月第 1 版　　2021 年 3 月第 1 次印刷
书　　号：ISBN 978-7-5096-7856-5
定　　价：78. 00 元

前言

>>>

PREFACE

发展战略性新兴产业，是适应经济科技变革、抢占未来科技制高点、增强综合国力、提升生产效率和人民生活水平、实现我国经济社会持续较快发展的重大战略举措。但是，随着战略性新兴产业的发展，已出现不协调的低端化现象，比如低附加值、低素质劳动力、缺乏核心技术、产业同质等，虽头顶高端产业的名头，但在全球产业链中却被低端锁定，低端的全球分工定位使得中国战略性新兴产业的实际贡献率仅为3%左右。

党的十九届五中全会坚持把扩大内需作为战略基点，对构建以国内大循环为主体、国际国内双循环相互促进的新发展格局作出重要战略部署，为推动高质量发展、实现“十四五”规划和2035年远景目标指明主攻方向。自我国经济进入新常态以来，必须牢固树立并切实贯彻“创新、协调、绿色、开放、共享”的五大发展理念。当前，新一轮科技革命和产业变革与我国加快转变经济发展方式形成历史性交汇，国际产业分工格局正在重塑，必须紧紧抓住这一重大历史机遇，把我国建设成为引领世界制造业发展的制造强国。

实现战略性新兴产业高端化为本书的立旨所在，我们在文献研究的基础上，采用案例、比较与归纳分析，通过理论研究与实践研究相结合的研究范式，回顾了我国战略性新兴产业发展的历程，在战略性新兴产业高端化价值审视基础上，分析战略性新兴产业高端化的理论基础、内涵、特征及影响因素，在总结国内外不同国家与地区战略性新兴产业高端化经验基础上，研究战略性新兴产业高端化的技术路线图、培育模式与路径，并提出相关政策建议。

本书在撰写过程中，笔者参考了大量国内外的论文、专著、教材以及其他材料，借鉴和引用了国内外学者的研究成果，同时经济管理出版社杜奕彤编辑对本书审稿和修改提出了宝贵意见，付出了辛勤劳动。也特别感谢许良胜与卢雪梦同志对本书做出的重要贡献。在此，我们谨向这些文献的作者和经济管理出版社编辑表示由衷的感谢。

限于笔者的水平，书中难免有不妥或疏漏之处，敬请广大读者和专家批评指正，期待更多关注和从事这一领域研究工作的人员加入。

笔者

目 录

>>>
CONTENTS

第一章
前导性研究：事实与问题

在国际金融危机的冲击下，世界各国纷纷寻找新一轮产业发展重点，以新理念、新技术、新模式、新市场拉动的战略性新兴产业备受关注，发展模式呈现出典型的“三高一低”（即资源高投入、高消耗、高排放、低效率）。随着资源、环境约束的加紧，这种发展模式难以为继，需要由“三高一低”向“三低一高”（资源低投入、低消耗、低排放、高效率）转换。战略性新兴产业代表新一轮科技革命和产业变革的方向，是培育发展新动能、获取未来竞争新优势的关键领域。我们要把战略性新兴产业摆在经济社会发展更加突出的位置，大力构建现代产业新体系，推动经济社会持续健康发展。

第一节　战略性新兴产业发展的历史选择与发展脉络

一、战略性新兴产业发展的历史选择

（一）战略性新兴产业发展的逻辑起点：转型发展与国际分工

发展战略性新兴产业，促进经济发展方式转型。中华人民共和国成立之初，我国经济发展水平落后。为了提升全国人民物质文化生活水平，赶超欧美发达国家，我们充分利用本国劳动力低廉、自然资源丰富的优势，大力发展劳动密集型、资源密集型产业，促进经济快速增长。然而这种发展模式呈现出典型的“三高一低”特点，即资源高投入、高消耗、高排放、低效率。随着资源、环境约束的加紧，这种发展模式难以为继，更谈不上实现经济、社会、自然环境的协调发展、可持续发展，促进经济增长由“三高一低”向“三低一高”转换的呼声越

来越高，即转向资源低投入、低消耗、低排放、高效率。这一呼声得到党和国家的高度重视。党的十七大报告明确提出，加快转变经济发展方式，推动产业结构优化升级，促进经济增长由主要依靠增加物质资源消耗向主要依靠科技进步、劳动者素质提高、管理创新转变。在国际金融危机的冲击下，转变经济发展方式更加迫切。2009 年 12 月召开的中央经济工作会议，正式提出了要加快培育战略性新兴产业。加快培育战略性新兴产业成为推动产业结构优化升级的重要任务和主要内容，开启了我国转变经济发展方式的新篇章。之所以战略性新兴产业对于转变经济发展方式意义重大，关键在于战略性新兴产业本身的投入产出特征就代表了未来经济的发展重点和方向。这一点，在众多学者阐述战略性新兴产业的概念和内涵的研究中得到充分体现。战略性新兴产业就是代表着当今世界科学技术发展的前沿和方向，具有广大的市场前景、经济技术效益和产业带动效用，并且关系到经济社会全局和国家安全的新兴产业；战略性新兴产业是指在国民经济中具有重要战略地位，关系到国家或地区的经济命脉和产业安全，科技含量高、产业关联广、市场空间大，具有节能减排特性的潜在朝阳产业。尽管这些关于战略性新兴产业概念内涵的表述存在一些差异，但是它们都揭示了战略性新兴产业的重要经济特征：一是以技术投入为主；二是节能减排；三是经济技术效益高和产业带动效用强等。当然战略性新兴产业同时还具备初始成本高、技术路线不确定等特征，但其整体的经济、社会效益还是具有比较优势的，符合经济发展方式转变所要求的“三低一高”特征。正是基于这种意义，强调战略性新兴产业的发展事关我国经济结构调整和增长方式转变大局，对于实现我国经济可持续发展具有重要意义。

（二）发展战略性新兴产业，增强国际分工话语权

20 世纪 90 年代以来，经济全球化步伐加快，生产要素跨国流动的趋势进一步加强，跨国公司开始在全球范围内以收购、兼并、分拆、外包和战略联盟等形式，实施全方位的资源与能力整合，由此形成了全球价值链（Global Value Chains，GVC）。在 GVC 链条上，前端的研发设计和后端的营销物流两个环节的附加值最高，而中间生产制造环节的附加值最低。显然，在整个 GVC 分工链条中，一个国家或企业的相对优势由其在曲线上所处的位置决定。发达国家凭借资本、技术、人才和消费方式上的优势或先机，占据了高附加值、高技术含量产品和服务市场，而大多数发展中国家则处于国际分工链条的末端，成为全球市场上

劳动密集型、低附加值、低技术含量产品与服务的提供者。同时，作为发达国家代言人的跨国公司，充分利用在GVC中的战略优势地位，或者制定和监督规则、标准的实施，或者控制稀缺的设计能力、专利、品牌和市场资源，掌控价值链的治理权和收益的分配权，获得巨大的贸易分工利得。就中国的传统产业而言，相对发达的地区由于具备发达的制造业基础和劳动力优势，处于GVC链条的中后端，主要获取加工收益。近年来，我国高新技术产品出口额大幅增加，出口的复杂程度也呈现上升趋势，但是出口产品的技术含量不高，在高技术产业价值链上仍然处于低端，应该紧紧抓住后金融危机时代全球产业格局重构的重大历史性机遇，率先在战略性新兴产业核心技术方面取得突破，获取产业主导设计的控制权。的确，当前战略性新兴产业还处于初创期，技术路线还不确定，还没有统一的产业技术标准，发达国家及其领先企业还没有规则制定权，这对于此前在主导设计和市场竞争上处于落后地位的竞争主体来说，无疑是一个参与产业标准制定的历史性机遇。作为发展中大国的中国，一定要集中力量攻克尖端、核心技术，掌握在战略性新兴产业领域的GVC价值链分工话语权。否则，我们只能走传统产业的老路，作为GVC低端参与者，在经济发展和技术创新上双重依赖发达国家。

二、战略性新兴产业发展的角色定位：政府、市场与企业

作为整个经济运行的三个维度，政府、企业、市场缺一不可，它们各自扮演着无法替代的角色，战略性新兴产业的快速、健康发展依赖于三者明确的职责分工。政府在战略性新兴产业培育和发展过程中至关重要，不应仅局限于机制设计、组织协调和政策调控，还应该直接介入生产领域，但政府主导的经济运行模式容易造成重复建设、产能过剩。在战略性新兴产业发展过程中，政府管理机制设计和宏观调控，起组织、引导培育的作用；而企业对产业发展规律及动向比政府有更准确的把握和了解，其投资决策更理性、更科学，决策的成功率和投资收益率远高于政府，因此企业才是战略性新兴产业发展的主角。在战略性新兴产业发展中，市场与政府是两个密不可分的主体。战略性新兴产业具有不确定性和很强的外部性，仅依靠市场“无形之手”难以形成规模化和市场化，只有政府直接参与生产投资，才能推动战略性新兴产业的快速发展。在战略性新兴产业发展初期，国家层面的宏观调控尤为重要，要做好中长期发展规划的编制，强化国家

对各地区在战略性新兴产业发展总量规划、发展速度、产业空间布局方面的引导作用；要通过相关政策的制定和实施，构建起产业发展准入制度。同时，充分发挥市场这双“看不见的手”的作用，建立起有效的企业退出机制，促进生产要素在地区之间自由流动，使地区间形成既有竞争又有合作的协同发展格局。不能简单地认为是市场主导的产业发展模式好，还是政府主导的模式更优越，而是要结合战略性新兴产业自身的特点和我国特殊的国情，具体问题具体分析。政府应该从三个维度进入战略性新兴产业。首先，政府应该在技术研发和产业化两方面，特别是在具有很强的准公共品属性和外部性的基础研究和技术研究领域发挥主导作用。其次，在与世界发达国家相比存在较大差距的战略性新兴产业领域，政府可以引导企业直接借鉴发达国家的成功经验，实现“弯道超车”。最后，在产业初创期，政府必须发挥主导作用，扶持初创期的战略性新兴产业快速成长，降低战略性新兴产业的不确定性，提高利润，引导社会资本跟进。

三、战略性新兴产业发展的突破口：自主创新与本土市场

（一）自主创新

1. 自主创新在战略性新兴产业发展中具有基础性作用

现有研究关注自主创新在突破核心技术与抢夺标准制定权方面的作用。历史经验已经证明，尖端的、核心的、关键的技术，我们用市场换不来，花钱也买不来。因此，大多数学者认为发展以重大技术突破为前提的战略性新兴产业，必须依靠自主创新，实现战略性新兴产业自主发展。不仅关键核心技术换不来、买不来，而且发达国家及其领先企业为了保持技术领先地位优势，攫取全球利润，会不断通过标准战略，将知识产权和标准体系糅合在一起，持续强化其在全球的垄断地位，将发展中国家牢牢地锁定在 GVC 低端位置，同时在全球范围内大肆掠夺研发资源，致使发展中国家本土技术边缘化、研发资源流失、技术发展路径依赖。发展战略性新兴产业的首要问题是提升自主创新能力，进行技术创新，主导设计，掌控战略性新兴产业发展的牵引力。

2. 自主创新的路径选择

战略性新兴产业的创新具有更多“突破性创新、创造性破坏”的特征，不是对现有技术的模仿和集成使用。因此，发展战略性新兴产业必须高度重视原始

创新。在战略性新兴产业中，各种尖端技术相互融合、相互交叉，单个企业往往很难拥有足够的技术力量去开发每一项高科技项目，需要通过跨国界的同行合作来获得互补性技术。我国的很多行业，完全可以通过引进、合作等途径与发达国家成功创新的战略性新兴产业进行有效对接。

（二）本土市场

1. 本土市场的重要性

技术、资金、土地、人才等生产要素的供给是战略性新兴产业发展的推动要素，市场需求是战略性新兴产业发展的拉动要素，只有这两种要素同时具备，战略性新兴产业才能持续发展壮大。主导设计和市场资源的整合是战略性新兴产业国际竞争的焦点。中国发展战略性新兴产业，要坚决摒弃“以市场换技术”的策略，既要强调产业核心技术创新和突破，也要重视本土市场资源优势的开发与利用。

2. 本土市场如何开拓

就本土市场的开拓而言，政府采购能够扩大市场对战略性新兴产业的创新产品的需求。战略性新兴产业发展初期，必须由政府购买来解决市场需求问题，因为在战略性新兴产业发展初期，产品成本过高，市场机制必然把成本向终端传导，这将严重影响终端消费市场。政府采购促进战略性新兴产业发展是可行的，也是必须的，但也要注意采取多元化的激励政策，创造个体需求，包括政府付费为公众购买新兴服务、完善价格和税费支持政策、改善消费环境、完善配套基础设施等。需要强调的是，持续的购买力依靠消费者消费能力和意愿的提高，因此提高可支配收入，完善社会保障体系，让本土市民有能力消费，敢于消费才是最优选择。

四、战略性新兴产业的发展脉络

战略性新兴产业的正式表述首见于 2010 年 9 月 8 日温家宝主持召开的国务院常务会议通过的《国务院关于加快培育和发展战略性新兴产业的决定》中。该会议决定选择节能环保、新一代信息技术、生物、高端装备制造、新能源、新材料和新能源汽车七个产业作为加快培育和发展的战略性新兴产业，并设立战略性新兴产业发展专项资金，建立稳定的财政投入增长机制。2018 年，国家统计局在统计战略性新兴产业的子行业时，增加“数字创意产业”与“相关服务业”等作为战略性新兴产业。

（一）“十二五”期间发展情况

1. 产业总体规模保持快速发展态势

“十二五”期间，战略性新兴产业实现快速增长，为稳增长提供重要支撑。2015年，（27个）重点行业规模以上企业收入达16.9万亿元，占工业总体收入的15.3%，较2010年提升3.4个百分点；2010~2015年，重点行业规模以上企业收入年均增长18%。

就上市公司的情况来看（特指A股），战略性新兴产业企业已经成为重要组成部分，并发展成为支撑上市公司总体业绩发展的重要力量。2010年以来，战略性新兴产业上市公司保持了良好发展态势，增速持续高于上市公司总体，带动了上市公司总体业绩增长。2015年，战略性新兴产业上市公司营收总额达26033.7亿元，占上市公司总体的21.1%，2010~2015年年均增速达到了19.5%。

2. 产业景气指数持续高位运行

国家信息中心开展的战略性新兴产业企业（1000余家）景气调查结果显示，2014年和2015年，战略性新兴产业行业景气指数以及企业家信心指数均达到130以上，持续运行在较为景气区间。

3. 综合效益高，可持续发展能力强

战略性新兴产业是先进、高端产业的集合，具有良好的经济效益，发展战略性新兴产业有效促进了经济社会可持续发展。“十二五”期间，战略性新兴产业上市公司的盈利能力始终强于大部分传统产业。2015年，战略性新兴产业上市公司的利润总额达2065.9亿元，利润率达9.1%，明显高于上市公司总体（扣除金融业）5.8%的利润率水平。

4. 七大行业全面快速发展，成为经济增长新引擎

（1）节能降耗取得明显效果、环保产业规模持续扩大。中国节能服务业总产值从2010年的836亿元增长到2015年的3127亿元，年均增幅为30.2%。合同能源管理项目投资额从2010年的287.5亿元增长到2014年的1039.6亿元，年均增幅为29.3%。“十二五”期间累计合同能源管理投资3710.72亿元，形成年节能能力1.24亿吨标准煤，减排二氧化碳3.1亿吨。截至2015年底，产值超过

10 亿元的节能服务公司有 25 家，超过 5 亿元的有 142 家，超过 1 亿元的有 286 家。

2015 年，全国环保行业营业收入达 4.5 亿元，较 2011 年提升 1.4 亿元；全国环保专用装备制造业主营收入达 2822.9 亿元，2010~2015 年的平均增速达到 24.0%；全国环保专用装备制造业利润总额达 190.6 亿元，为 2010 年的 2.7 倍。

（2）新一代信息技术持续改变生活。新一代信息技术产业规模实现快速发展，持续改善生产生活方式。2015 年，电子信息产业销售收入达 15.4 万亿元，较 2010 年翻了一番；信息消费带动软件和信息技术服务业高速发展，软件和信息技术服务业企业达 4.09 万家，较 2010 年增加 2.02 万家，软件和信息技术服务业销售收入达 4.3 万亿元，是 2010 年的 3.1 倍，年均增长 25.9%；云计算规模达 2175.7 亿元，为 2010 年的 13 倍，年均增长 67.2%。

尖端通信、计算技术全球领先。“十二五”期间，由中国主导的 4G 网络标准 TD-LTE 技术不断成熟，具备了大规模推广的条件，目前已大规模商用。2015 年 9 月底，中国移动累计完成 100 万个 4G 基站的建设，已建成全球规模最大的 4G 网络。2015 年，全球基站数超过 120 万个，TD-LTE 全球用户规模超过 4 亿户。2013 年，中国国防科技大学研制的天河二号超级计算机，以每秒 33.86 千万亿次的浮点运算速度夺得头筹，成为当时全球最快的超级计算机。

（3）生物产业稳步发展，在医学工程、农业等领域取得新突破。“十二五”期间，生物产业实现稳步发展。2015 年生物产业总产值达 3.6 万亿元，是 2010 年 1.5 万亿元规模的 2.4 倍，年增长率超过 20%。

生物医药领域。2015 年，医药制造业主营收入达 25537.1 亿元，是 2010 年的 2.2 倍，“十二五”期间，收入规模平均增速为 17.5%。生物医药中，化学药占比下降明显，化学药原料药及制剂由“十二五”期初的 51.4%降至 45.2%，生物药、中药占比则有所提升，2014 年占比分别达到 11.8%和 31.3%，比 2010 年增加了 1.4 个和 4.1 个百分点。

生物医学工程领域。2015 年，医疗仪器设备及器械制造业主营业务收入达 2405.8 亿元，“十二五”期间，收入规模平均增速达到 17.6%。2015 年全国医疗器械销售规模约 3080 亿元，2010~2015 年平均年增长率高达 19.6%。我国医疗器械市场已成为继美国和日本之后世界第三大医疗市场。

生物农业领域。一是生物种业进入转型升级新阶段。随着种子商品化程度的不断提高，2015 年我国主要农作物市值突破 900 亿元，较 2013 年增长 109 亿元。二是生物饲料呈现快速发展的态势。2015 年，国内生物饲料产业总产值突破 860

亿元，较 2013 年增长 360 亿元。三是生物农药产业发展提速。2015 年，国内从事生物化学农药及微生物农药制造的企业数量达 1448 家，约为 2010 年的 2.5 倍，生物化学农药及微生物农药制造销售累计收入达 1746.2 亿元，高于 2010 年 305.3 亿元的水平，五年间销售收入平均增速高达 41.7%。四是微生物肥料产业快速成长。2015 年，国内微生物肥料企业达 1000 多家，总产量超过 1000 万吨，产值约 200 亿元，微生物肥料已成为新型肥料中年产量最大、应用面积最广的品种。五是生物兽用疫苗产业主体地位加强。2013 年，我国兽用生物制品企业有 73 家，实现销售收入 90 亿元，到 2015 年，销售收入达 131.6 亿元。

生物制造规模保持快速增长，氨基酸、维生素、有机酸等大宗发酵产品规模稳居全球第一，产值超过 1000 亿元。生物基材料快速发展，乙二醇、丁醇、乙烯等实现生物法制造，生物塑料、生化纤维等新材料生物法生产初具规模，形成了世界第一的 1 万吨二氧化碳共聚物（PCC）和世界第二的 5 千吨聚乳酸（PLA）的产能。

（4）高端装备制造业显著增强。2015 年，航空、航天器及其器械制造业主营收入达 1227.9 亿元，收入规模是 2010 的 1.7 倍，2010~2015 年年均增长 14.5%；铁路运输设备制造业主营业务收入达 4460.7 亿元，是 2010 年的 1.9 倍，2010~2015 年年均增长 13.1%；高铁运营里程达 1.9 万千米，较 2010 年提升了 1.4 万千米，占铁路运营总里程的比重从 2010 年的 5.6%提升至 15.7%；北斗导航产业总产值达 570 亿元，占我国卫星导航与位置服务产业产值的 30%；海洋工程装备制造业主营业务收入达 707.4 亿元，2010~2015 年年均增长 28.6%；高端新兴电子信息制造业实现快速增长，电子信息制造业销售收入达 11.1 万亿元，是 2010 年的 1.6 倍，2010~2015 年年均增长 9.6%。

在人工智能浪潮带动下，机器人、智能装备以及 3D 打印三大技术共同支撑智能制造发展。2015 年，我国工业机器人销量达 6.6 万台，是 2010 年的 4.4 倍，2010~2015 年年均增长 34.5%；我国机床行业总产值达 221.0 亿美元，工业自动控制系统装置制造业主营收入达 3409.6 亿元，是 2010 年的 2.1 倍，2010~2015 年年均增长 16.3%。2014 年，我国 3D 打印产业规模达到 40 亿~50 亿元。

（5）新材料关键领域取得重大突破。“十二五”期间，我国新材料产业市场规模实现 20%以上的高速增长，产业规模不断扩大，对其他战略性新兴产业领域的发展起到了引导、支撑的作用，并对促进产业结构优化升级和提升装备制造业竞争力起到重要推动作用。有关机构统计，2011 年我国新材料产业规模约 8000 亿元，2012 年突破 10000 亿元，“十二五”末期规模超过 2 万亿元。目前，稀土功能材料、先进储能材料、光伏材料、有机硅、超硬材料、特种不锈钢、玻璃纤维及其复合材料等产能居世界前列。大飞机专用铝锂合金、核电用钢、丁基橡胶、高性能碳纤维、大尺寸石墨烯薄膜等一批重点品种取得重要突破，填补了国内空白。同时，新材料产业体系不断完善，初步形成了包括研发、设计、生产和应用，品种门类较为齐全、产业技术较为完备的产业体系。

（6）新能源在能源结构中比重进一步提升。“十二五”期间，新能源在能源结构中的比重进一步提升，经济性大幅提高。2015 年底，我国新能源（太阳能光伏、风能、核电、生物质能）装机容量达 208.6 吉瓦，占发电装机总量的 13.8%，比 2010 提升 8.9 个百分点，年均增长 34.7%。

风能领域，中国已成为全球风电装机增速最快的国家。2015 年末，风电累计并网装机容量达到 1.29 亿千瓦，占全部发电装机容量的 8.6%。2015 年，风电发电量为 1863 亿千瓦时，占全部发电量的 3.3%。

太阳能光伏领域。截至 2015 年底，我国光伏发电累计装机容量 4318 万千瓦，成为全球光伏发电装机容量最大的国家。其中，光伏电站 3712 万千瓦，分布式 606 万千瓦，年发电量 392 亿千瓦时。2015 年新增装机容量 1513 万千瓦，占全球新增装机的 1/4 以上，占我国光伏电池组件年产量的 1/3，为我国光伏制造业提供了有效的市场支撑。全国大多数地区光伏发电的运行情况良好，2015 年全国年平均利用小时数超过 1100 小时。

核电领域。经过多年发展，我国已成为世界上少数几个拥有完整核工业体系的国家，核电建设与运行管理达到国际先进水平。“十二五”期间，我国在建核电机组数量超过过去几十年累计建成数量，占到全球在建核电机组装机总量的 40%以上。2015 年，全国在运核电机组达到 2550 万千瓦，在建及已核准机组 3203 万千瓦，在建规模居世界第一；全国核电装机容量达 2608 万千瓦，设备平均利用 7350 小时；核电累计发电量为 1689.9 亿千瓦时，约占全国累计发电量的 3.0%，比 2010 年提升了 1.2 个百分点。

生物质发电领域。截至 2015 年底，我国生物质发电并网装机总容量为 1031 万千瓦。其中，农林生物质直燃发电并网装机容量约 530 万千瓦，垃圾焚烧发电并网装机容量约为 468 万千瓦，两者占比约 97%，还有少量沼气发电、污泥发电和生物质气化发电项目。我国的生物发电总装机容量已居世界第二位，仅次于美国。

（7）新能源汽车爆发式增长。“十二五”时期，我国新能源汽车产业发展和推广应用取得了重要成果，新能源汽车产业发展步入了爆发式增长快车道。新能源汽车推广总量已初具规模，并呈逐年加快趋势。2010~2015年，全国新能源汽车销量分别为480辆、5579辆、12791辆、17642辆、74763辆以及331092辆，年均增速近270%。2015年，中国新能源汽车销量首次超过美国，成为全球最大的新能源消费国。截至2015年底，新能源汽车保有量达58.32万辆，其中，纯电动汽车保有量33.2万辆，占新能源汽车总量的56.9%。配套的充电桩建设、充电站的建设也取得了长足的进步，截至2014年底已经建成了723座充电站，28000个充电桩，同“十二五”初期相比已初具规模。

（二）“十三五”以来发展情况

“十三五”以来，在我国经济增速放缓的大背景下，战略性新兴产业仍实现了持续快速增长，围绕“创新、壮大、引领”三大核心，取得众多亮眼的发展成就，为稳增长、调结构、促转型发挥了重要作用。与此同时，我国战略性新兴产业发展环境更加完善，重大政策措施陆续出台，创新体系日渐成形，开放发展迈入新阶段。

1. 发展速度快

“十三五”以来，战略性新兴产业增速持续快于总体的经济增长水平。2016年及2017年，全国战略性新兴产业工业增加值同比分别增长10.5%和11.0%，高于同期规模以上全国工业增加值增速的40%以上。2016年及2017年，全国战略性新兴产业服务业营业收入同比分别增长15.1%和17.3%，比同期全国服务业整体增速高出一倍左右。2018年上半年，战略性新兴产业延续快速增长态势，其工业增加值同比增长8.7%，比同期规模以上工业快2.0个百分点。战略性新兴产业上市公司同样实现了快速增长，2016~2017年其营收年均增速高达17.8%，高于上市公司总体增速4.3个百分点。2017年战略性新兴产业上市公司营收占上市公司总体比重达10%，较“十二五”末提升1.0个百分点。

2. 盈利状况好

2016~2017年，战略性新兴产业上市公司利润年均增速达到19.8%，比上市公司（剔除金融类）11.3%的整体增速高出近一倍。同期，战略性新兴产业上市公司利润率达10.6%，比上市公司总体高出50%。2018年上半年，战略性新兴产业上市公司的盈利表现依然良好，利润率为9.3%，高于同期上市公司总体（剔除金融类）1.0个百分点。

3. 投资活力高

“十三五”以来，战略性新兴产业企业成为全社会资金关注及投入重点。2017 年，战略性新兴产业重点行业完成固定资产投资 4.34 万亿元，2016～2017 年，投资额年均增速为 8.9%，高于同期全社会完成固定资产投资年均增速 1.9 个百分点。此外，2016～2017 年共有 203 家战略性新兴产业企业在 A 股融资上市，共募资 1273 亿元，占同期 A 股 IPO 募资总额的 33.6%。同期，超过 4000 家战略性新兴产业企业获得风险资本投资，投资额超过 8000 亿元，约占风险资本总投资额的 90%。

4. 企业信心足

国家信息中心战略性新兴产业千家企业景气调查显示，2017 年末企业家信心指数达到 154.9，处于“十二五”末以来的最高值区间，而同期国家统计局调查的工业企业整体企业家信心指数仅为 123.9。2018 年上半年，在复杂严峻的国内外环境下，战略性新兴产业企业家信心指数保持高位运行，2017 年以来连续五个季度保持在 150 以上，处于较强景气区间。

5. 重点产业全面发展

（1）新一代信息技术和生物产业领头羊地位进一步巩固。“十三五”以来，新一代信息技术和生物产业作为战略性新兴产业中规模较大、创新较密集的两个产业领域，实现了较快增长，持续发挥了支柱作用。

一方面，信息消费带动电子信息产业延续快速发展态势。2016～2017 年，规模以上电子信息制造业增加值年均增长 11.9%，增速快于同期全部规模以上工业 5.6 个百分点，2017 年电子信息制造业增加值占规模以上工业增加值的比重达到 7.7%。2017 年，全国软件和信息技术服务业完成业务收入 5.5 万亿元，同比增长 13.9%，收入规模较“十二五”末增长了近三成。此外，信息技术与经济社会各领域的跨界融合不断加深，数字经济、平台经济和共享经济广泛渗透，移动支付、网络购物和共享单车的应用处于全球引领地位。信息消费从生活消费加速向产业消费渗透，成为创新最活跃、增长最迅猛、辐射最广泛的经济领域。

另一方面，随着我国经济的发展、生活环境的变化、人们健康观念的转变，以及人口老龄化进程的加快，与居民生活质量密切相关的生物产业近年来保持了持续快速增长的态势。2017 年医药制造业主营业务收入达 2.8 万亿元，该指标 2016～2017 年年均增速达 11.1%，2018 年上半年增速继续升至 13.5%，分别高于同期工业企业整体业务收入增速 3.1 个和 3.6 个百分点。2017 年，我国医疗器械市场规模达 4176 亿元，同比增长 13.0%，规模较“十二五”末增长 35.6%。

同时，在分级诊疗制度落地、鼓励国产器械发展，以及设立特别审批通道等诸多政策红利带动下，我国医疗器械产业规模快速增长，一批优秀国产医疗器械企业不断壮大，在国内市场的份额逐年提升。

（2）绿色低碳和数字创意产业增长新引擎作用突出。伴随着节能环保政策的加快推进落实，绿色低碳产业继续实现快速增长。2016~2017 年节能环保产业上市公司营收总额年均增速达 32.1%，高于同期战略性新兴产业上市公司整体营收增速 15.1 个百分点，增速连续两年领跑。2017 年，节能服务产业总产值达 4148 亿元，同比增长 16.3%，产值规模较“十二五”末增长 32.7%。2017 年，合同能源管理项目形成年节能能力 3812.3 万吨标准煤，较 2016 年增长 6.5%，相应形成年减排 CO_2 能力超过 1 亿吨。2017 年废旧资源综合利用业主营业务收入达 4061.3 亿元，同比增长 16.9%，比 2016 年提升 10.4 个百分点。

“十三五”以来，我国新能源产业保持快速增长态势，在装机量不断攀升的同时，产业化技术水平逐渐提高，从新能源大国向新能源强国快速转型。2017 年电力发电新增装机中新能源占比首次超过 50%，新能源发电替代成效显著。截至 2017 年底，风电、光伏发电及生物质发电累计装机量分别为 1.64 亿千瓦、1.30 亿千瓦和 1476 万千瓦，装机量较“十二五”末分别提升 27.1%、201.1% 和 43.2%。2017 年，三者发电总量占比达 7.8%，较“十二五”末提升 2.9 个百分点。截至 2017 年底，我国投入商业运行的核电机组达 37 台，较“十二五”末增加 7 台，规模位列世界第四，在建核电机组规模位列世界第一。

新能源汽车由示范阶段进入快速普及阶段，行业景气度持续保持高位。2017 年我国新能源汽车全年总销量 77.7 万辆，同比增长 53.3%，销量较“十二五”末增长 134.7%，连续三年居世界首位。2017 年，纯电动车和插电式混动车年销量分别达 65.2 万辆和 12.5 万辆，分别较“十二五”末增长 163.5% 和 49.5%。虽然增速快，但目前我国新能源汽车的市场渗透率仍不足 3%，未来渗透率提升空间仍然巨大，“十三五”末国内新能源汽车销量超过 200 万辆，年均增速超过 40%。

移动互联网与数字技术的快速发展驱动数字创意产业爆发式增长。一方面，以数字音乐、网络文学、动漫、影视、游戏、直播等为代表的一大批新兴数字文化行业快速崛起，出现了一批极具爆发力的产业发展热点，这些典型行业 2012~2017 年的年均增长速度超过了 20%。2017 年，我国数字音乐市场规模达到 180 亿元，2016~2017 年年均增长 32.3%。另一方面，消费需求升级和创新发展驱动数字创意装备和创意设计产业实现高速增长。智能手机、智能电视的市场渗透率超过 80%，智能可穿戴设备、智能家居产品、虚拟现实设备等新兴数字创意装备产品种类不断丰富。2017 年，中国智能可穿戴设备规模达 264.2 亿元，2016~2017 年年均增长 56.5%；我国 VR 产业市场规模达到 160 亿元，规模约为“十二五”末的 10 倍。

（3）高端装备制造产业继续保持平稳较快增长。在产业升级需求和技术创新的引领下，高端装备制造业在“十三五”以来实现平稳较快增长。2017 年，高端装备制造（含高端装备制造及新材料产业）上市公司营收总额达 6555.7 亿元，2016~2017 年年均增长 6.8%。高端装备制造领域，航空装备、卫星及其应用、智能制造等重点子行业均表现良好，2016~2017 年上述行业上市公司营收规模年均分别增长 10.6%、18.6%和 23.3%。新材料领域，随着上游原材料需求的快速增长，产业实现较快发展，“十三五”以来新材料上市公司营收规模年均增长 23.7%。

第二节　战略性新兴产业高端化研究综述

一、国外相关研究

（一）基础理论研究

对产业发展的研究最早可追溯到威廉·配第（Willian Petty）对三次产业的划分，其最早提出了产业结构理论。亚当·斯密在经典巨著《国富论》里指出产业发展的前提条件是劳动分工。Raymond Vernon（1966）提出了产业发展的生命周期理论。Gort 和 Klepper（1982）建立了产业生命周期模型。与战略性新兴产业发展战略相关的国外理论包括迈克尔·波特的“钻石模型”、熊彼特的创新理论、罗斯托的主导部门理论、克拉克的产业结构理论、库兹涅茨的产业结构演进理论等。基于这些理论，国外学者对战略性新兴产业的研究主要集中在两个方面：一是关于战略性新兴产业发展的选择与演进，二是关于战略性新兴产业集群的发展。

迈克尔·波特以绝对比较优势为逻辑起点，在《国家竞争优势》一书中提出了“钻石模型”，指出企业战略、结构与竞争者，需求条件，生产要素（包括一国的自然、人力、知识、资本资源，基础设施等），相关产业与支持性产业的状况，以及“机遇”和“政府行为”等因素决定了该国产业发展的国际竞争力；在《竞争战略》中论述了处于不同产业生命周期中的新兴产业、成熟产业和衰退产业的企业竞争战略。John Londregan（1990）构建了处于产业生命周期不同阶段的企业竞争的理论模型。约瑟夫·阿罗斯·熊彼特（Joseph Alois Schumpeter）在《经济发展理论》中提出了“创新理论”，认为创新（技术的革新与生产方法的变革）对资本主义的发展有重要作用；其在研究产业发展时，重点强调企业创新对促进产业发展的作用。赫希曼（Hirschman）最早提出了战略性产业概念，在《经济发展战略》中将处于投入—产出关系中关联最密切的经济体系称为“战略部门”，认为发展中国家实施工业化应采取后向连锁诱发的不平衡发展战略，提出了根据产业关联度来选择重点需要扶持的产业的产业选择理论。华尔特·惠特曼·罗斯托（Walt Whitman Rostow）在《经济成长的阶段》中提出了“主导产业”的概念，认为经济增长的过程就是“主导部门”连续更替的过程，优先发展具有高成长率的“主导部门”可以带动整个国民经济的“起飞”和可持续发展。日本经济学家筱原三代平对产业结构问题和主导产业的选择基准做了大量研究，提出了主导产业选择的“收入弹性基准”和“生产率上升基准”。英国经济学家科林·克拉克（Colin Clark）通过分析大量产业统计数据得出产业结构演进的规律是人均收入变化引起劳动力由第一产业流向第二产业、第三产业，继而实现产业结构由以第一产业为主演变为以第二产业、第三产业为主的产业结构。美国经济学家西蒙·库兹涅茨（Simon Kuznets）在《各国的经济增长》中对经济增长和产业结构的演进规律做了进一步探讨，探究了劳动力和国民收入在产业间分布变化的规律，并提出了现代经济增长与产业结构演进的关联，即随着经济的增长，一国的产业结构从农业生产占主导地位向制造业和服务业占主导地位演变。

（二）战略性新兴产业的选择与演进

Krugman（1979）通过将技术创新因素与贸易模型理论相结合论证得出科技革命决定了新兴产业或战略产业的发展和演变。赫费南（Heffeman）通过对新兴产业特征和发展路径的研究，认为新兴产业由理念到产品的转化发展是动态演进的过程。Kremer（1993）强调根据产业的竞争力和竞争情况确定区域战略性新兴产业的选择。多西（1982）研究了技术范式与产业经济发展的关系，认为市场需求和产业技术竞争推动着产业技术范式的演进。佩雷斯（Perez）致力于研究技术经济范式对社会经济制度的影响，认为技术经济范式在社会经济中具有渗透效应，并对社会制度和社会变化产生影响，技术经济范式演变的过程是主导产业或战略产业选择和演变的过程。Sturgeon（2002）有力地论证了科技革命导致产业更替的论点，为许多国家和政府战略产业的选择提供了依据。部分学者开展了战略性新兴产业集群发展的研究。Marshall（1920）提出了外部性理论，认为产业活动为聚集区内的企业带来当地投入要素可获得性、熟练劳动力的集中供给、知识外溢三方面的外部性。此后，各国经济学家对产业集群的成因、成长和发展的机理等进行了广泛的研究，认为地理上的毗邻促成集群主体间形成联系的网络，并促成知识带来的商业活动（Bayliss，2007；Gibson & Stiles，2000）。当地的制度组织基础在刺激和促进知识学习中起重要作用，学习知识促成创新，知识的大量交换，组织间的信任和集体学习也发展了产业集群（Lundvall，1992；Camagni，1991；Gorman & Kautonen，2004；Cooke et al.，2000）。关于高新技术产业集群的技术创新机理，不同学者从知识溢出和网络创新环境视角进行了论证，认为集群内的知识溢出要比非集群地区更加容易和快速（Feldman，1991，1994；Geroski，1995；Dahl，2002；Michael & Grit，2004；Mariano & Pilar，2005）。研究表明，员工的高流动性能促成集群中的知识创造与扩散（Rakesh，2002），员工流动性导致的知识溢出是硅谷计算机产业集聚经济的重要来源（Saxenian，1994）。

（三）马克思主义关于战略性新兴产业发展的理论基础

马克思主义政治经济学关于社会主义生产目的的理论、社会再生产的理论指导社会主义国家进行产业经济分析和制定产业政策。第一，马克思主义政治经济学强调农业、工业、交通运输业和其他各个部门的经济全面发展，并保持合理的比例关系协调发展，这些观点强调产业结构合理、产业结构优化。在世界科技进步引发新一轮产业结构变革的情形下，我国积极发展战略性新兴产业，也是优化现有产业结构的需要。第二，马克思主义政治经济学强调地区经济之间要有合理的比例关系，认为在社会分工和商品经济发展的条件下，一国内的各个经济区不可能孤立地发展，也不可能生产本地区所需要的一切商品，地区之间必然相互提供产品和市场。因此，需要建立一种协调的比例关系，合理布局生产力，建立工业企业时要靠近原料、燃料产地，靠近产品的销售市场。这些思想为战略性新兴产业进行合理的区域布局以及集群发展提供了理论指导。第三，马克思主义政治经济学强调社会主义国家的对外经济交往，认为这是社会化大生产的需要，是有计划、按比例协调国民经济比例关系的需要，是利用国际分工、节约社会劳动的需要，也是促进科学技术发展的需要。这些理论指引战略性新兴产业的发展不仅要加强与国外的经济技术交往，还要加强国内外人才的沟通合作与交流，使战略性新兴产业的发展置身于一个开放的经济环境中。第四，马克思关于科学技术是生产力的系统观点。马克思通过对劳动、工艺在工业生产中的作用及经济过程的分析系统地揭示了：科学技术是人类积累起来的精神生产力或潜在生产力，它可以转化为现实的直接物质生产力。社会生产力的发展以科学技术的进步为动力，生产力发展水平的高低由科学技术的发展程度决定。一方面，社会化大生产对科学技术的进步具有重大的促进作用；另一方面，社会生产关系与科学技术的进步具有相辅相成的制约作用，即科学技术转化为物质生产力要受到一定的生产方式和经济关系的制约，生产方式与经济关系反过来也会影响科学技术的发展。马克思关于科学技术和社会经济关系相互作用的基本观点可以概括为：科学技术是生产力，科学技术的进步是社会经济发展的基本动力；反过来，社会经济关系又对科学技术的产生和发展有着制约或促进的反作用，即科学—技术—生产关系相互依赖、相互促进辩证发展。

1929~1931 年大危机之后，哈罗德和多马提出了哈罗德—多马增长模型（Harrod-Domar Model），将经济增长抽象为三个宏观经济变量，即经济增长率、储蓄率、资本—产出比率之间的相互关系。此模型假设生产技术与资本产出率保持不变，忽视了技术进步在经济增长中所起的巨大作用，认为资本积累率是经济增长的决定性因素。但该模型难以解释战后各发达国家在资本积累率相同的情况下经济增长却存在较大差异的现象，且模型的相关假设不符合发展中国家实际。与此同时，各发达国家科学技术迅速进步对经济增长的重要作用逐渐显现，也凸显了这一模型的不足。之后，索洛等提出了强调技术进步的增长模型，弥补了这一缺陷。

1956 年，索洛在哈罗德—多马经济增长模型的基础上提出了强调技术进步对经济发展作用的索洛经济增长模型（Solow Growth Model）。该模型推翻了原先资本—劳动力比率保持不变的假设，并得出结论：经济增长不仅取决于资本增长率、劳动增长率与资本积累率，也取决于技术进步，其中长期增长率是由劳动力增加和技术进步决定的，而且技术进步是人均劳动生产率永久性增长的唯一途径。索洛模型的突出贡献在于对由要素数量增加而带来的经济增长和因技术水平提高而产生的经济增长进行了区分。在此模型中，技术进步第一次被视作单独的经济增长影响因素进行了系统的研究，较好地解释了经济长期增长与劳动生产率提升的根本原因。此后，丹尼森等经济学家通过实证研究进一步证实了该模型的结论。此外，丹尼森也在研究中发现，在经济增长的计量中，总的经济增长率往往远高于资本与劳动等生产要素投入的增长率，即经济增长中有一部分无法归因于资本与劳动力的“剩余”。丹尼森明确将该无法用要素投入来解释的“剩余”归因于技术进步，得出了技术进步是经济长期增长的主要动力的结论。

（四）产业增长与发展

1986 年，保罗·罗默在《收益递增经济增长模型》中提出了自己的内生经济增长模型，该模型认为知识与技术研发是经济增长的源泉。他指出研究与开发对经济增长的贡献有其实际价值，认为知识技术是一项重要的生产要素，能够提高投资收益。该模型除了资本和劳动这两项生产要素以外，还列入了人力资本、技术水平，其中人力资本则指熟练劳动力，可用正式教育与在职培训等受教育的时间长度来表示，这样，就将知识与教育考虑了进去。罗默指出：“创新性思维的产物，不同于其他东西，具有自己的特性。”他认为，资本、资源、土地、机器等生产要素都是稀缺的，而思维与创新及其相应的知识与技术则是相对丰富的，且思维与创新的成果能够用较低的成本复制。因此，由应用知识与技术自主创新所带来的经济增长并不会出现收益递减的现象。收益递增是罗默内生经济增长理论的核心。该收益递增经济增长模型除资本与劳动两项生产要素以外，还将技术和知识也作为独立的内生因素纳入其中。罗默将知识分为一般知识和专业化知识两类，一般知识能够由所有经济主体无偿使用，会产生经济外部性，而专业化知识仅能为少数经济体使用，其主要表现形式是应用性很强的科技创造、发明或专利，能够使要素的效益递增。从全社会角度看，两类知识综合发挥作用，不仅能使拥有知识与技术的人力资本自身的效益递增，也能使资本、劳动等其他要素的效益递增。虽然这种递增的效益有可能形成垄断利润，但获得的垄断收益又能为企业进行研发活动（R&D）与知识创新提供资金来源。罗默还认为，一个国家要实现长期可持续的经济增长，就必须重视科技研发部门的作用，增加对研发活动的投入，提高知识积累率，以实现投资刺激知识积累，而知识积累又反过来促进投资的良性经济循环。

克拉克、罗斯托等学者对产业结构进行了研究。产业结构随着经济发展而不断变动，这种变动表现为产业结构由低级向高级演进的高度化和产业结构横向演变的合理化。关于经济增长的结构主义观点认为：经济增长是生产结构转变的一个方面，生产结构的变化应适应需求结构变化；资本和劳动从生产率较低的部门向生产率较高的部门转移能够加速经济增长。科林·克拉克（Colin Clark）、罗斯托和钱纳里等都对经济增长中的结构因素做过深入研究，他们的研究都表明：产业结构的转变和人均收入增长有着密切联系。他们认为，认识产业结构的变动和资源再分配的作用对发展中国家比对发达国家更重要，因为发展中国家要素市场的非均衡现象比发达国家表现得更为突出，供给结构、生产结构和需求结构的变化速度更快。

对于产业结构演进和经济增长的内在联系，库兹涅茨从总量的角度来论证，认为经济总量的高增长率引起消费者需求结构的高变化率，消费者需求结构的高变化率又拉动了生产结构的高转换率。罗斯托则强调部门分析，他认为："增长的进行，是以不同的模式、不同主导部门，无止境的重复起飞的经历。"罗斯托认为，经济增长根植于现代技术所提供的生产函数的累计扩散中，技术创新的出现总是与一定部门经济上、制度上和社会上的所有问题相联系。经济的持续增长取决于资源（资本、劳动力、技术等）的不断投入及其有效配置，而产业结构的合理与否在很大程度上决定了资源配置的效果。有效的资源配置，使产业结构与国内和国际市场需求相适应，与技术发展的水平相适应，这样投入的增长就能保证产出的不断增长，经济就得以持续增长。

二、国内相关研究

（一）概念界定

学界对战略性新兴产业的界定不一，从战略主导性角度界定战略性新兴产业的相关研究较多。王小强（1995）认为，战略性产业是从国家整体利益出发，关系到社会经济发展和国家安全的一类产业，影响国家在世界政治、经济、军事中的战略地位，对提升国家综合实力有主导意义。姜江（2010）认为，战略性新兴产业是伴随科技研发成果转化和技术创新应用而出现的新兴产业，这些产业的发展对国家核心竞争力和国家战略安全具有重大影响。朱瑞博（2010）认为，战略性新兴产业是那些发展前景广阔，对经济增长和社会发展至关重要的先导型产业，战略性新兴产业的发展关系到一个国家或地区的经济和社会安全。陈柳钦（2011）认为，战略性新兴产业是代表一个国家或地区主导产业发展趋势的产业，能够引致新的市场需求，促进产业结构升级与经济增长。来亚红（2011）认为，战略性新兴产业是对一个国家或地区经济发展具有前瞻性和支柱性的产业，其根本在于国家经济战略与产业发展的深度融合。部分学者强调战略性新兴产业的新兴性。宋河发等（2010）认为，战略性新兴产业从产业发展周期角度来看是处在孕育期或发展初期，是伴随着生物技术、信息技术、新能源技术、海洋资源技术和节能环保技术等新兴技术创新而产生的一系列新兴产业部门，是未来经济发展的重心。刘洪昌（2011）认为，战略性新兴产业是新兴科技和新兴产业的深度融合，具有战略性、关联性、成长性、创新性、风险性和导向性，新兴性是战略性新兴产业发展的阶段性特征。许哗（2011）认为，战略性新兴产业就是那些以关键技术突破和经济发展趋势为方向，对经济增长和社会长远发展具有重要推动力的新兴产业。张少春（2010）认为，战略性新兴产业是由于新兴技术和新兴市场结合，引发产业转型或产业结构升级，从而促生的新兴产业。

从概念本身来看，战略性新兴产业应该兼具战略性和新兴性。冯赫（2010）将战略性新兴产业解释为新兴产业和战略产业的“交集”，认为战略性新兴产业是科技性较强的新兴产业，是新兴技术市场化的结果，具有显著的战略主导性，对国家经济发展和产业结构升级意义重大。刘志阳和程海狮（2010）认为，战略性新兴产业是指那些利用新兴先进技术成果发展起来的具有重要战略发展意义的产业，这些产业普遍依赖新兴的科技成果，是科技创新活动的集中体现，具有较高的投入产出效率，处于产业生命周期曲线中的孕育期或成长期，产品需求旺盛，对经济增长有显著的拉动作用。陈文峰和刘薇（2010）指出，战略性新兴产业的战略性指产业发展对经济增长、社会发展及国家安全具有全局性影响；新兴性是指相对当前的经济发展阶段，战略性新兴产业的产品、服务或组织形式是前所未有的，产业发展崭露头角，但发展优势明显，发展速度快、潜力大，逐步向主导产业过渡。

综合上述分析，我们认为战略性新兴产业是由于技术创新、产业结构升级或产业链延伸形成的一些战略主导性强、发展潜力大的新兴科技型产业集合，具有战略性和新兴性双重属性。与传统产业相比，战略性新兴产业具有以下基本性质：一是科技创新性显著，即技术创新是战略性新兴产业的根本；二是产业主导性强，带动效应广，产业发展战略意义明显；三是产业发展还处于孕育期或发展初期，发展潜力大，产业发展具有显著的新兴性特征。

（二）特性分析

战略性新兴产业具有全局性、长远性、导向性和动态性（欧阳晓、生延超，2010）。

全局性指战略性新兴产业发展优势明显，占国民经济比重较大，对经济增长和社会发展具有重要意义，关系到国家战略安全，能够有效提升国家综合国力，有成为国家或地区的主导性产业和支柱性产业的趋势（乔玉婷、曾立，2011）。

长远性指战略性新兴产业发展着眼于未来，在产品研发、市场开拓、就业吸纳、生产效率、技术创新等方面具有巨大的增长潜力，潜在市场需求不断增长，产品销售具有广阔的市场发展前景，并且这种增长潜力在国家经济增长过程中具有长期性和可持续性（王摘、黄成明，2010；陈锦其、徐明华，2012）。

导向性是指战略性新兴产业发展方向是国家或地区产业发展和经济增长的指向标，代表国家政策倾斜和未来经济发展的重心，是引发金融支撑、政策扶持、技术投入、人力集聚的向心力，是产业结构升级和经济发展方式转变的载体（王忠宏、石光，2010）。在全球能源短缺、环境污染、金融危机的背景下，战略性新兴产业的技术创新和发展动向成为西方各国产业发展和经济增长新的指向标（Acs et al.，2004；Audretsch & Lehmann，2005）。

动态性是指战略性新兴产业发展是一个多因素影响的动态过程（汪海粟等，2012）。在发展过程中，战略性新兴产业一方面受到内部因素和外部因素的双重影响，这些因素间的相互影响推动了系统动态发展；另一方面，战略性新兴产业发展给上下游关联产业和经济环境带来重要影响，产业的优势在发展过程中逐渐体现。（范鹏飞等，2011；肖曙光，2011）。

（三）科技创新与战略性新兴产业发展

邓小平认为："科学技术的发展和作用是无穷无尽的。"邓小平提出"要进一步解决科技与经济结合的问题，新的经济体制应该是有利于技术进步的体制，新的科技体制应该是有利于经济发展的体制。""高科技领域的一点突破，带动一批产业的发展"。2008～2009 年在应对国际经济危机的背景下，我国学者对历次经济危机及其催生的新兴产业和主导产业进行了研究，研究表明经济危机往往催生重大科技创新，促使新兴产业迅速发展，推动经济发展进入新一轮繁荣期。学者们普遍认为科技创新是推动产业发展的核心要素，战略性新兴产业的全球竞争，归根结底是核心技术的竞争，我国需要加强自主创新，不断推动战略性新兴产业的技术进步。姜江（2014）综述了历次新技术革命及产业革命产生的条件和主要影响，以及世界新技术革命和产业革命的发展趋势，认为产业革命会使经济和社会产生革命性变革，全球科技与产业革命到达一个新的历史性突破关头，中国应积极应对新一轮产业革命和技术革命的机遇和挑战。李鹏飞和吕铁（2013）以薄膜晶体管液晶显示器产业为例，研究了战略性新兴产业的技术创新对生产组织形式演变的影响。霍国庆（2012）发现战略性新兴产业的竞争优势取决于产业科技创新能力，为此需要推动国家创新体系建设。姜大鹏（2010）、肖兴志（2010）、黄幸婷（2010）等认为我国战略性新兴产业发展的关键是掌握核心技术，应通过产业创新联盟和产学研结合，实现科技与经济结合，促进产业创新驱动。朱瑞博（2010）研究了技术经济范式与战略性新兴产业发展的内在要求，发现知识产权和技术标准仍是产业国际竞争的利器，为寻求新的产业经济增长点需要在全球产业重构的过程中把握科技革命契机，加强产业自主创新，通过主导设计培育战略性新兴产业自主创新。邓龙安（2011）认为战略性新兴产业要实现技术自主创新首先需要围绕关键核心技术的实现形成具体的自主创新路径。刘彦文（2010）认为应启动国家重大科技专项，加大研发投入力度，促进研发在产业高端共性技术和关键核心技术上取得突破。

（四）战略性新兴产业的选择与培育

关于战略性新兴产业的选择，国内学者的研究集中在选择基准上，依据主导产业的选择基准，利用相关理论对战略性新兴产业的选择基准进行定性分析。但定性分析主观性强，选择结果的准确性缺乏说服力，随之定量分析方法层出不穷弥补了定性分析的不足，主要包括：主成分分析法、因子分析法、层次分析法、灰色系统分析法、数据包络分析法、偏离份额分析法、聚类分析法、投入产出法、模糊分析法、神经网络法等（见表 1-1）。研究成果集中在区域战略性新兴产业的选择和细分行业战略性新兴产业的培育等方面，如乔芳丽（2010）构建了辽宁战略性新兴产业选择和评价的指标体系；张玉强

（2014）研究了广东省海洋战略性新兴产业的培育。对于战略性新兴产业的培育，学者们主要从技术、市场、人才、资源、政策等要素角度研究分析。苏东水（2010）认为产业结构的高度化是历史的演进过程，社会生产力发展中技术在不同阶段之间的不可间断性，决定了发展中国家选择战略性新兴产业及进行产业集群建设时，需要综合主导产业及集群的优势。李朴民（2010）认为培育战略性新兴产业要紧跟未来产业绿色、智能和可持续的发展特征，充分结合本地区产业基础，选择条件最具优势并能率先突破的产业进行发展；通过规划引导、政策支持、国际合作等途径加强培育，有所作为。郭连强（2011）提出：选择和培育战略性新兴产业要注意规避风险；培育方案要多样化，可以是传统产业改造和升级模式，也可以是核心技术拉伸和带动模式，抑或是先进技术引进、吸收和再创新模式。

表 1-1　战略性新兴产业选择方法分类

分类	代表模型	简单描述
单基准法	区位商法	方便地分析现有产业形成的区域比较优势
	投入产出法	研究经济体系中各个部分之间投入与产出的相互依存关系的数量分析方法
	偏离份额分析法	把区域经济的变化看作一个动态的过程，以评价区域经济结构的优劣和自身竞争力的强弱
	数据包络分析法	通过产业的输入输出数据对产业运行效率进行评价，科学客观，可操作性强
	钻石理论基准法	同时考虑区域的比较优势和竞争优势
多基准法	主成分分析法	集中了原变量大部分信息，通过综合得分客观科学地评价分析对象
	因子分析法	对原变量重组，旋转后的公因子有更强的解释性
	聚类分析法	根据变量对象间的相似性分类进行分析
	层次分析法	建立层次模型，通过逐层比较各种关联因素的重要性来确定主导产业
	加权求和法	根据产业的不同属性、不同功能与层次加权进行分析求总予以确定
	模糊分析法	基于模糊数学的综合评价方法
	灰色关联分析法	对指标间“灰”色关联度进行分析，找出主要因素
	BP 网络神经法	能通过历史数据的训练，对复杂指标间的非线性关系进行处理

资料来源：笔者根据相关资料整理。

（五）战略性新兴产业发展的产业政策

张嵎喆和王俊沣（2011）系统地梳理和总结了“十一五”时期国家在培育和支持战略性新兴产业发展方面的技术政策、金融政策、财政税收政策、国际合作政策等，并提出需要出台更加有针对性的政策来解决产业发展的问题。祝宝良（2010）提出要构建起战略性新兴产业发展的产业政策支撑体系，包括财税政策（增加财政投入；调整财政科技投入结构；建立和完善多元化、多渠道的科技投入体系），金融政策（资本市场建设、风险投资），引进消化吸收和再创新政策，政府采购政策等。张少春（2010）系统地研究了财政支持战略性新兴产业发展的相关理论和政策体系，并提出了财政支出政策体系，流转税、所得税等税收政策，建议从引导社会科技、民间资本等资源，深化财政管理制度改革等全面支持战略性新兴产业发展。郭宏、聂永川（2012），费戌清（2013），童汝根（2010）分别从支持地方产业发展、人力资本投入、中小企业发展的角度提出了促进战略性新兴产业发展的财政税收政策措施。顾海峰（2011），胡海峰、孙飞（2010），李东卫（2011），刘洪昌、闫帅（2013）等都研究了战略性新兴产业发展的金融支持，普遍认为战略性新兴产业具有高风险的特征，在不同的发展阶段具有不同的金融支持需求，并构建了产业发展的金融支持体系。梁茹等（2012）用实证的分析方式论证了战略性新兴产业的融资需求和资金供给，并在对相关企业进行调研的基础上，提出了加强金融支持体系建设的意见。徐力行（2011）调研了南京22家银行，发现造成战略性新兴产业融资难的主要问题是企业的人才和知识产权等无形资产无法作为抵押质押品进行担保融资。吕铁、余剑（2012）通过对金融实践的研究发现商业银行对战略性新兴产业项目的贷款无内部资金转移定价等实质性优惠措施，提出了若干融资模式创新建议。陈晨（2013）通过对上海市15家商业银行的调研，发现了商业银行针对战略性新兴产业金融创新方面存在的问题，并提出了改进银行信贷流程管理方式、完善风险公担机制等措施促进产融结合。

（六）战略性新兴产业发展的区域与空间布局

关于区域战略性新兴产业发展的研究，不同学者结合本省、本地区的发展实践，定性或定量地分析了当地战略性新兴产业发展的现状、空间布局和产业结构等。周晶（2012）对我国战略性新兴产业的发展现状及地区分布进行了分析，认为东部地区行业优势明显，西部地区在发展规模和发展度上略好于中部地区，东北地区相对滞后。张国强和汤向俊（2012）分别从市场因素、科技因素、空间因素、政府因素等方面做了定量分析，综合比较了长三角、珠三角、京津冀的区域战略性新兴产业竞争力。祝尔娟等（2011）结合京津冀产业升级，研究了京津冀地区战略性新兴产业的发展路径。李宁和金浩（2012）从区域创新体系建设的视角提出了天津发展战略性新兴产业的对策建议。林平凡（2010）以广东省为例，提出在转变经济发展方式的过程中通过加大投资力度、进行产业规划引导等途径培育战略性新兴产业。吴炜峰、曲永义（2012）研究了山东省战略性新兴产业的选择问题，利用山东规模以上工业增加值、研发支出占工业增加值比重、各工业部门影响力系数等指标用交集法确定了山东省战略性新兴产业的选择。黄先海（2010）以浙江省战略性新兴产业发展的产业突破口和细分产业突破口为研究对象，提出了浙江省发展战略性新兴产业的思路。孙远远（2012）以河南省为研究对象，研究了河南省战略性新兴产业发展的路径，指出河南省应综合市场和政府两个纬度继续发挥高技术优势促进河南战略性新兴产业的发展。余博、易伟义（2012）通过对湖南省 14 个市州的调研分析，提出了湖南推进区域自主创新体系建设，发展战略性新兴产业的思路。梅克保等（2010）从满足服务型、消费型市场需求和民生视角出发调研了湖南省和广东省的战略性新兴产业发展现状及政策，并从战略保障出发提出了湘粤两省发展战略性新兴产业的思路。吴慈生（2010）研究了安徽省战略性新兴产业发展的现状，发现安徽具有技术和产品优势。胡晓娜（2010）根据太原市战略性新兴产业的发展现状提出了发展的对策建议。孔祥麒（2010）从矿产资源、风能、太阳能、植物资源等方面分析了甘肃省发展战略性新兴产业的基础，并提出了相应的发展对策。郑江淮（2011）以平板显示器为例，结合战略性新兴产业演化规律及后发地区赶超能力，研究了后发地区发展战略性新兴产业的赶超路径和时机选择。此外，章南（2011）对广西壮族自治区，陈成（2011）对贵州省，赵爽（2012）对西部多地区（含陕西省和四川省）的战略性新兴产业的发展进行了研究。

三、小结

国外对产业发展的研究开始较早，有关产业结构优化升级、产业演进的研究成果颇丰，同时发达国家也经历了新技术革命和产业革命的发展变迁，这些都为我国战略性新兴产业的发展提供了理论基础和借鉴。但国外的研究主要是针对某一特定资本主义市场经济国家的情况展开，中国作为一个发展中的大国，体制机制、资本市场、技术市场、人才市场等与发达国家不同，加之东中西部地区经济发展不平衡，如何针对中国特有的国情发展战略性新兴产业，还需要深入研究。

早期的研究视角局限于经济发展层面，现在则关注战略性新兴产业高水平、可持续发展，这种研究视角的回归为决策层从全局上科学地思考战略性新兴产业发展问题提供了良好的引导作用。国内现有的研究和贡献主要集中在：从主导产业、支柱产业的角度研究战略性新兴产业的内涵；对战略性新兴产业的选择及培育，强调科技创新的重要性和规避不确定性及风险；国际经验借鉴的研究多、国家政策的解读多、区域战略性新兴产业发展状况的研究多，但对我国战略性新兴产业发展的系统研究不足。

战略性新兴产业研究的上述不足，正是未来研究需要解决和关注的方面。新阶段，战略性新兴产业发展研究的重点和趋势可有以下几个方面：其一，战略性新兴产业发展的开放研究，包括如何构建国际研发机构，利用国际高端人才提升研发水平，如何构建战略性新兴产业领域国际资本市场，利用国际资本合作平台推动战略性新兴产业发展，利用好国内和国外两个市场；其二，战略性新兴产业可持续性研究，包括创新政策、体制机制、研发机制等外围环境的研究，企业治理结构和产权性质对 R&D 投入的影响研究，企业转型升级短期与长期的利益协调机制与 R&D 投入补偿机制研究，新产品、新技艺的产业化和市场化研究等；其三，战略性新兴产业与其他产业的关系研究，包括在传统产业的基础上，培育战略性新兴产业的典型案例研究，传统产业对战略性新兴产业促进作用的实证研究，高新技术产业如何促进战略性新兴产业发展的研究等；其四，战略性新兴产业发展“软环境”建设研究，即如何在改善战略性新兴产业快速发展的“硬环境”的同时，加强服务型政府建设，转变政府职能，提高服务质量，营造良好的外部环境，不断改善“软环境”，推动战略性新兴产业高水平、可持续发展，实现转型发展、提升国际竞争力的伟大战略目标。

第三节　战略性新兴产业发展存在的问题

一、国际分工低端锁定尚未完全打破

当前我国战略性新兴产业面临较高的过度同构、重复建设和产能过剩的风险，呈现出位于全球产业链低端的“高端产业、低端环节”和技术层次方面“低端过热，高端不足”的倾向。长期以来，我国以低要素成本优势参与国际分工和注重规模扩张的粗放型发展方式还没有根本改变，较低的创新资源禀赋仍未成为新兴产业高端化发展的有力支撑。新兴产业虽具有较强的创新意识，但创新人才的匮乏、创新机制的欠缺、核心技术的对外依赖使其在国际产业链中低端锁定的局面依然严峻。虽然近些年我国的技术创新多点突破，甚至站到了世界前沿，但尚未实现高端技术、高端产品、高端市场的良性互动，形成以点带面的格局。例如，由于缺乏核心技术，我国一些新兴产业产品在国际市场上缺乏竞争优势，甚至面临“边缘化”风险。中国机器人产业联盟近期公布的统计数据显示，2017 年我国工业机器人市场中，国产机器人销售 3.78 万台，同比增长 29.8%，外资生产的机器人销售 10.3 万台，同比增速 71.9%，外资机器人在国内市场的比重比 2016 年提高 5.9 个百分点。购买减速机、伺服电动机、控制器等核心零部件占了我国机器人生产成本的 70%，而这些零部件不少是进口的，利润都被国外的企业赚去了。

二、重复建设还有存在

从国内来看，产业集聚虽已布局，但市场分割、一定的区域保护还有存在，创新资源平台难以完全共享。基于可持续发展的多维政绩评价体系尚不完善，地方政府对经济的干预方式还有待提升，低水平规模扩张偶尔仍有发生，重复建设的浪费还是存在。从国际上看，新一轮的贸易保护开始抬头，而我国一些产业政策尚未与国际贸易规则完全接轨，战略性新兴产业在开拓国外市场时阻力日益变大，国际竞争冲突有加剧趋势。我国战略性新兴产业领域出现一些盲目跟风、恶性竞争问题的主要原因在于有些地方政府过于急功近利，过度重视短期目标，主要是想通过“战略性新兴产业”对经济的拉动作用，增加地方产值和财政收入，没有很好地深入贯彻国家战略性新兴产业的发展规划精神，或直接照搬其他地区发展战略性新兴产业的简单做法，没有很好地根据本地区的资源禀赋实际情况，形成特色突出的战略性新兴产业发展格局。例如，在多年前光伏第一轮投资的最高峰时期，几乎所有省份把光伏产业作为主导产业和产业结构调整的重点，过于依赖补贴政策和金融信贷支撑，导致一遇政策变动就发展后劲不足。光伏行业投资缺乏科学性，动力源泉不足，也是阻碍光伏行业创新发展的因素之一。光伏行业并非个案，其他一些新兴产业投资也存在相类似情况。以新能源汽车产业为例，梳理公开资料发现，目前新能源汽车投资已基本覆盖国内所有省份，上百个城市有新能源汽车项目落地，呈遍地开花之势，不可避免地，一些项目存在重复建设现象。

三、自主创新能力相对滞后

我国提出发展战略性新兴产业的时间较晚，很多产业依托于传统产业的发展基础，尚处于萌芽期，产业规模小，基础薄弱，虽然具有一定的技术创新能力和制造能力，但核心技术和关键技术基本依靠国外引进，与发达国家相比差距很大。以企业为主体的创新体系尚未形成，政府、企业、研究机构的协作还不紧密，没有形成成熟的利益分配机制和成果转化机制，多主体协调问题仍是制约技术创新的瓶颈。知识产权保护制度不完善，相应政策法规不健全，不利于技术的研发、扩散和共享。同时，科技服务水平低。虽然科技服务机构已经建立，但配套政策没有跟进，服务平台功能尚不完善，关系尚未理顺，对产业和企业的分层指导能力偏弱。虽然在基础研究与企业应用技术研究领域研发经费、专利数量大幅增加，但共性技术研究的不足使基础研究与应用研究之间的联系断裂，战略性新兴产业向高端化发展遇到技术障碍。据不完全统计，我国核心技术和关键技术的对外依存度高达50%，而我国科技成果转化率不足30%，远远低于发达国家60%~70%的水准。

四、产业发展政策依赖度高

目前国内的很多战略性新兴产业对政府政策的依赖程度过高，限制了本行业企业竞争力的提升。在国家战略性新兴产业发展规划的指导下，各地纷纷针对本地所确定的战略性新兴产业制定相关的扶持政策，其中以税收减免与直接的财政补贴最为常见。的确，通过对本地经济未来发展具有重要战略意义的新兴产业提供资金支持，在其市场尚未培育成熟的时期，降低其创新投资成本，分担其创新风险，或者通过提升创新收益来鼓励更多的社会资本进入新兴领域，引导社会经济发展的方向，对这些新兴产业的兴起至关重要。然而，过于强调对战略性新兴产业的经济扶持与行政干预，甚至以消除市场竞争压力的方式，保证相关产业获得足够的经济利润，往往会使相关企业进取心消退，阻碍其健康的发展。特别是在国内一些地区，甚至出现为了获取政府经济补贴而虚假上马战略性新兴产业项目，在政府补贴资金没有得到严格监督的情况下，政府经济补贴被大量骗领冒领，导致国有资产的极大浪费。例如：在新能源汽车、机器人等新兴产业中，行政干预过度、地方保护主义苗头初显。一些地方为了做大本地区的新能源汽车产业，设定具有明显地方保护色彩的准入门槛、技术标准、政策补贴等。

五、外贸竞争压力大

战略性新兴产业低端化的行业目前已经成为我们对外贸易遭受双反申诉的重灾区。目前我国政府对现有战略性新兴产业的扶持更多地进行直接的经济补贴或税收减免，这成为外国对中国出口相关产品展开反倾销反补贴调查的正当理由。事实上，除了光伏产业，中国一些高端装配制造业、现代信息技术产业，都面临着相同的困境：如果没有政府补贴，由于培育期市场空间的不足，这些产业很难熬过初始期的困境，可是接受政府补贴，当产业发展需要扩张海外市场时，又会授人以反补贴借口。因此，过于依重政府补贴，恰恰成为当前我国战略性新兴产业发展的另一“冬天”。如果照着“老套路”发展战略性新兴产业，即政府大招商引进大项目、给大优惠争大投资，企业遇困难政府“大输血”，以行政手段代替市场决策，只会造成新兴产业畸形发展，让政府背上不该背的包袱。

第二章 战略性新兴产业高端化的规范性认识

第一节 战略性新兴产业高端化内涵与基本特征

一、战略性新兴产业高端化相关理论概念

（一）产业链、创新链与价值链

产业链是以市场前景好、科技含量高、产品关联度强的优势企业和优势产品为链核，以产品技术为联系，以资本为纽带，上下连接，前后联系形成链条，将一个企业的优势转化为一个区域或产业的整体优势，并形成这个区域或产业的核心竞争力。产业链的实质是产业关联，产业关联的实质是各产业相互之间的供给与需求、投入与产出的关系，是一个包含价值链、企业链、供需链和空间链四个维度的概念，这四个维度在相互对接的均衡过程中形成了产业链。

创新链源于迈克尔·波特提出的价值链管理理论，可分为要素整合、研发创造、商品化、社会效用化四个环节。要素整合环节主要是培养、调动以及整合人员、资金、设备、信息和知识储备等创新要素，形成完整的科研力量乃至体系。研发创造环节是在要素整合环节的基础上，科研力量自发研究或承接科研项目，发现新知识，形成新技术或其他科研成果的环节，属于过程环节。商品化环节是将上一环节的科研成果与各创新要素结合，打造成有价值的商品并在市场上营销推广，形成新兴产业，或应用于生产过程产生经济效益的环节。社会应用环节是将科研成果或形成的商品应用于社会生活等领域的环节。

根据联合国工业发展组织（UNIDO）的定义，价值链指在全球范围内为实现

某种商品或服务价值，连接生产、销售、回收处理等全过程的跨企业网络组织，涉及从原料采集、运输、半成品和成品生产及分销，直至最终消费和回收处理的整个过程。全球价值链被分为三大环节：一是技术环节，包括研发、创意设计、生产加工、技术培训等；二是生产环节，包括采购、系统生产、终端加工、测试、质量控制、包装和库存管理等；三是营销环节，包括销售后勤、批发及零售、品牌推广及售后服务等。

价值链是由社会分工引起的，在交易过程中不断深化。所以，在经济全球化的发展过程中，产业价值链在各个价值环节上得到了更大范围的扩展和深化。目前，全球价值链包括三大基本环节：

（1）技术环节，包括研发、创意设计、技术培训、提高生产技术等。

（2）生产环节，包括采购、生产、加工、控制、测试、包装和库存管理等。

（3）服务环节，包括批发及零售、销售后勤、品牌推广、售后服务等。

在价值链的三个环节中，研发与服务环节具有较高水平的附加值；关键零部件的加工和销售处于中间水平；而一般的加工制造业具有较低水平的附加值。由此可以看出，全球产业价值链呈现 U 形曲线，由处于低端的加工环节向处于两端的技术和服务环节延伸。产业经济学中的微笑曲线是对宏碁集团的创始人施振荣先生提出的“微笑曲线”理论加以修正和推广得来的。微笑曲线的模型图如图 2-1 所示。

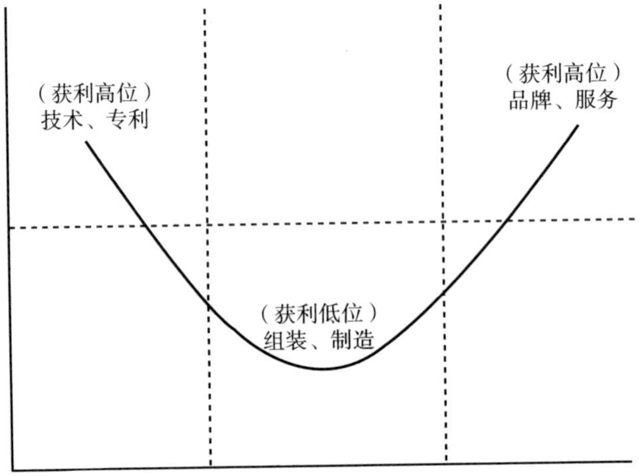

图 2-1　微笑曲线模型图

资料来源：笔者根据相关资料整理。

由图 2-1 可知，微笑曲线的左边是研发；中间是制造；最右边是销售。由于研发和销售具有较高的附加值，因此产业的高端化应是沿着微笑曲线向两端发展的过程，即加强技术研发能力、客户导向的营销和服务能力。

在产业经济学中，一个产业要想获取更多附加值，应该向微笑曲线两端延伸，即向上游的研发、创意设计、技术培训、提高生产技术等延伸，或向下游的销售后勤、品牌推广、售后服务等延伸（见图 2-2）。

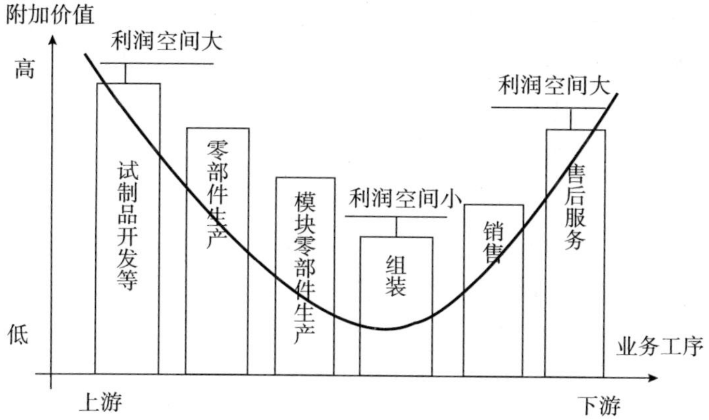

图 2-2　产业经济学中微笑曲线模型图

资料来源：笔者根据相关资料整理。

（二）高端环节、高端产品、高端企业

高端环节指“微笑曲线”两端的高附加值生产环节。由于技术优势，从事研发以及中试环节的企业往往获得高利润；由于规模优势，从事物流、销售和售后服务的企业一般也能获得高利润。因此，这两类环节被称为高端环节。

高端产品指具备完全自主知识产权和自主品牌、附加值高、市场占有率高，在行业和市场有较高美誉度的产品。

高端企业指技术水平、生产规模、产品产量、产品质量、劳动生产率、单位成本、规模效益、竞争力、发展持久性等方面在同行业处于顶尖水平的企业。其在行业中处于龙头地位，在产业链中处于技术和附加值的高端，在区域创新体系中处于主体和骨干地位。

二、战略性新兴产业高端化的内涵、特征

（一）产业高端化与战略性新兴产业高端化

1. 产业高端化

产业高端化可以从两个角度理解：一是推动高端产业发展，使依赖资源和劳动力获取较低附加值的产业向依靠高技术、高人力资本获取高附加值的产业转变，成为在整个价值链或相关领域中具有较强带动力和影响力的产业。二是基于产业价值链的研究，推动产业链向高端环节攀升。产业链从简单的加工、组装环节向研发设计、物流营销等环节转变，促进传统产业向高端产业转化，推动整个产业发展，加快产业结构调整。不管哪一种理解，其核心都是高端化，其目标都是推动现有产业向高端产业发展。产业高端化是产业发展的动态过程，是一个产业从相对低端向以高科技、高附加值、高智力密集性为特征的高端不断攀升的可持续发展过程。

2. 战略性新兴产业高端化

战略性新兴产业高端化是众多产业高端化的一个类别，是产业高端化中的先驱。战略性新兴产业本身就是以战略性新兴为基础，从事一种或多种产品的研究、开发、生产和技术服务的企业集合，其产品或服务中所包含的主导技术属于已确定的高技术领域，并且处于前沿水平。因此，研究战略性新兴产业高端化应从产业价值链的视角进行，结合产业经济学中的微笑曲线理论，对战略性新兴产业高端化进行概念的界定。战略性新兴产业高端化的实质是推动战略性新兴产业向更高水平、更高层次发展，使战略性新兴产业真正处于产业价值链的高端，即生产或提供高技术、高附加值产品或服务。要实现战略性新兴产业高端化，应从两个方面考虑：从宏观的方面看，研发和设计环节是实现高端化发展的关键点，加强这一环节至关重要；从微观方面看，企业要建立高端标准，着力打造高端品牌，聚集高端人才及占领高端市场。

（二）战略性新兴产业高端化的内涵

战略性新兴产业高端化是一个新颖的概念，其内涵涉及经济学与管理学

领域。

从经济学视角来看：从产业间分工的角度来考察，依据战略性新兴产业所采用的技术在当代科技领域的相对先进性，战略性新兴产业分为战略性新兴低端制造产业和战略性新兴高端制造产业；依据产业所采取的生产方式不同，可分为普遍采取资本密集的集约化生产的大规模战略性新兴产业和采取劳动密集的分散化生产的小规模战略性新兴产业，大规模产业相对于小规模产业而言，就是战略性新兴产业高端化；从产业的前后向拉动能力来看，具有较强的前后向关联效应的战略性新兴产业被视为主动力产业，而前后向关联效应较弱的产业则被视为配套产业，相对而言，主动力产业是战略性新兴产业的高端化。从产业内产品间分工的角度来考察，依据产品的水平特性差异，与其他产品差异较大的产品生产企业是战略性新兴产业的高端化；依据产品的垂直质量差异，生产高质量产品的企业是战略性新兴产业的高端化。从产品内分工的角度来考察整个产品的生产可分为许多环节，由于不同生产环节所处的市场结构、所采取的技术水平以及政策取向不同，所以不同生产环节最终实现的附加值不同，那么附加值高的生产环节则为战略性新兴产业产品链的高端化。

无论从产业间分工角度、产业内产品间分工角度，还是产品链分工角度，其相对高端的概念都是从所采取的技术水平、所投入的要素的相对高级化以及附加值高低的角度来考察的。

从管理学视角来看：依据产业“微笑曲线”理论，可把满足市场需求的整个过程分为七个主要环节：研发、中试、零部件制造、组装、物流、销售和售后服务。由于市场竞争程度的不同，在产业“微笑曲线”上，七个环节的垄断利润或附加值不同。由于具有技术优势，从事研发和中试环节的企业往往获得高利润；由于具有规模优势，从事物流、销售和售后服务的企业也获得高利润。因此，归纳起来，在“微笑曲线”两端的环节具有高附加值，因而被称为战略性新兴产业的高端环节。

综合经济学与管理学关于产业高端化的相关理论，可以得出：产业是否处于高端，在于附加值的高低，而高附加值来自于技术优势与市场结构状况。从客观规律来看，有些战略性新兴产业或产业内的某些生产环节的高智力投入、易保密难模仿的技术优势以及技术或规模经营所产生的低竞争性市场结构，造就了这些环节的高附加值特征。

战略性新兴产业高端化的目标是推动现有产业向高端产业发展，其概念的核心在于高端化。所谓高端化是一个动态概念，是一个逐渐从相对“低端”环节向相对“高端”环节攀升的过程。从知识经济的角度来看，产业中的高端意味着高科技、高附加值、高智力密集性。因此，战略性新兴产业高端化内涵是从相对“低端”向相对以高科技、高附加值、高智力密集性为特征的“高端”不断攀升的可持续发展过程。

（三）战略性新兴产业高端化的特征与发展趋势

1. 战略性新兴产业高端化的特征

战略性新兴产业高端化的特征表现在五个方面：

一是产业结构软化。第三产业比重不断提高，出现经济服务化趋势，知识密集、科技含量高、资本投入高、附加值高、消耗低、污染低的产业，在国民经济产业体系或产业链条中处于控制或优势地位，对下游产业和相关产业具有明显的带动作用，对产业升级具有极强驱动作用；越是新的事物越要建立在坚实的传统基础上，没有强大和先进的制造业提供的包括生产加工、研发设计、工艺设备、在线检测、营销服务和经营管理等在内的全过程基础，战略性新兴产业就只是没有依托的空中楼阁，势必成为无源之水、无本之木而枯竭枯萎。

二是产业结构高科技化。高需求收入弹性、高附加价值的新兴产业迅速增加，新兴产业科技水平日益提高，产业间技术转移速度不断加快，对高端人才具有极强的集聚力；它不仅标志着知识经济时代的到来，而且将对世界各国的经济增长及国家竞争力的提高产生深刻影响。美、日、欧等世界主要工业国家，为发展本国经济和抢占未来经济发展的制高点，竞相投资高科技，努力实现产业化，并动用各种政策工具对经济结构进行动态调整，在以信息技术革命为中心的科技革命新浪潮推动下，一场世界性的新兴产业结构调整与变动在全球范围内深入展开。

三是产业结构开放化。各国家及地区充分利用各自的资源比较优势，凭借国际分工，通过推动技术进步和深化加工层次，实现资源节约和最佳利用，具有高速度和长周期增长特征，同时注重培育市场需求拉动新兴产业发展。以往各主要国家和地区扶持新兴产业更加注重通过技术创新驱动产业内生增长。但在这一轮的战略性新兴产业高端化发展过程中，它们在产业初始就非常重视从需求端引导产业发展。从手段上来说，除传统的政府采购、试点示范、鼓励外部市场开拓之外，它们将某些战略性新兴产业作为国家基础设施建设的组成部分，加大引导力度。

四是产业竞争有效化。资源配置的有效性和技术进步动力得以解放，较好地实现了产业组织的规模经济。因此，在新兴产业发展过程中，营造一个良好的市场竞争环境，主要是为了避免过度竞争和垄断带来的资源配置不合理问题。适度竞争的产业发展环境，有利于各种规模的企业在不同层次上进行经济活动，相互补充，充分竞争。就大企业来说，可以充分利用其自身实力，实现规模经济同时承担重大新技术的开发，积极参与国际市场竞争。大企业能够承担较大的风险，有助于维护市场的稳定，防止企业间的过度竞争。产业组织结构中大量的中、小企业是适应市场需求多样化产生的，它们与大企业之间存在着紧密的关系，即与大企业进行协作并为之提供各种配套服务，这样可有效地利用资源，降低社会生产成本。另外，中、小企业的存在，也限制了大企业操纵市场价格的能力，进而形成有效竞争的市场结构，抑制垄断的发展。

五是产业发展信息化。利用信息技术改造传统农业和工业，积极推动信息技术在各行业的广泛运用。信息技术是各新兴产业的枢纽性技术。信息技术在驱动了上一轮技术革命以后，势头始终不减，新一代宽带网络、智慧地球、云计算、系统级芯片等新技术、新应用极有可能推动信息产业实现质的飞跃。此外，信息技术还会带动互联网、电子商务、文化创意等多个产业强劲增长，创造新的商业模式。信息技术不仅对其他新兴产业具有极强的渗透作用，还可以通过与其他产业的融合催生一些新的产业形态。

2. 战略性新兴产业高端化的发展趋势

战略性新兴产业高端化发展呈现以下趋势：

一是生态化。近年来，全球气候变暖、极端气候条件频发等使绿色、低碳、生态化发展成为多个国家甚至全球的战略发展方向。欧盟在其经济复苏计划中就特别强调“绿化”的创新和投资，加速向低碳经济转型。产业生态化转型要历经污染末端治理、达标排放，清洁生产及循环经济与产业共生，原有行业兼并重组，新兴绿色创新产业培育与发展的过程，以生态优先来规划、指导产业发展，统筹规划绿色产业链，实现绿色发展，推动区域经济的绿色转型，是区域经济增长方式转变的主要内容。产业生态化是在产业生态学理论指导下的产业发展的高级形态，其结合区域产业现状，按照生态规律和经济规律来安排经济生产活动，达到废物排放减少、消除生态环境破坏的目的，本质是把产业发展与生态环境保护结合起来，解决产业发展与生态环境之间的矛盾。

二是融合化。当前，技术交叉与融合越来越明显。新一轮的科技和产业革命不会仅依赖于一两类学科或某种单一技术，而是多学科、多技术领域的高度交叉和深度融合，其中，信息技术将进一步发挥基础和支撑作用，生物、纳米、材料等技术将更广泛地渗透、交叉、融合，进而产生若干新兴技术和新兴产业，引发新的技术变革和产业革命。比如，纳米技术已拓展到信息、生物、医药、能源、资源、环境、空间等诸多领域，成为各国创新投资的重点。技术融合趋势决定了战略性新兴产业不可能也不应该孤立地发展，而是既要有利于推动传统产业的创新，又要有利于未来新兴产业崛起。今后，战略性新兴产业与其他产业之间、战略性新兴产业内部的融合是大势所趋，作为一种相互补充和衔接，将使行业间的界线越来越模糊，产业的综合竞争力越来越强。通过融合现代服务业和高科技制造业而形成的高端产业，左右着全球经济态势。

三是集聚化。产业集聚可以促进创新，发挥着新兴产业"发动机"的作用，集聚化发展成为战略性新兴产业高端化的一般趋势和规律。产业集聚区限制发展并逐步摒弃高耗能、高污染、低附加值的一般制造业，打造引领性强的高新产业集群或与城市功能相协调的都市型产业集群。在产业集聚中，新工艺、新技术能够迅速传播。产学研用基地建设行动，推进了产业集聚区与高校、科研院所等共建大学科技园、博士后科研工作站、博士后创新实践基地、博士后创新示范中心、技术转移中心，促进了科技成果转化落地，提升知识技术外溢性。

四是科技化。不管是美国以高新技术改造传统制造业，投巨资支持发展新燃料；还是日本将重点培育五大战略性产业领域之一的尖端技术产业，开发智能机器人；抑或是欧盟高度重视高端制造业发展，制定物联网统一标准，都预示着发达国家和地区发展战略性新兴产业越来越强调走高端化路线。科技化在特点上表现为科技含量高、附加值高、投资强度大、产出效益高、拉动力强、占用土地资源少；在涵盖范围上，包括产业结构高端化、技术高端化、产品功能高端化等。其本质上反映的是技术创新能力和技术力量整合能力的高低。现代产业的发展只有与科技紧密结合，产业才会有活力、产能才会有保障、产品才会有市场、产出才会有效益。战略性新兴产业是充分利用科技革命和重大技术创新成果建立起来的，要瞄准世界科学技术发展前沿和产业高端，有重点、有步骤地在最有基础、最有条件的领域突破核心和关键技术，从而抢占产业竞争制高点，引领未来发展的方向。

五是国际化。全球化时代，战略性新兴产业的高端化也必须在全球科技前沿领域的重大创新成果推动下才可形成。掌握产业高端竞争主动权的国家和地区往往主导着产业转移格局和国际资本流向，当前科技突破催生的新兴产业发展呈现出在产业链高端共同投资、联合开发、通力合作等新的特点和趋势。国内市场有限，会制约战略性新兴产业发展。没有国际大市场的依托，要发展技术领先的大企业、大产业，是难以实现的。推动科技创新既要自力更生，又要引进吸收，国际合作也是战略性新兴产业高端化的有效手段，科技研发的共同攻关、科技人才的互派互访应成为常态，同时始终坚持以市场为主导，遵循市场主导下的内生发展路径，充分发挥价格机制、竞争机制的激励功能，有效促进技术创新和资源要素优化配置，让国际化的市场需求成为战略性新兴产业高端化的“指挥棒”与“导航仪”。

第二节　战略性新兴产业高端化的研究价值与研究方法

一、战略性新兴产业高端化的研究价值

战略性新兴产业高端化对我国产业结构升级和经济增长方式转变意义重大，是经济增长内生化的必然选择，深入研究战略性新兴产业高端化能够为加快战略性新兴产业发展提供重要的理论参考和实践指导。

（一）研究的理论价值

第一，以相关理论研究为基础，分析战略性新兴产业高端化发展的国家意志，战略性新兴产业高端化选择的地方主导力，以及战略性新兴产业高端化的系统运行影响，以此为基础厘清国家、地方与战略性新兴产业高端化发展的关系，从而构建以国家层级的战略性新兴产业评价体系、地方层级的战略性新兴产业选择与布局、产业层级的战略性新兴产业发展轨迹为主体的战略性新兴产业高端化发展研究逻辑框架。这一逻辑框架一方面反映了从发展对象到发展主体，再到发展内容的产业研究一般范式；另一方面反映了从国家层级到地方层级，再到产业层级的战略性新兴产业高端化发展关联主体的层级递进关系。党的十八届五中全会提出“创新、协调、绿色、开放、共享”的五大发展理念，“创新”理念为首，需要更多的诠释与运用。目前，我国经济发展正从高速增长转向中高速增长，在此新常态下，强调通过创新、强化供给侧结构性改革促进经济发展。近年来新兴产业

发展的热潮，面临“核心前沿技术缺失、自身智能化程度低下”的被动发展局面，以“创新驱动”为核心破解“新兴产业、低端制造”的悖论，不仅能深化我们对创新和创新驱动规律的把握，更有利于拓展“创新发展”重要的理论价值。

第二，构建战略性新兴产业高端化评价体系有助于科学界定战略性新兴产业理论的演进发展。学界对战略性新兴产业高端化的界定多以比较优势理论为评价基础，主流的观点认为，战略性新兴产业高端化就是产业发展潜力大、掌握核心技术、高产低耗的产业集合。我们从战略性新兴产业高端化特征出发，以科技创新为战略性新兴产业高端化的核心属性，为制定战略性新兴产业的高端化政策和战略提供理论指导。对照战略性新兴产业发展路径，研究战略性新兴产业高端化的创新驱动机理，可以构建较为完善的创新驱动体系研究框架，丰富战略性新兴产业高端化的研究视角、研究方法、研究深度等。这些理论研究成果对于完善战略性新兴产业的创新驱动体系，形成内生增长动力，推动战略性新兴产业高端化，提高区域和国家竞争力具有重要的理论指导意义。

第三，立足地方层级，以区域产业发展理论为基础，结合地方产业发展竞争优势，研究战略性新兴产业高端化选择与布局。已有战略性新兴产业选择研究多站在单一选择主体立场，忽视了地方选择基础和区域间的竞争环境，我们以战略性新兴产业地方发展条件和区域间产业发展竞争优势的对比为基础，分析战略性新兴产业发展的影响，为战略性新兴产业的科学选择与合理布局提供依据。

第四，以系统动力学理论为基础，研究战略性新兴产业高端化发展的轨迹和特征，为战略性新兴产业高端化发展的政策设计和制度安排提供理论参考。战略性新兴产业发展是一个多因素影响的系统行为，我们将战略性新兴产业高端化发展置于一个多因素共同影响、协调演进的动态系统中，从系统因果关系出发，研究各要素对系统发展的影响，刻画战略性新兴产业高端化发展轨迹，确定系统发展的核心影响因素，并进行实践分析，寻找加快战略性新兴产业高端化发展的有效路径。

（二）研究的实践价值

第一，研究战略性新兴产业发展高端化有助于发现战略性新兴产业发展瓶颈。“高端化”是破解“新兴产业，低端制造”悖论的核心所在。我国战略性新兴产业发展时间不长，战略性新兴产业虽属于高端产业，但在全球产业链中却被低端锁定，低端的全球分工定位使中国战略性新兴产业的实际贡献率仅约3%。各个产业的发展参差不齐，所面临的问题也不尽相同，要促使战略性新兴产业实现由价值链低端向高端跃升，关键是要实现创新价值链的攀升，因而有必要分析战略性新兴产业发展整体状况，摸清我国战略性新兴产业发展的现阶段特征，找出发展问题，重点发展一批在技术上和价值链上处于高端地位，对整个产业链和相关领域具有强带动力和影响力的新兴产业，为战略性新兴产业高端化发展提供实践指导，打造战略性新兴产业的核心竞争力。

第二，研究战略性新兴产业高端化轨迹有利于科学选择发展路径。战略性新兴产业具有显著的技术创新特性，从产业孕育到产业发展，再到产业主导是一个非线性的发展轨迹。创新驱动是推动战略性新兴产业供给侧改革的主导力量。在"双创"和"互联网+"等变革创新的背景下，应强化技术创新、制度创新、产品创新、工艺创新和商业模式创新，以新增优势产能挤出新增过剩产能，优化存量产能结构，以新的有效供给带动新需求。只有启动战略性新兴产业高端化的创新驱动引擎，才能有效避免新兴产业价值链被长期"低端锁定"。我们从战略性新兴产业高端化内涵出发，总结战略性新兴产业高端化发展特征，深入研究战略性新兴产业高端化发展影响因素，寻找战略性新兴产业高端化发展规律，为战略性新兴产业高端化发展决策提供重要参考。

第三，提出合理的政策建议有助于推动战略性新兴产业高端化健康发展。战略性新兴产业高端化的创新驱动是国家产业安全的重要支撑。当今发达国家在国际分工体系中处于全球价值链高端环节并获取高额垄断利润，同时将处于低端的高能耗、高污染产业向发展中国家转移。这种"中心"与"外围"的国际分工模式，导致我国的产业结构低端化、趋同化，企业间产生恶性竞争，不利于我国产业价值链的升级与发展，最终威胁产业安全。必须认识到，战略性新兴产业的发展没有现成的模式和经验可以照搬，通过研究战略性新兴产业发展的内在逻辑和外部特征，提出有针对性的政策建议，有助于推动战略性新兴产业有序发展。通过创新驱动推进战略性新兴产业高端化，将带动其他产业快速发展，使我国摆脱对发达国家的技术依赖，有效维护我国产业技术安全。

二、战略性新兴产业高端化的研究方法与研究内容

（一）研究思路

研究战略性新兴产业高端化发展首先要辨析战略性新兴产业与战略性新兴产

业高端化的概念，厘清战略性新兴产业高端化发展特征，由此我们从已有文献和相关理论研究出发，总结战略性新兴产业高端化发展的内涵、特征；从国家视角、地方视角和产业演进视角梳理战略性新兴产业发展的相关理论；归纳战略性新兴产业高端化发展的政策影响研究。理论结合实际，分析我国战略性新兴产业发展现状，指出我国战略性新兴产业高端化发展的整体特征和面临的问题；从国外、国内各省市、行业等角度分析推进战略性新兴产业高端化的做法；遵循从发展对象到发展主体，再到发展内容的产业研究一般范式，结合相关理论，分析新冠肺炎疫情对战略性新兴产业高端化的影响，以及战略性新兴产业高端化发展的内在运行规律，剖析国家、地方与战略性新兴产业之间的逻辑关系，重点从人力资源角度提出战略性新兴产业高端化的政策建议。

（二）研究方法

1. 跨学科、多角度系统分析的方法

研究内容的复杂性要求以多学科理论为支撑。区域经济学、产业经济学、创新经济学、发展经济学、制度经济学等为本书提供了理论依据。国家创新系统理论、区域创新系统理论、产业集群理论等提供了具体的理论工具和分析方法。

2. 微观与宏观相结合的方法

研究战略性新兴产业高端化的创新驱动机理，必须明确战略性新兴产业相关主体（企业、高校院所、中介机构、政府等）的决策过程和行为模式，同时还要把战略性新兴产业作为一个子系统放在区域经济、国家宏观经济乃至全球经济发展的视野下，研究外部环境变化对战略性新兴产业高端化的影响。

3. 普遍性和特殊性相结合的方法

创新驱动体系框架的构建对战略性新兴产业高端化具有普遍指导意义。同时，不同经济系统处于具体的创新环境中，具有不同的创新要素、创新主体、创新机制，表现出创新系统特殊的运行特征。所以，需要做到普遍性和特殊性相结合，阐释创新驱动系统的构成和作用机理，应用于战略性新兴产业高端化，研究具体的作用方式和特点。

（三）研究内容

主要内容由以下八章构成：

第一章是前导性研究：事实与问题。从战略性新兴产业发展的历史选择与发展脉络角度阐述研究背景和研究意义；综述战略性新兴产业高端化研究；分析战略性新兴产业发展存在的问题，为全书写作奠定了基础。

第二章是战略性新兴产业高端化的规范性认识。从理论角度阐述战略性新兴产业高端化内涵与基本特征；介绍战略性新兴产业高端化的研究价值及主要研究方法，提出战略性新兴产业高端化的影响因素与政策，构建战略性新兴产业高端化的评价体系。

第三章是战略性新兴产业高端化发展的理论基础。从已有文献和相关理论研究出发，总结战略性新兴产业高端化发展的理论体系；从内部和外部理论视角梳理战略性新兴产业高端发展的相关理论。

第四章是战略性新兴产业高端化的培育模式与路径。分析我国战略性新兴产业高端化发展的培育模式与路径，阐述产业自主创新驱动模式、模块化驱动模式、产业技术创新战略联盟培育模式、加速器培育模式等，介绍其技术路线与案例，为战略性新兴产业高端化发展研究奠定基础。

第五章是战略性新兴产业高端化的人才支撑研究。遵循战略性新兴产业高端化“以人为本”的竞争规律，剖析战略性新兴产业高端化的人才需求特征与开发方向，阐述基于产业技术联盟的战略性新兴产业专用性人才开发、基于校企合作战略联盟的自贸区战略性新兴产业高端化人才开发、基于企业知识共享视角的战略性新兴产业高端化创新人才素质开发。

第六章是国内推进战略性新兴产业高端化的主要做法与举措。以战略性新兴产业的发展现状及推进其高端化的主要做法与举措为出发点，分析北京、上海、广东相对发达地区的实践，研究国内战略性新兴产业高端化的发展路径。

第七章是战略性新兴产业高端化的国际经验与做法。结合战略性新兴产业高端化发展的选择条件和区域间产业发展竞争优势的对比，选择美国、日本、德国，重点分析它们发展战略性新兴产业的状况、战略性新兴产业高端化发展的方向以及推进战略性新兴产业高端化的主要经验与做法。

第八章是战略性新兴产业高端化的发展路径。从产业分类层级研究战略性新兴产业发展状况、高端化技术路径以及发展案例。重点分析节能环保产业、新一代信息技术产业、生物产业、高端装备制造产业、新能源产业、新材料产业、新能源汽车产业。

第三节 战略性新兴产业高端化的影响因素与政策选择

一、战略性新兴产业高端化的影响因素

(一) 产业政策

战略性新兴产业无论从“战略性”角度还是从“新兴”角度都决定了单纯依靠市场机制无法获得发展，巨大的前期投入、收益的不确定性、产权保护的不完善都决定了产业政策扶持的必要性，但战略性新兴产业是新技术、新产业、新业态、新模式最为集中的领域，产业发展所依据的技术路线日益复杂，这对产业政策的实施领域、介入方式、实施的时机和强度等提出了很大的挑战。

一是产业政策是否有效一直存在争论。支持者的理论依据主要是市场失灵理论、幼稚产业保护理论、赶超理论、后发优势理论等，反对者的理论依据主要是政府失灵理论、寻租理论、公共选择理论等。

二是产业政策实施的收益和成本不易衡量。考虑到知识的外溢性、生态的外部经济以及将来的国家利益，产业政策不能用简单的产业收入与成本来衡量，或者说这种收支对比要站到国家、社会及未来发展角度来权衡，这就使产业政策的效果评价十分复杂。

三是产业政策的作用范围不好把握。虽然在实践中，无论是实行计划经济的国家、转型国家还是发达的市场经济国家都普遍使用了产业政策，但中国与市场经济发达的西方国家在经济发展环境与路径方面存在着巨大的差异，如何厘清政府行为边界仍是政策制定的难点。

四是产业政策的作用工具选择困难。除税收优惠、财政补贴外，还有哪些市场化的政策工具可以组合？税收优惠、财政补贴的标准及方式如何把握才能使其在激励创新的同时避免寻租腐败，在克服市场失灵时又可以避免陷入政府失灵的泥潭？这些问题也需多方位论证。

（二）创新主体

中国的创新主体是多元的，政府在新兴产业发展中担任的是设计师、协调者、资源配置者的角色。在赶超阶段，政府调配公共资源迅速壮大新兴产业的能力是无法取代的，清晰的技术路径节约了产业选择难度和风险，但也使创新主体地位变得模糊。新时代，产业发展进入崭新的阶段，一方面具有国际前沿的技术多点突破，创新规模持续增长，创新环境日益改善；另一方面技术活动越来越复杂，政府已无力把握创新规律。逐利性和参与性较强的企业尤其是民营中小企业成为对市场信息较敏感、创新欲望较强烈的主体。然而，企业能否成为创新主体取决于企业的创新能力、创新领域、配套设施和制度保障等。虽然党的十九大后我国明确提出要发挥企业的创新主体作用，但在新兴产业中企业要真正成为创新主体还需要谨慎地进行制度设计。多年来，我国创新体系中企业的主体地位并不鲜明，政府部门仍然习惯于用行政的方法进行干预或指导，企业仍需承担比较高昂的创新成本。此外，在开放的创新系统下，没有哪一个企业能独占所属领域的全部知识，创新联盟中仍存在多主体协调问题，每个企业都期望从他人那里获得知识，独享其利，最后很可能导致零和博弈。所以，政府既要从战略和全局角度参与整个产业高端化过程，通过机制创新强化对整个产业的引导能力，及时修正创新政策中的不利因素，维护公平的竞争环境；又要充分发挥市场在资源配置方面的决定性作用，激活企业在创新中的主体地位，不断创新协作机制和协调模式，政策介入的方式、力度、时机、领域是政府把握的难点。

（三）服务平台

战略性新兴产业相对于传统产业，面临着多路径选择。它可以直接引进适用技术，并进行改良，以适应于自身当前的资源禀赋，也可以立足自主创新，通过不断的试错发展。前者成本低、技术风险小，但容易受制于人，也面临着选择错误的风险；后者成本高、风险大，但一旦成功，收益也高，可以抢占制高点，主导整个产业，实现跨越式发展。发达国家的经验证明，新兴产业迅速崛起的强大支撑不是过度的行政补贴和税收优惠，而是为自主创新提供更多的科技服务，科技服务有效地连接了研究机构、高等学校、中介服务机构和企业。科技服务包括基础设施建设、前沿研究、共性技术供给、技术转化等。其中，共性技术是连接知识发现与技术创新的桥梁，服务平台为产业发展提供共性技术服务，克服共性技术领域的外部性问题，把商业化应用研究交给了企业，发挥了企业的创新热情及其在知识创造、积累及传播中的作用。

近年来，我国新建了大量的国家工程技术中心、国家重点实验室、企业技术中心从事科技研发和服务，克服了战略性新兴产业高端化科技支持的不足，但仍存在不少问题，今后应将迅速提高平台的服务能力作为战略性新兴产业高端化发展政策的基本取向。该政策制定的难点在于：一是不同研发机构职能如何定位，基础研究、前沿研究、共性技术研究、成果转化研究应分别以谁为主，不同机构之间如何实现无缝对接。二是如何拓宽创新资金的来源渠道，如何监管其使用效率。三是区域服务平台如何打破区域壁垒，实现人才、技术、信息等资源共享。

（四）创新协同

与传统产业一样，新兴产业也存在自身的技术范式，任何企业都可以通过技术创新使之成为行业的主导技术范式进而将其定位于国际标准，这与国家发展战略性新兴产业的初衷是吻合的。但单纯的技术创新并不能使新兴产业走向高端化，还必须与市场创新协同，不断将技术转化为商业价值，商业转化能力的不足正是我国目前新兴产业发展的弱项。斯坦福大学谢德荪教授将创新分为流创新和源创新，流创新致力于改进流程，以波特的价值链理论和五力模型为代表，源创新致力于打造平台，建立一个崭新的生态系统。他认为创新不单纯是科技、产品和服务的创新，还包括市场应用和组合方式的创新，不能使企业获得净效益的创新都是浪费。传统产业的升级更多是流创新，新兴产业的发展更多是源创新，新兴产业不一定有先发优势，但由于生态系统中其他关键参与者的加入，迅速壮大的可能性更大。战略性新兴产业高端化可以通过新兴技术及知识产权保护开辟新市场，也可以在模仿他人产品服务、流程时，引导新的生态系统参加者加入，创造一种崭新的商业模式，从而创造出新价值。如果创新网络能在提升产业或企业整合能力方面发挥作用，技术创新与市场创新协同，共建盈利模式，高端化发展的进程将大大加快。

然而，无论是技术创新还是市场创新，政策都要给予企业充分试错的机会，这就需要借助于现代契约制度降低企业的交易成本，借助产权保护制度增强企业获利预期。但契约制度的完善往往是借助强权推进，以减少交易主体的机会主义行为，这可能会造成对私人产权的侵犯。此外，学者们认为技术的转化能力源于科学的知识产权制度，已有的研究也证实了专利的申请与授权有利于技术创新并由此带动企业绩效。但为了量化方便和易于操作，现有的政策支持大多是基于专利数量设计的，企业为了得到政策补贴或支持，形成了追求专利数量的偏好，而过度地追求专利数量可能会挤占市场创新的精力与资源，这无疑也是当前需要解决的一个问题。

（五）区域合作

中国新兴产业发展具有地域差异，各地的资源禀赋不同，创新能力也存在较大差异，在此条件下错位发展、资源互补理应成为区域经济发展战略。但目前的财税分权和政绩评价体制在激励地方推动基础建设、改善投资环境的同时，也催生了重规模轻质量、重短期轻长远的发展模式，产能过剩、重复建设、低端锁定、地方保护等现象仍然存在。

2017 年公布的《战略性新兴产业重点产品和服务指导目录（2016 版）》，在 2013 版的基础上，将战略性新兴产业细化为 40 个重点方向、174 个子方向、近 4000 项产品和服务，这无疑给各地发展新兴产业开出了参考大单，但依旧埋下了低水平恶性竞争的风险。财政补贴是我国地方政府发展新兴产业常用的手段，但政府对公共资源的使用效率鲜有评价，政府尚未具备完全甄别信息的能力，所以补贴行为难以计算成本。市场经济发达国家也使用财政补贴的手段，但它们更多的是事后根据评价结果进行补贴，而我国则是事前根据项目判断进行补贴，它们更多的是把补贴引向科技服务和创新环境领域，而我国则直接把补贴投向生产环节，造成部分企业的寻租与官员的腐败行为，更严重的是使地方产业失去创新动力，错过发展机遇。

如果政绩评定仍以产值为主要的评价指标，地方就会注重短期的规模扩张，进行区域封锁，或者沿用发展传统产业的方式发展新兴产业，以新兴产业的名义重新包装传统产业、淘汰产业，造成大量的国有资源浪费。要实现区域协调发展，就必须建立综合的政绩评价体系，而考核评价体系的制定和执行是一个庞大的系统工程，绝非易事。

二、战略性新兴产业高端化发展的政策选择

（一）功能性产业政策是调整的方向

产业政策通过目录指导、项目审批及一些货币性政策工具对特定产业或企业进行扶持，这种选择性政策虽然可以避免市场失灵和保护幼稚产业，但扭曲了要素价格，破坏了竞争秩序，进而降低了企业的创新效率。发达的市场经济国家也存在产业政策，不同的是它们对新兴产业的政策支持更多的是运用市场化的手段，努力创造有利于创新的市场环境和制度环境，这称为功能性产业政策。该产业政策强调投入大量的资金进行技术研发和平台建设，尤其是共性技术研发、人才培养和知识产权保护，资源配置主要由市场完成，政府更多的是扮演组织协调的角色。

产业政策的作用方式和范围取决于一国的发展阶段，当一国产业结构与产业规模趋于成熟，选择性产业政策效率开始下降时，要回归市场选择的本源。新时代下，产业政策选择应重点放在以下方面：一是优化政策体系，加快管理模式由项目指导转向负面清单的进程，落实“法不禁则准”的原则，放宽市场准入条件，鼓励企业大胆尝试；进一步推进“放、服、管”改革，把大量的经济事务交还市场，尽量减少政府对要素价格的干预，通过释放真实的价格信号引导资源流动。二是完善知识产权制度，积极推进知识产权立法，加大对侵权行为的处罚力度，对于新兴企业的创新能力除要考核专利数量外，更重要的是要关注企业的商业化前景、盈利能力及科技转化水平。三是完善科技服务平台，建立以独立运营的国家实验室为核心的大型研发机构，从事基础研究和前沿研究；建立以高等院校、国家级研究中心为基础的共性技术研发机构，通过财政投入和机制创新引导资源从特殊产业转向科技服务；建立以企业技术中心为主的科技转化体系，负责将先进技术转化成产品推向市场。基础研究与共性技术研究的资金来源以财政资金为主，科技转化研究则可以采取市场化的运作模式。政府作用主要体现在基础建设、规划引导、制度保障、组织协调和信息服务等方面。四是加强基础设施建设，进一步消除创新的体制机制障碍，加快推进融资体制改革、土地制度改革、社会保障和户籍改革，建立全国统一的劳动力市场，为产业发展提供一流的外部条件和制度保障。

（二）提高创新能力是落脚点

中国持续的经济增长、不断深化的供给侧改革、有力的创新以及不断提高的人力资本水平都为新兴产业提高创新能力、实现跨越式发展创造了极好的机会。产业的创新能力是建立在对核心技术的掌控、产业链的有效整合及价值创造的基础上的，政策选择要以切实提高产业创新能力为落脚点。一是高质量参与国际竞争，增强多层次的国际合作，融入全球创新网络。以“一带一路”倡议为契机，积极参与经济全球化进程，引进优质创新资源，开辟国际市场，与国际规则接轨，促进产业链向国际市场转移。二是建立长期的人才培养计划，不断增加人力资本投入，加大科技人才和企业家队伍的培养力度，对于行业领军人才建立人才引进绿色通道；建立创新导向的用人机制，优化科技人员的利益分配方案，完善劳动力信息平台，增设劳动服务机构；完善职业教育体系，加强产教融合，培养高素质的工程师和产业工人队伍；加强政府、高校与企业的协作，由政府牵头建立长效的培训、指导机制。三是持续推进以“互联网+”行动、大数据战略及以共享经济为代表的新模式新业态的发展，规范市场秩序，以浓厚的创新氛围推动创新实践。四是以创新城市建设为基础，进一步打造世界一流的创新中心，消除区域壁垒，推进产业空间集聚、跨界融合，引导创新资源自由流动，有效做到资源共享。

（三）政策之间的协调是关键

有利于战略性新兴产业高端化发展的创新政策包含产业政策、财政政策、金融政策、贸易政策、人才政策、土地政策等，涉及多层面多部门，政策之间如何做到协调一致减少冲突至关重要。一是技术创新政策与市场创新政策之间的协调，形成从技术研发到市场推广一整套的政策制度安排，切实推进科技成果向市场的转化，实现“技术创新—市场创新”的良性互动。二是中央政策与地方政策之间的协调，形成政策合力，中央政策侧重于重大基础性、战略性、总体性的政策制定，各地在中央政策框架内结合地方产业特色错位发展，以最大限度发挥创新企业的积极性为出发点，因地制宜地制定地方政策，重点优化区域创新环境、孵化创新企业、提高创新服务等。三是供给政策和需求政策协调，通过供给侧结构性改革强化技术的研发和应用，促进高端技术、产品、服务的出现，提高产品科技含量，通过对需求端尤其是消费的补贴提升消费质量，通过消费升级和消费市场扩大，倒逼供给侧技术升级和产业升级。四是军用政策与民用政策的协调，进一步优化管理体制和创新体制，打破军用技术与民用技术转移障碍，逐步扩大技术标准的通用性，实现军用技术有效外溢，为战略性新兴产业高端化发展提供技术与市场支持。此外，在政策实施中还要加强政企学研之间的互动协调、项目实施与项目监督之间的协调、技术研发与技术转化之间的协调，动态掌握产业政策的实施效果，增加政策的透明度。

（四）多方协作是运行效果的保障

高端化的产业需要高端化的制度保障，而高端化的制度来源于制度制定、实施、评价等各个环节的高端化设计，市场选择的效率总是建立在完善的法律与制度规则上。传统政策更多地体现了政府意志，政策的制定、实施和评价环节，缺乏社会广泛的参与和监督，导致运行效果往往与预期偏差较大。为此，我们要推进政府、行业协会、研究机构、服务中介、企业、社会公众等多方共同参与的决策机制、考核机制、评价机制的建立，避免出现又是“教练员”又是“裁判员”的现象。一是要出台考核标准，制定新的指标体系，将短期不能见效的举措纳入考核范围，加强对发展潜质及经济质量的考核，对创新政策落实和公共资源的使用效果进行系统的评价。二是过程考核与结果考核相结合，形成事前、事中、事后完整的评价考核体系，并将跟踪考核结果作为财政补贴及政府支持的依据。三是将公共资源使用效率纳入考核范围，以政策落实优先，改变之前重制定轻落实的状况。四是加强监督，引入多重的制衡和监督机制，加大对违规现象的惩罚力度，用法治的手段维护市场公正。

第四节　战略性新兴产业高端化的评价

一、战略性新兴产业高端化的测度

战略性新兴产业高端化的测度与评价不仅要考虑产业静态状况和动态发展趋势等产业内部因素，而且要考虑产业政策环境、信息与服务等软环境资源约束硬环境等外部支撑条件。战略性新兴产业高端化的测度与评价指标是一个内外条件结合的综合评价体系，能够体现高科技、高附加值、高智力密集性以及发展可持续性等外部特征的指标体系。因此，产业高端化应该从两个视角进行观测，一是产业发展状况，二是产业发展所需要的外部环境对产业的支撑水平。产业高端化的系统结构具体如图 2-3 所示。

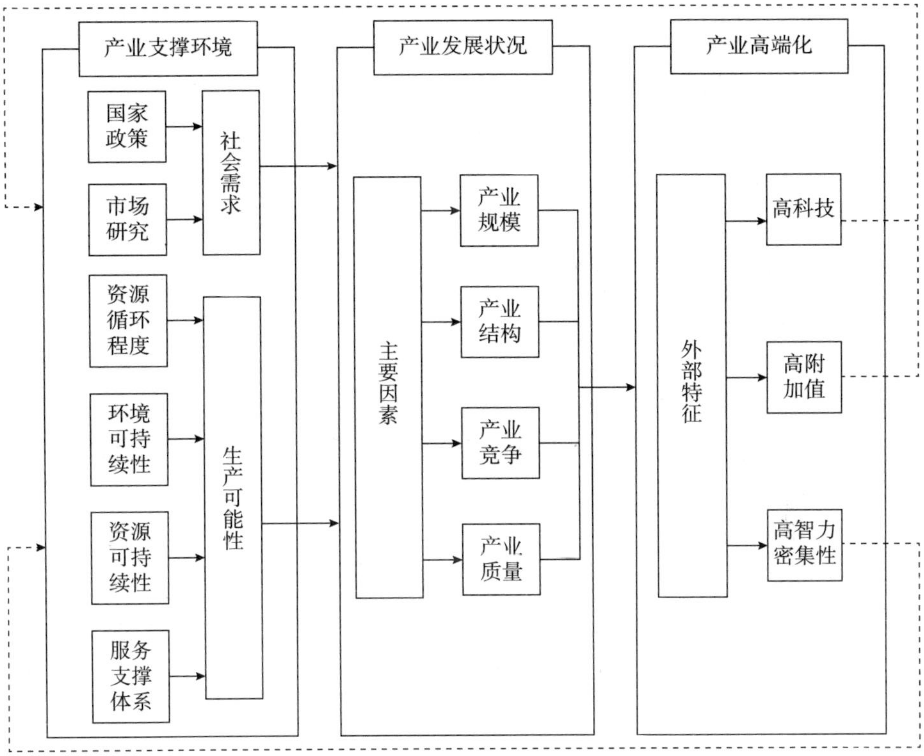

图 2-3　产业高端化的系统结构

资料来源：笔者根据相关资料整理。

产业发展状况可从产业的规模、结构、质量、竞争等角度分析。其中，产业规模指标测量产业在区域经济中的主导地位和拉动作用；发展质量指标测量的是产业科技发展水平；产业结构指标是从产业分工的角度测量产业在国内外同一产业内的分工状况及在产业价值链中的地位；产业竞争指标则是测量产业的演化发展趋势。

产业支撑水平主要从资源循环利用程度、资源可持续性、环境可持续性以及服务支撑体系四个方面来考察。其中，资源循环利用程度是评价产业的物质资源利用水平；资源可持续性指标评价产业的资源利用和资源可得性的发展趋势；环境可持续性指标评价产业发展与环境友好之间的融洽程度；服务支撑体系是评价产业发展的软环境。

二、战略性新兴产业高端化的评价指标体系

（一）战略性新兴产业高端化评价基本原则

1. 针对性原则

观测指标体系必须针对产业的高端特征进行评价，因此系统的分解和指标的选择必须能够体现高科技、高附加值、高智力密集性，以及发展可持续性。

2. 系统性原则

产业高端化是一个多方面、多层次的概念，一个指标体系不可能完全覆盖产业高端化的所有方面，但是必须能够概括产业高端化的主要方面和主要内容。评价指标的选择要做到各部分之间的联系是有机的，并能够形成一个完整的体系，全面反映行业竞争力的状况。

3. 客观性原则

尽可能减少“见仁见智”的主观指标，而采用客观的指标，从而保障评价者在指标的认识上具有较高的一致性，同时避免评价者人为地选择和迎合指标。

4. 可比性原则

评价指标的选择要考虑到能够比较，如此才能更好地评价，指标的可比性越强，评价结果就越可靠。因此，指标的选取要能够反映所有产业的共性，并能够在共性中进行区域间的横向比较。

5. 可操作性原则

评价指标的测量和获取必须具有可操作性。可操作性主要表现在指标的计算方法和指标的获得上。因此，要尽可能地开发和利用好相关的统计年鉴数据。

（二）战略性新兴产业高端化的评价指标体系

根据对战略性新兴产业高端化的基本内涵的把握以及对产业高端化的认识和

评估，本书设定了评价指标的设计原则、建立指标体系的方法和步骤，以期形成一套具有系统性、针对性、客观性和可操作性的指标体系来识别和选择高端主导产业，客观反映目标区域某产业内企业所从事的生产活动在整个产业中所处的位置。

评价指标包括指标构成和指标权重两个部分，对于这两个部分，需要采取不同的方法来解决。

（1）定性分析——确定指标构成。通过概念界定等方法，建立一级指标构成的逻辑。本书将一级指标按照其内涵分解或细化为二级指标、三级指标。

（2）定量分析——确定指标权重。指标权重的确定方法很多，但定量方法通常要比定性方法好些。本书将采用主成分分析方法，检验评价指标体系建立的有效性。

（3）指标体系的验证和确立。利用历年的统计数据，进行模型的反复验证。当模型的指标权重、指标构成在各种数据的检验下都保持较高的稳定性时，说明模型具有较高的可靠性。

根据产业发展与产业支撑两个一级指标的内涵与特征，本书分别从不同侧面来分解与细化两个一级指标和八个二级指标（见表2-1）。

表2-1　产业高端化评价指标的构成

一级指标	二级指标	三级指标	备注
产业发展状况	产业规模	绝对总产值	产业总产值的统计数量
		相对总产值	产业的总产值/全国该产业的总产值
		绝对就业规模	产业中吸纳的劳动力数量
		相对就业规模	产业中吸纳的劳动力数量/全国该产业吸纳的劳动力数量
	产业质量	技术标准化程度	产业中的标准化技术数量/产业中的技术总量
		研发投入水平	产业中的研发投入/总产值
		高科技人才投入	科学家与工程师数量/科研人员总数
		创新的技术密度	为相对指标，即单项技术输出成交额/单项技术输入成交额
		产业增加值率	增加值/总产值
		新产品上市速度	新产品产值/总产值

续表

一级指标	二级指标	三级指标	备注
产业发展状况	产业结构	价值链分工	本地产业价值增值/产业价值链增值总额
		价值链生态位	产业微笑曲线中的位势
		产业自主程度	可用专利本土化率计算，即本土企业拥有专利数/产业专利总数
		产业关联程度	综合评价产业的前向关联度和后向关联度，即感应度系数×影响力系数
	产业竞争	产业集中程度	可用赫芬达尔指数来测度
		企业存活机会	产业中每年退出市场的企业数/该产业中年末的企业总数
		资本形成水平	产业中年度新增投资数量/该产业中的年末资本存量
		劳动生产水平	产业中的人均总产值/全国该产业的人均总产值
		品牌化程度	产业中拥有的品牌数量/全国该产业的品牌总数
		产品差异化指数	综合测量产品的价格弹性与收入弹性
		市场拓展能力	可用产业外贸依存度来表示，即产品出口值占总产值的比重
产业支撑环境	资源循环利用程度	物资再利用水平	再利用物质资源占物质资源投入的比重
		能源循环利用水平	再利用能源占总能源消耗的比重
		再利用工程化程度	产业中资源利用工程数/产业中规模以上企业数
	资源可持续性	自然资源可持续性	产业密集使用的自然资源与区域丰裕资源之间的匹配程度
		金融资源可持续性	风险投资等金融性资本投入与产业投资需求之间的匹配程度
		人才资源可持续性	产业密集使用的专业人才类型与各类年毕业生供应量之间的匹配程度
		科技资源可持续性	产业相关的国家级实验室、工程研究中心等科技平台和设施的数量
	环境可持续性	废水排放指数	单位产值的废水排放量
		废气排放指数	单位产值的废气排放量
		固体废弃物排放指数	单位产值的固体废弃物排放量
	服务支撑体系	信息化程度	产业信息化建设完善程度
		政府支持程度	用于评价政府制定的该产业的发展规划及相关产业优惠政策等因素
		产学研合作水平	产学研合作创新平台建设水平
		科技中介服务	科技中介服务业的完善程度

资料来源：笔者根据相关资料整理。

（三）产业发展状况

建立产业发展状况一级指标在于测度产业的静态发展状况与动态发展能力，包含产业规模、产业质量、产业结构与产业竞争四个二级指标。

1. 产业规模

高端产业是指在一国或地区经济发展的某阶段中，对产业结构和经济发展起着导向性和带动性作用，并具有广阔的市场前景和技术进步能力的产业部门。针对高端产业的规模，本指标体系利用相对和绝对的总产值规模来测量该产业的经济规模。相对和绝对的就业规模则从另一个角度反映产业在区域中的重要性，以及该产业对社会的价值。

依据静态和动态比较优势理论，产业规模越大，产业就既具有静态规模优势带来的垄断力量和高附加值，又可以获得越强的动态发展所产生的成本削减效应。因此，产业规模是反映产业发展水平的一个测度指标。

2. 产业质量

产业发展的关键在于科技水平与科技竞争力的高低强弱。科技水平越高，其新产品的差异性越大、市场权力越大，其产品的生产工艺越先进、成本越低、产品的竞争力越强。因此，较强的科技竞争力反映了产业的高端性与发展潜力。本指标体系选择技术标准化程度来测量产业科技水平的先进性；选择研发投入水平、高科技人才投入占比，来测量产业科技投入水平；选择创新的技术密度、产业增加值率以及新产品产值率，来反映科技产出的水平。

产业质量的六个三级指标基本反映了产业高端化所富含的高智力密集性与高科技特征。区域内的某产业若具备较高的科技水平和密集的高智力人才，则该产业的发展质量较高，发展潜力也较大。

3. 产业结构

本指标体系选取价值链分工、价值链生态位以及产业自主程度来刻画产业内的分工状态。以区域系统为分析对象，则区域内不同产业的发展水平不同，选择市场关联度来评估产业在区域中的相对发展水平。

本指标体系所选择的状态变量“价值链生态位”，涵盖了该产业在反映其在研发、中试、制造等环节相对重要性的“微笑曲线”中所处的阶段，以及参与国际分工的模式是贴牌制造（OEM）、委托设计制造（ODM），还是自有品牌制造（OBM）。在操作中，对该状态变量可以利用赋值法运算。

4. 产业竞争

产业高端化反映了产业竞争与演化发展的动态过程。本指标体系选择产业集中程度、企业存活机会以及资本形成水平，来反映产业内的竞争状况和演化发展趋势；选取劳动生产水平、品牌化程度、产品差异化指数以及产业外贸依存度来测量本区域目标产业在国内外竞争力和演化发展趋势。产业竞争指标不仅反映了产业高端化概念所包含的从产业“低端”向产业“高端”攀升的能力，也反映了市场集中状况以及市场集中趋势，进一步反映了高附加值的可获得性。劳动生产水平越高、品牌化率越高、产品差异化水平越高、外贸依存度越低，则该产业的产业竞争指标得分越高。

(四) 产业支撑环境

建立产业支撑环境一级指标在于测度产业高端化的政策环境、生产性服务等软环境以及资源约束硬环境，包含资源循环利用程度、资源可持续性、环境可持续性与服务支撑体系四个二级指标。

1. 资源循环利用程度

从产业的发展潜力角度来看，在资源快速消耗的当今世界，资源的循环再利用水平是产业发展的一个重要支撑条件物资再利用水平反映了产业在资源日益枯竭的局面下为长期发展所做的准备。本指标体系选择物质资源再利用水平、能源循环利用水平以及再利用工程化程度，来评价目标产业资源循环再利用的发展程度。

2. 资源可持续性

就经济资源拥有量而言，国家或地区对不同的经济资源拥有程度不同；就资源使用的密集度而言，产业对不同资源的密集使用程度是不同的。区域经济资源丰裕度以及区域自然资源丰裕度与产业资源密集度之间的匹配程度，是目标产业持续发展的支撑条件之一。本指标体系选择自然资源、金融资源、人才资源以及科技资源的可持续性，来综合评估目标产业的资源可持续性。

3. 环境可持续性

我国经历了长期的经济高速增长时期，相应的代价是环境遭到了一定程度的破坏。经济发展到当前阶段，环境是否具备可持续性，是国民经济能否持续、高速与稳定发展的一个重要因素。环境可持续性是产业能够获得长期发展的一个支撑条件。本指标体系选取工业废水排放指数、工业废气排放指数以及工业固体废弃物排放指数，来评价产业的环境可持续性。

4. 服务支撑体系

产业发展不仅依赖产业自身的素质，而且依赖于为产业发展服务的软环境，尤其是在产业向高端环节攀升的过程中，服务支撑体系的完善程度对产业高端化战略的落实起到关键性作用。本指标体系选取信息化程度、政府支持程度、产学研合作水平以及科技中介服务，来评价目标产业发展的服务支撑体系的完善程度。

本书基于经济学与管理学相关理论，在界定产业高端化的概念、内涵和测度的基础上，提出一套综合评价指标体系。该指标体系既涵盖了对目标产业当前发展状况的评价，又包含了对其未来发展潜力的评估，实现了短期现状考核和长期潜力考核相结合的基本考察，尤其是在产业发展质量二级指标下，纳入了能够反映产业技术创新能力的三级指标，这一设置直接反映了在改革开放的第二个30年中，我国经济发展主要依赖技术创新这一发展理念。

通过这一指标体系，国家或区域可以对本区域的一系列支柱产业进行评估，遴选出处于产业发展高端的系列产业，给予大力支持，以对区域经济形成较强的拉动作用，促使区域产业结构和贸易结构调整，转变区域经济增长方式，实现建设资源节约型和环境友好型社会的目标，并最终支持建设创新型国家的长期目标。

第三章 战略性新兴产业高端化发展的理论基础

产业高端化是产业从附加值低的加工组装环节向研发、设计、营销、服务等附加值高的环节攀升的过程。目前，我国战略性新兴产业的发展出现了行业全要素生产率（TFP）变化率下滑、“轻技术创新，重规模扩张”、高端产业“低端化”的现象。这不利于我国战略性新兴产业的未来发展，也会剥夺其战略性地位。要寻求突破困境之法，需从源头上理清战略性新兴产业高端化的理论依据。

第一节 基于战略性新兴产业高端化的内部理论分析

一、微笑曲线理论

（一）理论产生及内涵

1992 年，台湾宏碁集团创办人施振荣先生为了再造宏碁，根据自己从事电脑设备制造业的多年经验，提出了著名的“微笑曲线”理论。“微笑曲线”又叫“附加值曲线”，是产业链上各价值环节附加值高低的客观表现，因此微笑曲线也可以看作是产业价值链。产业价值链总共包括八个环节，研究开发、产品设计、零部件生产三个环节处在产业价值链的上游，组装加工处在产业价值链的中游，产品销售、售后服务、渠道建立、品牌运作则处在产业价值链的下游。

在制造业产业价值链上，附加值更多地体现在微笑曲线的两端，即产品设计和售后服务以上的环节。随着研发投入和售后服务内容的增加，产品的附加值会逐渐上升，而处于微笑曲线中间段的制造加工环节创造的附加值最低，并且随着市场竞争的日益激烈，中间制造环节的利润空间会越来越小。从产品整体的价值角度来看，制造生产所创造的价值约占整体价值的30%，而服务所创造的价值约占70%；在耗用时间的对比上，产品的生产制造时间约占产品生命周期的10%，而产品服务的时间则占到90%。因此要实现企业的持续发展和永续经营，企业需要不断地向产业价值链上附加值高的位置移动，即实现产业价值链向微笑曲线两端的拓展延伸。此外，由于不同行业的产业链在上、中、下游的附加值的差距不同，所以“微笑曲线”的高低和弯曲程度也不同。

微笑曲线产生的深层次原因，是国际分工模式由产品分工向要素分工转变。分工的深化，使产品生命周期的每个阶段清晰化和模块化，通过将产品生命周期的每个阶段严格地分解为一个个标准的步骤，再将这些步骤按照附加值的高低和内在功能结构顺序串联起来，就形成了“微笑曲线”的曲线形链式结构。此外，根据传统的比较优势理论，由于各国在不同的生产要素上拥有各自的比较优势，所以参与国际分工合作的企业无须再从事产品的“一体化生产”，只需要根据自身的要素禀赋，选择自身具有要素优势的某些产品环节进行生产和经营，专注于产品价值链的某一个或某几个环节，这就使发达国家逐渐脱离制造化，不断向研发、品牌销售、服务等高端环节迈进，而加工组装等相对劳动密集型的制造环节则向中国、印度等低成本的发展中国家转移，形成基于价值链分工的新格局，发展中国家的利润空间也变得越来越窄。因此，要实现中国经济的可持续增长，提高国内制造业经济效益，我国制造业必须沿微笑曲线向产业价值链的上游攀升。

（二）劳动分工

1. 生产制造环节的体力劳动分工

马克思在探究工场手工业分工下的劳动工人时认为，在工场内，产品的生产以手工业为基础，工人分为熟练工人和非熟练工人。马克思认为工场手工业时期以劳动力为起点，所以，劳动者在生产过程中是所有生产要素中最重要的部分。资本家把手工业劳动者集结到一个工场内，是为了让产品生产各个环节之间的时间间隙变短，从而提高劳动生产率。马克思认为机器大工业的起点是生产资料，所以，机器是生产活动所需生产要素中比较重要的。机器主要有以下两个职能：第一，提高劳动生产率；第二，使工厂内的工人不能控制他们自己的劳动。资本家为了追求剩余价值，把工厂内的体力工人当成机器，进行剥削和压榨。

世界上的大型跨国企业为了充分利用其他发展中国家的劳动力资源和自然资

源，在经济全球化和国际分工的背景下，把某一种商品的生产制造环节设置在发展中国家。发展中国家的劳动力成本低、原材料和自然资源丰富，于是就出现了数量较多的代工企业（Original Equipment Manufacture），也称为定牌生产合作企业。假设此代工企业为企业B，与它合作的大型跨国企业为企业A，它们之间的关系如下：企业A首先将产品设计、研发出来；其次，企业A委托企业B在企业B所在地按照此产品进行生产（注：企业B生产的产品必须同企业A提供的样品一样）；最后，企业B将生产的全部商品再运回企业A，也就是说，企业B不参与其所生产商品的销售。这些发展中国家的代生产工厂只参与此商品的生产制造环节。基于发展中国家的劳动力成本优势和原材料优势，跨国企业所研发的商品在发展中国家进行生产，会降低整个商品的生产成本，进而提高企业的利润。"iPhone5C的市场售价为650美元，它的所有零部件的成本和组装成本总共为226.85美元。零部件主要包括中央处理器、全球定位系统、蓝牙、闪存、屏幕。这些重要部件主要从日本、韩国、德国等发达国家购买，而整机组装成本仅为15美元。我国作为苹果手机的组装者，仅仅分得2.3%的微薄利润。"从这个案例中，我们可以看出，作为生产、组装的代工厂，我国的企业根本就没有什么利润可言。

现代社会的工厂，是科学和工业技术得到发展后发展起来的。科学知识的应用、科技的进步，使工厂中的机器越来越高级，机器设备向数字化、科技化的方向发展。现代的工厂都有专门生产产品的工业装配线。工厂里的制造工人就在这工业装配线上的各个操作岗位上进行产品的生产。在工厂中，把生产劳动划分为各个部分是生产过程中的劳动分工形式，产品的各个操作环节在一条生产装配线上可以同时进行。现代每个工厂都达到了一定的规模，首先，产品的生产过程是可以分开的，是可以分解的；其次，相同的操作环节可以分配给不同的工人。企业的所有者把产品的生产过程分解为不同的部分，首先是节省了工人从一个操作环节到下一个操作环节之间的劳动时间，其次是工人在一个操作环节上工作时间久，能提高劳动生产率。工人不愿成为终身的局部工人，但是他们隶属于资本家且他们不占有生产资料，只能在工厂内听从管理者的指挥进行生产劳动。

在现代社会国际分工下，生产制造厂商的机器设备更发达，所以，制造厂商的分工更加精确。我们可以将生产线上的劳动过程分成多个操作环节，再将每个操作环节分配给固定的工人。工厂内的工人的类别也不同，按熟练程度可分为非熟练工人和熟练工人；按工人的性别可分为男工和女工；按工人的年龄可以分为成年工人和老年工人等。现代化的工厂都以机器为主要劳动资料，所以工厂内的工人基本都属于局部工人。局部工人的操作跟随机器的运转速度进行，在相同时间内，他们在同一操作环节上的产量基本相同。因此，在工厂中可以将同一操作环节分配给不同的工人。生产制造厂商按照性别、年龄和熟练程度对工人进行了划分，所以，就算他们的劳动生产率相同，不同的工人所获得的报酬也不会相同。相同的劳动生产率下，企业的所有者为了降低生产成本，会雇佣劳动成本低的工人。

生产制造环节的分工都是体力劳动分工。在工厂分工下，体力劳动者只能从事简单的、操作型的工作。他们的劳动力已经变成商品，他们也不再按照自己的愿望进行生产活动，而是按照劳动力购买者的愿望进行生产活动。工厂内部的工人基本都是操作型工人。

2. 科技研发环节的科学知识劳动分工

伯纳德·巴伯认为，不管我们有多么丰富的科学知识，没有分工就不可能有现代的机器工业技术。因此，科学知识和现代的工业技术之间的依赖关系极为密切且互为因果地产生出丰硕的成果，这些成果的产生全部都依靠分工。分工在现在乃至以后都是现代化工业社会的一个基本特征。

从行业分工来看，每个行业都需要一定数量的科技知识人才。建筑业需要有设计房屋的设计师；制造业需要有研发机器设备的科学家；电力行业需要有研发电力设备的科学人才；信息技术和软件行业需要有编写程序和代码的网络工程师,这种分工依据的是科技劳动者的行业。除了这种社会分工，同一行业内还有更加精细的分工。

例如，我们现在生活在一个信息化、网络化的时代，与我们息息相关的网络平台有网易邮箱、12306 购票、支付宝、淘宝网等。这类网络平台的网页简单且布局合理有秩序，极大地方便了我们的生活。截止到 2016 年底，支付宝实名认证的用户达到 4. 5 亿。如果这 4. 5 亿用户同时在线且保证网页的顺畅，就需要网络工程师来保障该网页后台的正常运行。因此，单就这一个网页系统的支撑就需要数量庞大的网络工程师。

一个网页的构成要素主要有色彩、图片、文字、排版、多媒体。这些元素的设计和编程都需要具有高科技知识的网络工程师来完成。在分工的指导下，我们可以先将网页的设计和编程分成若干部分，将网络工程师划分为具体的小组，有的小组负责文字、有的小组负责图片、有的小组负责色彩……这样，每个小组就可以专注于自己负责的部分。在此前提下，每个小组负责的那部分还可以进行分工。多媒体编程还能再分解为视频、动画、音频等，那么小组内的网络工程师就会被分配到具体的编程环节。其他元素的分工和多媒体编程的分工是一致的，其对应的网络工程师也可以进行精细的分工。网络工程师们完成编程任务后，就可以进行调试、试运行等操作了。我们现在使用的网页都是网络工程师通过知识劳动、脑力劳动设计研发出来的。

通过上面对网络工程师分工的分析来看，研发人员进行着并不相同的脑力劳动。有的研发人员从事比较核心的研发工作，而有的研发人员从事相对比较简单的研发工作。这些研发人员组成一个团队，他们先完成自己的工作，然后再相互协作，研发出网页、机器、专利或者其他商品。

3. 市场营销环节的销售知识劳动分工

马克思认为，商人在商品的生产和流通过程中起了至关重要的作用。在现在社会中，负责销售的主体不是商人，而是数量庞大的营销人员。在经济全球化背景下，跨国公司都有专门的销售部门，甚至是遍布全球的大规模的销售公司。马克思认为，商人先用自己的货币将商品从生产者那里买到自己手中，再将商品卖到消费者的手中。现代社会的市场营销也大体分为这样两个阶段：买和卖。因此，市场销售的初次分工就是关于这两个阶段的分工。营销人员在此分工下被分成产品买进阶段的工人和产品卖出阶段的工人。我们知道，买卖产品的流程较多，如订货、通信联络、委托、销售分析；广告、出售、推销、运输等。除了这些流程，销售过程中还会有资金的流动、借款、收款等环节，所以，销售部门中必然还存在核算岗位。

为了使商品的生产和流通顺利进行，所有的营销人员需以分工为指导，在市场营销环节的各个岗位上负责自己的工作。市场营销领域下的销售人员的劳动分工以员工的销售知识为前提，也就是说，市场营销环节下的分工以销售人员的销售知识劳动分工为主。销售知识其实是一个比较宽泛的概念，指销售人员所应该掌握的多方面的知识和相关信息，主要包括心理学知识、销售学知识、经济学知识和社会热点。所以，这里认为销售知识主要来源于经济、销售、心理方面的书籍，杂志、报纸、社会消息和新闻大事。

市场营销领域的销售劳动具有如下特点：第一，销售劳动的相对专业性。销售领域的员工需要掌握关于产品和客户的专业化知识和信息，所以销售人员要具有一定的销售专业知识和能力。第二，销售劳动的灵活性。这里的灵活性主要指销售人员劳动时间和劳动技巧的灵活性。销售人员不仅要随时应对销售过程中出现的状况，而且还需要随时搜集和处理大量的销售信息。第三，销售劳动的多样性。销售包括多个环节，每个环节所需要的营销工人不同，那么他们的专业化知识就有所不同。在市场营销领域，销售人员的销售劳动具有多样、灵活、专业的特点，合理的分工能提高销售效率。不同的地域，由于风俗习惯和文化的不同以及其他各方面的差异，对某一产品的需求不同，这样就需要营销人员根据自己的销售能力，并结合当地的风土人情，制定相应的营销策略。世界知名品牌的营销人员遍布世界各地，不同的营销员工负责不同的地域，他们深知当地居民的消费习惯和需求，所以能快速售出产品，从而提高资金运转的速度。

（三）劳动者及其价值创造

作为个体，劳动者是独立的。但是，劳动者不能独立于社会生产之外，因为他们是集体的一部分、社会的一部分。集体创造的价值比单个劳动者创造的价值之和要多，因为，劳动者之间不仅存在分工，还存在协作。

马克思在研究分工与协作时论述了结合工人的思想。马克思认为，单个劳动者不能完成的工作，多个劳动者一起合作、将劳动结合在一起就能完成，分散的劳动者不能或者只能在小规模上完成的工作，集合在一起的劳动者共同协作就能完成。协作不仅提高了单个工人的生产力，而且产生了一种新的生产力，马克思将这种新的生产力称为集体力。由此可以看出，结合劳动所产生的生产力是一种以分工和协作为基础而形成的劳动的社会生产力。随着社会生产的不断发展，生产力不断提高，单个劳动者为了使自己具有竞争力，会不断提高自身的知识储备和技术能力。不断发展的单个劳动者组成的新时代的结合工人和原来的结合工人所包含的内容以及所能从事的劳动不同。所以说，结合工人并不是一个静态的概念，而是随着单个劳动者的改变而不断发生变化。

结合劳动的劳动生产力比单个劳动者的劳动生产力之和要高。但是，只有单个劳动者不断学习使自身的知识积累和劳动技术水平提高，才能使结合劳动总体的知识积累和技术能力提高，才能创造高的价值。所以，所有的生产活动，最终还是追溯到单个劳动者。劳动者是生产活动中创造剩余价值的主要源泉。马克思追求的最高目标，是实现人们自由而全面的发展，也就是解放和全面发展劳动者。经济全球化、国际分工下的劳动者主要分为生产制造工人、科技研发工人和市场营销工人。

1. 科技研发环节的高附加价值

在微笑曲线中，设计研发环节的工人以科技研发工人为主。现代社会经济的发展靠人才，而培养人才主要的途径就是教育。我国目前落后于其他发达国家的一个主要的方面是高科技人才数量不多。我国目前培养的有创新能力的科学家和工程人才还太少。在知识经济时代，科技研发人员已经成为劳动群体中最重要的一个组成部分，他们主要依靠科技知识和脑力劳动来参与社会生产活动，具有以下特点：

第一，良好的道德修养和个人素质。这类劳动者基本都接受过高等教育，有良好的道德修养，学识广博、能力强、专业技能强，同时具有团队意识，具有良好的沟通能力，具有良好的组织能力和协调管理能力。

第二，自主性和学习能力强。知识劳动者的自主性主要表现在学习方面，他们不满足于已学到的知识，总是在工作和生活中不断学习新的知识，而且有明确的学习目的，懂得如何进行自主学习。

第三，劳动具有创造性和新颖性。科学技术工人与从事生产制造体力劳动的工人不同，体力劳动工人只能进行简单重复的操作，而科学技术工人的工作具有灵活性和多变性，他们将劳动与科学技术结合在一起，使科学技术劳动成为生产要素，创造了高价值。

第四，劳动过程具有内隐性且无法监控。科学技术工人的劳动是脑力劳动，他们所有的创新想法都在大脑中产生，而且不分时间和地点，没有固定的思考流程。这个劳动过程是看不见、摸不到的。所以，科学技术工人的脑力劳动过程是无法监控的。

第五，劳动成果难以衡量。科学技术工人的劳动过程难以监控，而且他们单个劳动者的劳动具有很高的价值。一项新的科技发明有时候可能不是一个科技工人的劳动，可能是几个，甚至是很多科技工人共同协作完成的。所以，他们的劳动成果一般难以衡量。

第六，具有实现自我价值的理想。科技劳动工人不局限于使自己的日常生活无忧，而是想为企业、为社会、为国家贡献一分力量，实现自我的价值。

世界上的发达国家主要专注高科技，而科技研发的推动力是高科技人才。要在世界上具有竞争力，我国需要重视对知识工人的培养，因为科技研发工人可以创造高额的附加价值。那么，科技研发工人的高额附加价值从何而来？

垄断是创造超额剩余价值的主要手段。马克思认为，资本主义垄断的一个方面是资本家对生产条件的垄断。“大工业把科学作为一种独立的生产能力与劳动分离开来，并迫使科学为资本服务”，由于“生产过程的智力同体力劳动相分离，智力转化为资本支配劳动的权力”。这时候的科技劳动已经成为产品生产过程中的一种生产要素，机器是科技劳动的物化知识产物。这些生产条件掌握在资本家手中，所以资本家理所当然地认为“机器和他对机器的垄断已经不可分割地结合在一起”。

经济全球化下，科学技术是社会生产过程中的主要生产要素，而且属于高端生产要素。科学技术作为高端生产要素，融入新产品、新工艺、新技术、新设备的创造过程。这些新设备、新技术等高端产品受知识产权法的保护。知识产权的所有者对知识产权成果行使使用、出租和管理的权利。

如果知识产权所有者独享研发成果，那么，他们生产出的新产品就会在市场上具有强大的竞争力。其他厂商没有此项新成果，只能继续生产在市场上已经长时间存在的产品，所以，同拥有新成果的厂商相比，他们没有竞争力。结果是，市场上的大部分资金向拥有新产品的企业流动。科技研发工人凭借自己的脑力劳动，将科学技术知识应用到新产品的设计研发上，促使新产品诞生，使企业获得较高的利润。

知识产权的所有者还有把知识产权成果出租给其他企业的权利。因为专利成果受法律保护，所以，任何意欲使用此专利的企业都需要向知识产权的所有者支付费用。由于专利具有稀缺性，所以，收取的租金非常高。其他企业为了让企业正常运行，只能不断向其缴纳租金。

知识产权的所有者主要通过以上这两条途径获得高额的利润。他们利用获得的利润继续进行新产品、新工艺的设计、创造和研发，继续申请专利，继续从专利使用者那里收取租金和费用。“高额的利润激起对更多利润的贪欲”，生产条件的垄断使产权所有者获得高额的利润，并不断追求更多的利润。这种生产条件垄断的来源是科技劳动者的知识劳动成果，所以，科技劳动工人能够创造高的附加价值。

2. 生产制造环节的低附加价值

在微笑曲线中，生产制造环节的工人以生产制造工人为主。研发和营销环节所创造的附加价值高，而生产制造环节所创造的附加价值低。那么，加工制造与装配劳动不能创造高的附加价值的原因有哪些？

泰罗认为“控制”在管理史上一直都是管理的主要特点，即管理部门控制劳动。具体有三条原则：第一，使劳动的概念和执行相分离（为了保证管理部门的控制权，同时降低工人的工价，劳动的概念和执行就变成了工作的两个独立方面）；第二，使劳动过程和工人的技术分离开来；第三，利用这种对知识的垄断来控制劳动过程的每一个步骤及其执行方式。也就是说，管理人员几乎垄断了劳动过程的所有知识。操作型工人的工作日益表现为一种纯粹的工具性活动，因为他们的操作受到管理人员严格的控制。操作型工人无须具备与自身从事的劳动相关的理论知识，仅仅是在执行管理者的指令。

在此情况下，原本独立的技术工人就再也不是一个手艺工人，而成为管理部门的一个活工具。手艺不得不让位于一种反复进行的琐碎工作，工资率则在一定水平上标准化了。

对资产阶级经济学家来说，机器是资本家用来生产产品的劳动资料，除此之外，没有别的用途。因此，在他们看来，机器使用工人和工人使用机器是一回事。也就是说，在资本家和管理者看来，机器和操作工人并没有什么不同之处。资本家追求利润的最大化是机器出现的主要原因。机器本应该是解放工人劳动的工具，但它却"成了资本的形式，成了资本驾驭劳动的权力，成了资本镇压劳动追求独立的一切要求的手段"。大量的技术工人由于机器的发展、管理部门对劳动过程的控制，逐渐沦为操作型工人。因此，加工制造和装配一直不能创造高价值。

分工的形式由开始的技术型分工逐渐变成依赖机器的操作型分工，分工越来越精细。机器刚刚兴起时，从事车间简单操作的工人可能贡献了一部分力量。但车间操作工人一直从事少数简单的操作，智力得不到发展，会慢慢变得迟钝和无知。因此，他们没有机会继续运用自己的能力和智慧来推进机器的改良、进步和发展，以满足资本主义生产的要求，机器设备的发展逐渐全部依靠研发领域的知识工人的研发和创造。

3. 市场营销环节的高附加价值

微笑曲线理论认为，市场营销环节也能创造比较高的附加价值。生产制造环节，体力工人的劳动是创造价值的源泉，而在科学技术研发环节，科技知识劳动者可以把科学知识应用到机器设备的发明上。机器虽然不能创造价值，只能转移价值，但机器是由科技知识劳动者创造发明的，从而科技知识劳动者的脑力劳动也是创造价值的源泉。市场营销人员既不像生产制造环节的体力劳动者那样在工厂内生产产品，也不像科技研发劳动者可以将知识转移物化到机器设备上，他们只是把商品从生产者手中通过市场转移到消费者手上。但是，市场营销人员却在商品的生产和流通过程中起了至关重要的作用。

垄断是创造超额剩余价值的主要手段。马克思认为，资本主义垄断的第二个方面就是贸易条件（市场条件）的垄断。马克思分析了英国人在印度设立殖民地时对印度市场的统治：英国人侵占了印度商品市场从而实现了他们对商品的垄断。英国人把盐、鸦片和其他商品的销售价格定得非常高，以此来获得高额的利润。“殖民制度大大地促进了贸易和航运的发展。‘垄断公司’是资本积聚的强有力的手段”，而且“殖民制度宣布，赚钱是人类最终的和唯一的目的”。由此可以看出，宗主国对殖民地的商业、贸易条件的统治主要是为了获得高额的利润。

19 世纪八九十年代在美国出现的第一批大型综合公司，是在探讨销售问题新方法的基础上建立起来的。现代大型跨国企业销售环节的主要竞争要素是品牌和商品的销售渠道。品牌，依靠的是研发人员的知识劳动创造，也就是前面提到的知识产权的成果。某一品牌的商标都是唯一的，所以营销环节高附加价值的来源之一就是科技研发人员的脑力劳动。此外，销售人员具有一定的销售专业知识，他们利用销售专业知识可以建立起商品的销售渠道，进行商品的售后服务和业务拓展，以及维护品牌形象。这些都是营销人员利用销售知识开展的，所以，这也是营销环节高附加价值的来源。

二、创新系统理论

（一）创新系统层级

1912 年，创新理论首次由经济学家熊彼特提出。熊彼特在他的著作《经济发展理论》中指出，创新是在生产体系中，由新生产要素与生产条件重新组合，进而建立起新的生产函数的过程。经济合作与发展组织（OECD）认为，技术创新即工业技术创新，也就是产品创新。这里所说的产品创新是指通过新工艺的运用而生产出新产品并将其市场化的过程，也包括通过新工艺的运用而提升原有产品性能的过程。随着国内外学术界对创新系统研究的不断深入以及创新系统外部环境的剧烈变化，关于创新系统的研究逐渐分化出以下几个层级：

1. 国家创新系统

虽然早在 1841 年德国古典经济学家李斯特（F. List）便提出了“国家体系”这一概念，但是国家创新系统（National Innovation System）的相关理论却是在 1987 年由英国学者弗里曼（C. Freeman）正式提出的。弗里曼在全面理解熊彼特的创新理论并有机融合李斯特有关国家体系的思想的基础上，在对日本及东南亚国家和地区的经济发展状况进行研究的过程中明确界定了“国家创新系统”这一概念。他认为，国家创新系统是一种制度网络，这种制度网络的作用是保证私人及公共部门相互配合来完成技术创新、技术引进以及技术扩散等活动。国家创新系统作为创新系统的宏观层次，不仅包含了创新活动的所有行为主体以及各行为主体间的联系方式，还包含了诸如创新知识、创新技术等支撑性要素。因此，对国家创新系统的研究应立足于由系统主体构成的整个网络结构。

2. 区域创新系统

随着全球经济一体化和国家间经济活动边界的模糊化，学者们对创新系统的关注开始由国家创新系统转向区域创新系统。区域创新系统（Regional Innovation System）是创新系统理论在区域环境中的具体应用，它是国家创新系统概念的延伸，伴随着区域经济、地理经济以及网络理论发展起来。最早提出“区域创新系统”这一概念的是英国卡迪里大学的库克（P. N. Cooke），他认为区域创新系统是由在地理上相近、分工上明确的企业、大学、科研机构等共同构成的创新系统网络。这个创新系统网络并不像国家创新系统那样具有固定的地理边界，它可以是一个国家内的某个区域，也可以是相邻国家的某几个区域的集合。区域创新系统是一个社会系统，包含着系统主体间的互动关系，具有知识流动性及创新性等特征。

3. 产业创新系统

产业创新系统（Industrial Innovation System）是以企业的创新活动为中心的系统。产业创新系统是在政府宏观政策的指导下，在稳定的国内外发展环境的保障下，在市场需求的推动下，通过知识的发展和创新性技术的供给来实现特定产业的技术创新目标的网络互动体系。

产业创新系统是介于宏观层面的国家创新系统以及微观层面的企业创新系统之间的中观系统。产业创新系统是以实现产业技术创新为目标，以产业链为基础，由相关生产企业、大学、科研机构、中介组织及顾客等共同构成的复杂创新网络，这一网络系统不仅涉及企业与企业、企业与非企业组织之间的互动关系，还强调了主体创新行为的绩效。它除了具有整体性、动态性等一般创新系统都具有的属性外，还具有集成性、簇、链等特有的属性。由于产业创新系统的系统边界具有动态性的特征，所以在当代世界经济一体化的进程中，其与国家创新系统的关系可以归纳为以下两种情况：第一，将产业创新系统视为国家创新系统的子系统，若干个作为子系统的产业创新系统共同构成了国家创新系统；第二，产业创新系统可以跨越国家创新系统的边界，构成横跨多个国家创新系统的更为宏观的创新系统。

4. 企业创新系统

企业创新系统（Enterprise Innovation System）是企业在生产中，借助科学技术、市场机遇、管理创新等条件的影响，对生产要素及其他相关资源进行优化配置及革新并将取得的成果实现商业化的所有活动及关系的总和。

企业创新系统的主要构成要素是与企业创新活动相关的人、财、物以及企业积累的知识与技能。其中，人即技术创新人员，他们是企业创新活动的核心要素；财即技术创新研发活动所需的资金；物即企业技术创新活动所需的相关资源。资金和物质是保证企业技术创新活动顺利进行的重要因素。企业积累的知识和技能为创新活动提供了无形的条件和资源，并通过渗透作用延伸到创新活动的企业组织内部。

企业创新系统是以企业为主体，以企业的技术创新活动为核心，由企业所拥有的内外部有形及无形资源通过非线性的联结方式而构成的复杂网络体系。该体系可以有效提高企业的技术创新绩效以及市场竞争优势。

（二）创新系统各层级间的关系

相关理论分析与实践研究已证明，创新系统各个层级之间的关系不是孤立存在的，而是相互联系、相互制约、相互支撑的。它们之间的关系表现在以下几个方面：

第一，企业创新系统是微观层面的系统结构，该系统结构的创新活动不仅受产业创新系统及区域创新系统的直接影响和制约，还间接受到国家创新系统的影响。

第二，产业创新系统作为企业创新系统的最高层次，是中观层面的创新体系。它是国家及区域创新系统的重要子系统，是企业创新系统与国家创新系统之间联系的纽带，在整个创新体系中起承上启下的作用。在全球经济一体化的发展进程中，产业协同创新系统有跨越国家界限的发展新趋势。

第三，处于创新系统宏观层面的国家创新系统与区域创新系统，一方面为企业及产业创新系统的发展提供政策支持，另一方面它们创新目标的实现又需要借助于企业及产业创新系统的力量。

通过以上分析可知，创新系统分为微观、中观及宏观三个层面，分别由企业创新系统、产业创新系统、区域创新系统和国家创新系统构成。各个层面的创新系统之间存在着相互联系、相互制约的互动关系。这种互动关系有利于实现创新体系的结构升级。

三、产业协同创新理论

(一) 协同学概念和基本演化方程

协同学（Synergetic）亦称协同论或协和学，属于自组织理论之一，是由德国科学家哈肯提出来的。协同学是一门研究具有差异性的事物之间的共同特征以及协同机理的新兴学科，也是近些年来得到深入发展和广泛应用的一门综合性学科。协同学所研究的事物之间的协同作用是一种将复杂无序的系统有序化的巨大正能量。协同论在分析系统结构时通常将系统变量分为快变量与慢变量，并且提出“慢变量主宰着系统演化发展进程和结果”的役使原理；在阈值条件下这个慢变量就成为序变量，其他变量则成为役使变量。协同学主要采用定量化的研究方法来分析系统从无序到有序的演化规律，采用的基本演化方程如下所示：

$q=N(q, a)+F$

其中，q 为不同的系统中表示不同类型的参量，它既可以是表示速度等的微观参量，也可以是表示经济系统生产率等的宏观参量；a 为系统的控制参量，表示外部条件对系统的影响；F 为随机涨落力。由于协同学研究的对象大多是由大量系统构成的巨系统，因而演化模型通常呈现出微分方程组的形式，其中包含 q 及其不同阶导数。正确地选择能够有效描述系统演化的状态参量是构建系统演化方程的关键。协同学实际上是通过求解状态参量与时空的依赖关系来分析系统演化行为的。

(二) 协同学基本原理

协同学以系统为研究对象，重点分析系统内各子系统如何通过非线性作用使系统发生有序演化并产生协同效应。协同效应即为复杂系统内部各子系统在协同作用下形成一个整体系统的现象，形成的整体系统具有单个子系统不具备的功能。协同学的理论体系由三大基本原理构成，即不稳定性原理、支配原理和序参量原理。

1. 不稳定性原理

不稳定性是相对于稳定性而言的。该原理认为，任何一种新结构都是在原有结构不稳定的情况下，即不能维持原有状态的情况下而形成的。不稳定性在系统结构有序演化过程中具有积极的建设性作用，它是将系统结构的陈旧模式推向崭新模式的唯一媒介。

2. 支配原理

该原理包含三个基本概念，即慢变量、快变量和支配作用。其中，慢变量代表不稳定模，这类变量随时间变化的速度很慢，以致到达新的稳定状态所经历的弛豫时间很长；快变量代表稳定模，这类变量随时间变化的速度很快，以指数形式迅速减弱弛豫时间，以致到达新的稳定状态所经历的时间极短。支配作用即为慢变量通过支配快变量进而决定系统的演化过程的作用。支配原理实质上就是指快变量服从慢变量，序参量支配子系统的行为。该原理从系统内部的稳定因素和不稳定因素间的相互作用方面描述了系统的自组织过程。其实质在于系统在接近不稳定点或临界点时，系统的动力学或突现结构通常由少数几个集体变量即序参量决定，而系统其他变量的行为则由这些序参量支配或规定。也就是说，在系统演化过程中，序参量主宰和支配了系统演化的整个过程。但支配原理并不是万能的，它有自己的适用范围。当系统混沌时，支配原理将有可能失效。

3. 序参量原理

序参量原本是平衡相变理论提出的概念，哈肯把它推广到激光形成之类的非平衡相变领域，成为协同学的基本概念。无论何种系统，如果某个参量在系统演化过程中从无到有地产生和变化，系统处于无序状态时它的取值为 0，系统出现有序结构时它取非 0 值，具有指示或显示有序结构形成的作用，就称该参量为序参量。序参量是系统内部自组织地产生出来的，一旦产生就取得支配地位，成为系统内部的组织者，去支配其他子系统，并主宰系统的演化过程。鉴于序参量对系统演化的支配作用，当运用协同学对系统演化进行分析时，关键是要确定系统的序参量，建立并求解序参量方程进而展开分析和研究。

（三）产业协同创新系统的概念及结构

产业创新系统与国家创新系统及企业创新系统相区别，是中观层面的创新系统，作为宏观层面的国家创新系统的子系统，将产业发展的新要素引入经济系统的网络体系。产业创新系统的作用既体现在有效配置产业发展所需的资源上，又体现在有效提升特定产业的创新绩效上。

产业协同创新系统特指产业创新系统中，由众多系统要素构成的彼此之间具有协同关系的复杂网络系统。该系统除具有产业创新系统的一般特征外，还充分体现了知识生产主体、技术生产主体、政策支持体系、环境支持体系之间的高度协同互动关系。因此，本书将产业协同创新系统的概念定义为：在确定的产业边界和开放的内外部环境下，由生产企业、高等院校、科研机构、政府、中介机构、用户等系统要素构成的，以产业创新活动为基础与载体，以提升产业技术创新效率为目标的，要素间具有高度协同互动关系的技术创新网络体系。

产业协同创新系统是一个巨大的复杂系统，从系统构成要素在产业技术创新活动中的职能出发，可将产业协同创新系统划分为四个子系统，即技术创新子系统、政策法规子系统、创新环境子系统以及用户需求子系统。具体而言，技术创新子系统是产业协同创新系统的核心，主要承担技术研发和研发成果产业化的职责；政策法规子系统的主要职能是建立完善的产业创新政策体系；创新环境子系统承担了打造良好的产业创新环境的任务，主要通过金融、中介等组织的相关服务为产业创新活动顺利进行扫清资金、信息等方面的障碍；用户需求子系统集合了产业最终产品的使用者对产品各方面的要求，该子系统为产业创新活动提供了研究方向。通过这四个子系统的协同合作，产业创新活动才能够顺利进行，才能够最终实现产业竞争力的有效提升。

产业协同创新系统的构建是一项复杂的系统工程，既要保证系统各组成部分都能够协调、均衡发展，又要保证作为整体的产业协同创新系统的功能得到充分发挥。具体来说，产业协同创新系统的主体要素是企业、大学、科研机构、政府、中介服务机构和顾客。系统是由相关机构或组织彼此之间通过长期正式的以及非正式的合作与交流所形成的相对稳定的网络结构。企业与大学、科研机构作为产业协同创新系统的核心主体，在考虑产业技术发展趋势和最终用户需求的基础上，保持经常性的接触，通过专利共享、技术交叉许可以及企业这一技术生产主体获得知识生产主体的关键技术支持，提升企业的技术创新能力，并通过技术溢出效应实现整个产业竞争力的稳步提升。

（四）产业协同创新系统的特征

结合产业协同创新系统的结构及其构成要素所具有的特性，可将产业协同创新系统的特征归纳为以下几个方面：

1. 变化性

它是产业协同创新系统的基本特征。从产业协同创新系统的结构来看，该系统主要包括四个子系统。变化性一方面是指技术创新子系统中，生产企业及其他创新主体的数量会增加或减少；另一方面是指在产业协同创新系统的演化过程中，产业环境的不断变化会导致各子系统之间的创新机制、学习机制以及系统创新模式等发生变化。

2. 差异性

该特征主要是指在相关基础知识、关键生产技术发展水平的限定下，在创新活动参与主体的数量和结构不断变化的情况下，同一产业协同创新系统在不同的发展阶段其结构和功能具有差异性，相同时期不同的产业协同创新系统由于相关的产业生产技术不同也存在明显的差异性。

3. 动态稳定性

该特征指产业协同创新系统一旦形成，便会遵循一定的运行模式持续保持某一种运行状态。在产业协同创新系统不断演化的过程中，若产业创新协同系统受到外部环境因素微弱的刺激和干扰，系统会保持较长时间的运行稳定性并使原有系统结构得到增强；若外部环境刺激增强到改变产业协同创新系统结构的程度时，产业协同创新系统的结构从较低层次上升到较高层次，产业协同创新系统在新的系统运行结构下继续保持其运行状态的稳定性。

4. 相对性

该特征主要体现在两个方面：第一，由于产业协同创新系统的演化过程是一个动态的开放过程，在系统形成、发展和转化的不同时期，系统的结构会有很大的区别，但是在某一特定时期内，在系统结构发生转变之前，系统会保持较长时间的结构稳定性，因此，可以说系统结构的稳定性是暂时性的、相对的；第二，在外部环境的作用下，随着产业边界发生变化，产业协同创新系统的结构及其构成要素的数量也会发生变化，参与者之间相互关系及协同方式的转变决定了产业协同创新系统的整体结构总是一个相对的概念。

第二节　基于战略性新兴产业高端化的外部理论分析

一、产业结构理论

产业结构理论主要阐释产业结构与经济发展的关系，为研究产业演变、产业构成、产业规划及产业布局对国民经济结构和经济发展的影响提供依据，主要包括国家竞争优势理论、产业结构理论、罗斯托的主导产业理论和产业链理论等。

（一）国家竞争优势理论

1990 年，迈克尔·波特在其著作《国家竞争优势》中提出了“国家竞争优势”理论，从国际贸易和国际分工的角度，基于全球十个国家一百个行业的调查研究，阐释了生产要素、需求条件、相关支持产业、企业战略四个要素，以及政府和机遇两个外在条件对国家产业竞争力的影响。其中，生产要素包括人力资源、天然资源、资本资源、知识资源、基础设施等；需求条件主要是国内市场；相关支持产业主要是与该产业相关的上下游产业；企业战略指支配企业创建、组织和管理的条件，以及面对国内竞争做出的企业发展策略。政府和外在机遇对四个要素的影响，能够改变产业及国家的竞争力。

1. 要素条件

要素条件包括人力资源、物质资源、知识积累、资本存量和基础设施水平。根据要素获得的难易程度，分为初级要素和高级要素。初级要素是指自然禀赋或只需简单劳动能够获得的各种要素，如自然资源、气候、地理环境、简单劳动力等，是国家竞争的基础条件。高级要素是经过大量投资和复杂劳动才能获取的各类要素，包括科技创新、技术提升、高端设备、高素质人才、高等教育等，体现了一定的积累性和创造性，是国家竞争优势的关键要素。

2. 市场需求

市场需求是产业发展和经济增长的直接动力，需求带动刺激了技术创新和新产品研发，从而实现了产业升级和竞争力提升。市场需求的影响力分为三个层面：

“市场需求形态”是竞争优势孕育的基础，“市场需求规模及其增长模式”是国家竞争优势提升的重要动力，“市场需求偏好的跨国传导机制”是竞争优势的国际化体现。市场需求水平受社会发展条件、消费文化、消费水平、市场环境等因素影响，市场需求差异化水平越大，前瞻性越高，市场需求对产业发展的影响就越明显。

3. 关联产业和支柱产业

以支柱产业和关联产业为主体的产业网络是国家产业结构和工业发展的重心，一方面支柱产业推动了关联产业的发展，另一方面关联产业发展完善了整个产业链的结构。支柱产业的竞争力和关联产业的发展水平是国家产业竞争优势的核心要素，体现了国家的科研创新能力和工业发展水平。支柱产业发展能够带动关联产业发展，加快产业结构升级，提高产业技术水平，体现了国家发展意图，对国家经济安全和国防工业具有重要影响。

4. 企业组织、战略和竞争

企业组织、战略和竞争指企业创建组织的能力、企业的战略管理水平以及企业发展的竞争环境。企业作为国民经济的细胞组成，在企业规模、组织形式、产权结构、战略目标、管理模式、竞争水平等方面具有一定差异性，形成了国家竞争优势对比。每个国家都有不同的市场环境和文化基础，因而企业的组织管理各有特点，“管理意识形态”是企业发展的重要影响因素，战略意图决定了企业的发展方向和发展空间，公平有效的竞争环境促进了企业发展水平的提升和市场环境的优化。

5. 国家政府

政府影响是国家竞争优势的构成因素，政府的政策干预是实现要素市场转变、企业发展、产业提升、经济增长的重要保障，能够传递并放大钻石模型中各个环节的功能，通过塑造要素激励和竞争环境，从不同层面提高竞争优势。

6. 机遇

机遇是外部环境的突破点，是市场环境、产业发展和竞争环境的融合。机遇可以打破现有环境和秩序，创造出新的发展机会。

从钻石模型来看，战略性新兴产业的发展一方面是国家多方面因素的综合体现，另一方面则提升了国家竞争优势。产业发展水平、要素条件、市场需求、政策干预之间通过相互关联，构成了国家竞争优势体系。由初级要素向高级要素转变是战略性新兴产业发展的前提，这个发展过程较为缓慢，受到知识积累、教育水平、研发能力、技术条件等多种因素影响，企业的研发创新活动是初级要素向高级要素转变的有效途径，是产业竞争力的源泉。市场需求是战略性新兴产业发展的重要影响因素，通过技术创新和新产品创造满足需求是产业发展的直接动力。我国市场需求的增长潜力巨大，为战略性新兴产业的发展提供了广阔的市场空间，同时也引发了西方发达国家先进企业的关注。加快技术创新，提升产业国际竞争实力，是当前战略性新兴产业发展的核心任务。

（二）产业结构理论

产业结构理论主要包括产业结构演变理论和产业结构调整理论。其中，产业结构演变理论主要包括配第—克拉克定理、库兹涅茨法则、钱纳里的“标准结构理论”和霍夫曼定理；产业结构调整理论主要包括刘易斯的“二元结构转变理论”、赫希曼的不平衡增长理论等。

1. 配第—克拉克定理

英国古典政治经济学家威廉·配第最早注意到产业结构演变规律，他在《政治算术》（1672 年版）一书中描述了产业结构变动趋势。配第认为，工业的收入比农业高，而商业的收入又比工业高，说明工业比农业、服务业比工业具有更高的附加价值，这一发现即为“配第定理”，揭示了产业结构演变的基本方向以及劳动力在产业间的分布和转移趋势。英国经济学家科林·克拉克在《经济进步的条件》（1940 年版）一书中，以 20 多个国家的经济统计数据为依据，按照三次产业分类法，分析了劳动力在一、二、三次产业间移动的一般规律。克拉克认为，劳动力随着人均国民收入的提高由第一产业向第二产业再向第三产业渐次转移；收入上的相对差异促使劳动力从低收入产业部门向高收入产业部门移动，由此引发了产业结构的演变。克拉克使用劳动力这一指标来分析产业结构的演进，采用三次产业分类法把全部经济活动分为第一产业、第二产业及第三产业。威廉·配第和克拉克的研究成果并称为“配第—克拉克定理”。

2. 库兹涅茨法则

美国经济学家西蒙·库兹涅茨研究了 20 多个国家产业结构变化的趋势，提出了“库兹涅茨法则”，即农业的国民收入比重与农业劳动力比重处于不断下降的趋势；工业的国民收入比重大体上升但工业劳动力比重大致不变或略有上升；服务业的国民收入比重和服务业劳动力比重基本上都是上升的。

3. 钱纳里的“标准结构”理论

美国经济学家霍利斯·钱纳里在 1960 年通过计算 51 个不同类型国家的经济数据，得出在不同人均收入水平下制造业各个部门相对比重变化的一组标准值。这些标准值用来对照分析一国在特定的国民收入水平下，其工业结构是否偏离正常值。钱纳里和赛尔奎因在1975年两人合著的《发展的型式：1950-1970》一书中，利用101个国家1950~1970年的统计数据进行归纳分析，构造出“世界发展模型”和经济发展的“标准结构”，即在经济发展不同阶段所具有的经济结构（投资结构、劳动力就业结构、生产结构和贸易结构等）的标准数值。他们认为，经济发展的不同阶段对应不同的经济结构，如果不对应则表明该国产业结构存在一定程度的偏差。这为分析和评价不同国家的产业结构在经济发展中是否正常提供了参照规范，也为不同国家根据经济发展目标制定产业政策提供了理论依据。

4. 霍夫曼定理

德国经济学家霍夫曼在《工业化的阶段和类型》（1931年版）一书中研究了工业化进程中的产业结构演进问题，提出了霍夫曼定理。该理论探讨了一国工业化进程中工业结构演变的规律，认为工业化发展可以分为四个阶段：第一阶段，消费品工业在制造业中占主导地位，资本品工业并不发达；第二阶段，资本品工业发展速度快于消费品工业，但在规模上仍远不及消费品工业；第三阶段，资本品工业规模迅速扩大，与消费品工业进入平衡时期；第四阶段，资本品工业在制造业中的比重超过消费品，占主导地位，工业化过程基本完成。

5. 刘易斯的“二元结构转变理论”

美国经济学家刘易斯1954年在其《劳动力无限供给下的经济发展》一文中提出了二元经济结构理论。这一理论认为整个经济由工业部门和农业部门组成，发展中国家可以利用劳动力丰富的优势来促进经济发展。刘易斯的“二元结构理论”为探索各国的经济发展模式开创了独特的思路与视角，对当今发展中国家制定产业发展战略有一定的借鉴意义。但部分学者对这一理论进行了批判，认为其一是没有足够重视农业促进工业增长的重要性，这导致大多数发展中国家在这一理论指导下采取牺牲农业、片面追求工业增长的发展战略；二是劳动力在转移过程中可能因要素分配份额的变化而突然中止，而且城市的剩余劳动力只能由工业部门吸收，对农业劳动力向工业部门的转移产生了不利影响。

6. 赫希曼的不平衡增长理论

不平衡增长理论是非均衡增长论的理论之一，是美国经济学家阿尔伯特·赫希曼于1958年在《经济发展战略》一书提出的，该核心内容包括三大部分，即“引致投资最大化”原理、“联系效应”理论和优先发展“进口替代工业”原则。不平衡增长理论主张发展中国家应有选择地在某些部门进行投资，通过其外部经济使其他部门逐步得到发展的经济学说。赫希曼从主要稀缺资源应得到充分利用的认识出发，提出了不平衡增长。认为发展道路是一条“不均衡的链条”，从主导部门通向其他部门。首先选择具有战略意义的产业部门投资，可以带动整个经济发展。对于社会基础设施或直接生产部门的投资，具有不同的作用。前者为后者创造了外部经济。在决策时，应选择社会成本低、外部经济好的投资项目；一般地，政府应主动担负投资额大、建设周期长、对私人资本缺乏吸引力的社会基础设施的投资。不平衡增长论主张，集中有限的资金，扶持具有较强产业关联度的产业部门。例如，钢铁工业就是一个具有较大综合关联效应的应重点发展的产业，通过加快钢铁工业的发展，不仅可以带动与之前向关联的机械、电子产业，而且可以推动与之后向关联的矿山、交通、能源等产业的发展。

（三）主导产业理论

美国著名经济学家罗斯托（1953）在其《经济成长的过程》和《经济成长的阶段》等著作中提出了“经济起飞理论”“主导产业扩散效应理论”和“经济成长阶段理论”，认为传统社会阶段、经济起飞前阶段、经济起飞阶段、成熟挺进阶段、追求生活质量阶段的主导部门分别为农业部门、工业和交通等部门、商业和服务业等部门、新兴产业部门、耐用消费品和服务部门、医疗和旅游等部门，倡导优先发展主导部门，进而带动整个经济的起飞和可持续发展。他认为主导产业包括以下特点：首先，在特定的时间里，该产业部门的增长态势强劲，并且形成显著的规模；其次，该产业部门在发展的阶段存在对整个社会经济的渗透和影响。主导产业不仅在产业结构中具有重要优势，而且与其他产业之间存在特定关联，对其他产业的发展具有带动作用，对推动整个经济发展和产业结构优化具有显著的主导作用。经济增长的过程就是新旧主导部门连续更替的过程。新主导部门的形成和旧主导部门的衰落代表经济增长的不同阶段。罗斯托由此成为主导产业理论的奠基者，主导产业理论成为国外学者研究战略产业的理论基础。

主导产业选择理论主要包括单基准理论和多基准理论。单基准理论是对单个产业进行选择的理论，代表性的分析方法包括 DEA、投入产出分析法等；多基准理论是基于多个指标，运用多元统计方法进行分析的理论，代表性的分析方法包括钻石理论基准法、主成分分析法、因子分析、聚类分析、层次分析、灰色关联分析、BP 神经网络、W-T 模型等。主导产业选择理论的代表性理论包括罗斯托的三项扩散基准理论、赫希曼的前后关联基准理论和筱原三代平的两原则基准理论。

罗斯托的三项扩散基准理论认为，判断一个产业是否为主导产业，关键是看三种扩散效应，包括前向关联效应、左右关联效应和后向关联效应。该理论可用于定性分析，但缺乏可操作性的定量分析依据。

赫希曼的前后关联基准理论认为，主导产业的选择过程是在产业发展的链条上选择一个与前向、后向产业均有较高关联度的产业，该产业通过对前向产业和后向产业发展的带动和促进，推动产业结构升级和经济发展。关联度的高低可用感应度系数和影响力系数来分析。

筱原三代平在其著作《产业结构论》中提出，主导产业的选择应从产品成本的动态角度综合分析，而不应静态地以当前的产品成本为基准，由此提出了两原则基准理论，即对一个国家或地区进行产业规划的两个原则——“收入需求弹性”基准原则和“生产力”基准原则。当从历史发展的角度看某产品的成本时，未来市场的巨大需求和规模化生产都会引起成本的下降，产品进口价格就会相对偏高，这就避免了静态环境下考察产品时成本较高的弊端，将具有高成长性和高带动性的产业排除在外。根据两基准原则，某产品的消费需求增长率与收入增长率的比值大于 1 时，该产业处于快速成长或需要加快发展的时期；某产业的科技转化速度较其他产业快时，该产业应是重点发展和扶持的产业。筱原三代平的两基准原则和环境基准、劳动基准，共同构成了日本政府制定产业政策的理论基础。

克雷默尔认为，判断产业是否为一个国家或区域的主导产业的标准是该产业的生命力长短，生命力和竞争力强的产业往往能够对经济社会产生较大影响。凯因泽则提出主导产业选择的三个标准：产业发展前景、产业关联度、产业就业效应。主导产业是一个区域经济发展的核心动力，应具有较强的发展前景、较大的产业关联性和庞大的就业效应。一般认为，经济增长的过程就是新旧主导部门连续更替的过程，主导产业对其他产业的发展具有带动作用，对整个国民经济具有支撑作用，新主导部门的形成和旧主导部门的衰落代表经济增长的不同阶段。主导产业的主要特征为：能够通过科技进步或创新机制形成新的生产函数；能够促进经济保持高速增长率；能够对国民经济中的其他产业产生较强的扩散效应。

战略性新兴产业与主导产业的关系体现在：首先，主导产业或支柱产业为战略性新兴产业提供成长要素支撑和环境保障；其次，作为目前一国或地区经济支柱的主导产业或支柱产业，在将来可能被战略性新兴产业所取代。电力、石油、煤炭、冶金、机械等基础产业为战略性新兴产业发展提供基本条件，交通运输、邮电通信等基础产业部门为战略性新兴产业发展提供基础设施；风能、太阳能等新能源产业的迅速发展直接削弱石油、煤炭等基础能源产业在国民经济发展中的基础性地位；战略性新兴产业与基础产业具有演进和替代的关系，部分基础产业由于经济结构调整和经济发展方式的转变，可能被未来发展为主导产业和支柱产业的战略性新兴产业取代。

(四) 产业链理论

产业链思想起源于西方，1776 年亚当 · 斯密在《国富论》中提出的分工理论被理论界认为是产业链理论诞生的基础，基于分工的一系列产品关系链条被认为是产业链思想的萌芽。20 世纪初，马歇尔提出的分工协作思想，被称为产业链理论的真正起源。但学界产业链概念的应用较少，通常应用的概念是价值链、生产链等。产业链中最重要的一环是企业技术创新，包括企业技术创新和行业内技术扩散两个过程。张耀辉认为，以企业行为为主体，技术创新为核心的产业活动，其最终归宿都是产业链创新。对产业链理论的认识可从以下几方面进行：

一是价值链理论为产业特点研究提供基础。价值链的概念最早由迈克尔 · 波特在其 1985 年出版的《竞争优势》一书中提出，他从价值链形成的角度对其进行了阐释，认为价值链的本质是原材料转换成一系列最终产品并不断实现价值增值的过程，是企业在生产经营的一系列环节中通过各项投入引起价值增加最终形成的一条成本链。彼得 · 海恩斯从价值实现角度将顾客的因素纳入价值链的分析体系中，将价值链定义为“集成物料价值的运输线”。国内不少管理学家从供应链角度对价值链的概念进行了深化，认为价值链管理对供应链流程优化和企业价值增值具有重要意义。价值链阐述了产业链中的价值增值过程，为产业链研究提供了理论基础。

二是产业关联理论为产业链研究提供支撑。产业关联主要揭示产业之间的经济技术关系，包括对产业间技术经济动态联系方式和运行变化规律的考察和解释，一般包括质和量两个角度。产业关联理论认为，产业间的相互供给和相互需求关系，是各个产业生存和发展的基础和动力，产业间的要素支撑一旦破裂，其他产业的需求和发展就会受到威胁，产业发展的生命力就会丧失。换言之，产业间的供需关系是产业关联理论的实质。根据产业间再生产过程中产品的需求关系，产业关联的具体方式主要有前向关联和后向关联、直接关联与间接关联、单向关联与多向关联；根据产业间再生产过程中要素的需求关系，产业关联可分为原料关联、技术关联、资本关联和劳动力关联等。产业关联研究常用的方法为投入产出分析法，该方法最早由列昂惕夫于 1952 年提出，之后，彼得 · 卡尔门巴克、萨缪尔森、索洛、钱纳里等学者对产业关联进行了深入的理论研究和实证研究，产业关联传递路径进一步明晰，为产业链内涵、特征、功能研究提供了重要理论支撑。

三是产业集群为产业链理论提供现实依据。产业集群的概念最早来自韦伯，他将区位因素划分为集群因素和区域因素两类。迈克尔·波特进一步从价值链和组织变革的角度提出产业集群是在特定区域中，企业和相关组织之间密切联系而形成的网络结构。克鲁格曼则从知识和创新的角度对产业集群进行了研究。国内学者提出，产业集群是以价值链为基础，以某一个或某几个相关产业为核心的地方生产系统，其产生发展依赖于本地专业型的知识体系，既突出了现代产业的特征，又形成了空间集聚特性。产业集群所揭示的企业之间的关联，本质上反映了产业链中企业上下游之间的关系。

二、产业演化理论

（一）产业生命周期理论

1. 产业生命周期的内涵

产业生命周期理论源于产品生命周期理论，Vernon（1966）通过对产品开发进行分阶段研究而提出了产品生命周期理论。该理论认为，产品的生产流通过程和人的生命一样，也要经历形成、成长、成熟、衰退这样的发展阶段。国家之间的经济发展水平和技术发展水平不同，同类产品在不同国家和地区的生命周期阶段也存在差异，基于此，Vernon把产品生命周期分为三个阶段，分别是新产品阶段、成熟产品阶段和产品标准化阶段。产业的发展与产品发展是有机结合且相辅相成的，基于“技术差异”理论和产品生命周期理论，Gort 和 Klepper（1982）通过对大量产品进行长期的数据分析，按照某一产业中厂商的数量，将产业发展的生命周期划分为五个阶段，分别为引入、大量进入、稳定期、大量退出、成熟，并以此建立了第一个产业发展生命周期模型：G-K 模型。

G-K 模型充分认识到产业发展生命周期与产业内厂商数量之间的关系，指出一个行业的厂商数量存在减少现象，而产业中大量企业的进入来自于产品创新，厂商被淘汰主要由于价格竞争引发的恶性价格战，创新的减弱以及效率的差异一直持续到有新技术变动或者是需求突变，并导致新一轮生命周期的开始。随后，Klepper 和 Graddy（1990）拓展了原有的产业发展生命周期理论，假定一个产业的厂商进入量主要由潜在进入者数量决定，而决定潜在进入者数量的主体是价格边际成本。在产业发展生命周期的各个阶段，价格边际成本都是呈递减趋势的，所以说潜在进入者的数量和进入数量同样呈现递减趋势，如此一来，原有的理论内涵就发生了变化：受技术创新等因素影响，一个产业会吸引大量的潜在进入者，而随着技术扩散，创新成本逐渐降低，技术创新让位于过程创新，与小企业比起来，大企业的过程创新更加容易，导致产业进入越来越少，而就已经进入的厂商来说，因为成本竞争的缘故，被淘汰的厂商越来越多，整个过程与产业发展生命周期理论达成一致。与原有的理论相比，拓展后的理论更加强调技术因素对产业发展演化的影响。

2. 不同生命周期阶段的产业形态

产业发展生命周期理论从诞生开始，就引起了学术界的巨大兴趣，不同经济学家从不同角度对产业发展生命周期的划分、演化做了详细的论述。产业发展生命周期划分，比较有代表性的是周期四分法，即初创期—成长期—成熟期—衰退期，与产品生命周期类似，产业在不同生命周期阶段也呈现出不同的形态。

（1）初创期。这一阶段由于产业诞生时间较短，只有少数公司进入这一领域，但是受制于技术不成熟，技术开发成本高、周期长，投资大、见效慢，市场对这类产品的接受程度较低，企业亏损的可能性较大。虽然这一阶段产业的市场增长率较大，但行业特点不明确，发展前景不明朗，相关配套产业处于形成中，企业进入壁垒也较低，整体还处于零散发展阶段，尚未形成集聚发展态势。

（2）成长期。随着技术的成熟和产品质量的稳定，市场对产品的接受程度逐步提高，企业的销售收入增加，但是由于竞争者的加入，单个产品的销售利润开始下降，为了获取竞争优势，产品开始往多样化、低价格方向发展，产业链条逐步形成。这一阶段，市场依然保持较高的增长率，但是企业进入壁垒开始出现，竞争者增多，为获取长期稳定的收益，产业开始趋向集聚发展。

（3）成熟期。这一时期被认为是产业发展生命周期各阶段中时间最长的。进入此阶段后，市场需求完全稳定，每个厂商都占据了一定的市场份额，产品之间的竞争转向各种非价格手段，例如质量、售后服务等，产品价格大幅下降，但是产业壁垒较高，企业进入难度加大。

（4）衰退期。进入衰退期以后，受技术创新等因素影响，新产品和替代产品逐步占领市场，原产品的市场需求逐渐萎缩，由于利润下降，厂商开始逐步退出，整个产业逐步衰退直到死亡。当然，衰退有可能是多种因素共同作用的结果，就产业集聚而言，过度集聚带来的拥挤效应也有可能导致产业衰退。

总体来说，产业生命周期理论的应用价值巨大。就企业来说，在创始初期，总是试图通过各种途径获取客户或者是潜在客户的注意，进而获得市场份额，扩大企业影响力；当产业进入增长阶段，潜在的进入者意识到产业发展带来的市场机会，开始大量进入该产品市场，市场竞争变得激烈；随着厂商数量的增加，供求关系开始发挥作用，当产品的市场需求趋于饱和时，产品增长率降低，市场进入成熟阶段，市场增长虽然在此时相对于上一阶段已经没有竞争力，但是依然有竞争者进入这一行业，公司与公司的竞争更加激烈，市场趋于碎片化，厂家的占有份额开始分散；产业进入衰退阶段后，大量的企业退出该行业。对于企业来说，产业发展生命周期是产业发展的客观规律，所以企业尤其是战略性新兴企业在制定自身发展战略时，除了要考虑自身的发展阶段和发展特点，产业所处的生命周期发展阶段同样是不可忽视的重要因素。只有认清产业形势，才能找准企业未来的发展方向，进而制定精确的发展战略。

（二）产业演化动力

经济学中的演化一般指演化主体在内外因素的作用下不断变化发展的过程。对于演化的具体定义，国内外学术界到目前为止并没有形成统一的认识，但是这并没有妨碍演化经济学的发展，运用相关理论研究产业发展动态及其演化机理，已经成为业界通行的做法。

1. 产业演化的动力内涵

产业组织最基本的单位是企业，企业间的关系则是分析产业组织发展演化的核心对象，产业演化也与产业发展的生命周期相对应。产业作为国民经济体系的一部分，由众多的企业组成。所以，产业演化既可以看作是单个产业的发展过程，也可以看作是一个国家或地区产业结构的变化过程。

Malerba（2005）总结了产业演化的特征，主要包括：第一，产业演化是企业主体学习的结果，是在异质性的企业主体的互动中进行的；第二，产业演化是在特定的知识和特定的制度环境下发生的；第三，产业演化不仅表现为生产产品、工艺发生变化，还表现为产业内各主体、要素也发生改变。演化经济学主张以小见大，将微观层面作为切入点，研究宏观和中观层面的问题，把微观中观宏观纳入一个统一的分析框架，把宏观经济现象看作大量微观经济现象的综合体和集中展现，所以在研究过程中着重强调企业的作用，强调产业、区域、国家三个层面的互动关系，强调在微观经济现象的研究中宏观经济原则必须通过个体行为的微观机制来论证。因此，延续演化经济学的主张，产业演化动力机制可以理解为：在一个经济系统中，为了实现某个目标而受到来自经济体内部和外部的各种力量作用，以及由这些力量的构成要素、组成结构、作用原理、作用过程所形成的有机体。由此，在演化经济学中，产业被看作是一系列存在相互关系的企业组成的有机经济系统，而产业演化则可看作是企业内部的变化和企业与企业间相关作用的有机过程。

另外，协同演化理论认为，演化并非一方对另一方的单向演化，演化双方或者是多方之间存在着互为因果的多向联系，可以存在于个体与个体之间，也可以存在于个体与组织之间。Norgaard（1984）把协同演化这一概念运用到社会经济领域，引发了经济学界对这一演化理论的深入研究。协同演化理论认为，环境变化与组织行为变化是息息相关的，不能简单地把组织行为看作是对环境的一种适应，组织与环境是协同演化的。由于环境的复杂性（包括政治、经济以及其他社会问题），双方之间的协同演化应该放在一个较为宽广的社会背景下，从一个较长的时间维度来分析。针对技术与制度的关系，协同演化理论认为，技术引发制度需求，而技术创新促进制度实施，一种新技术出现以后，就需要与之匹配的制度来保障新技术的成长和应用，而在新技术的推动作用下，制度的实施成本可能得到降低，实施变得相对容易；制度对于技术创新同样具有激励作用，还会影响技术创新选择的正确性。除此之外，协同演化理论还对个体与制度的协同演化做了分析，认为个体的能量虽然有限，但是对制度演化依然具有推动作用，同时制度演化又会影响个体的认知，双方呈现出协同演化的特征。

2. *产业演化的动力要素*

基于演化经济学理论，产业演化的动力要素主要包括创新、学习、市场、环境四个方面：

（1）产业演化的创新动力。在诸多产业创新中，生产技术和生产工艺的创新被认为是创新的核心内容。与创新相伴的是创新扩散，这是创新推动演化的核心环节。个体的创新受到诸多因素的影响，往往需要通过一系列的外部力量的协助才能够达到目的，所以经过创新扩散，就形成了一个与创新有关的创新系统。Mckelvey（2007）认为创新系统有三大功能：一是信息的传递，由此形成创新共同体；二是形成产业内创新主体的多样性；三是形成的多样性可以为演变提供更多的选择。据此，一个产业系统的演化就有一个创新系统推进，创新成为产业内制度更新和产业形态演化的根本动力和诱发原因。

（2）产业演化的学习动力。随着产业发展生命周期的变化，原有技术的竞争力下降，企业必须通过不断的学习来重新获取竞争优势。学习是非常必要的，也是被经常使用的办法，学习对象可以是周边的环境，也可以是同类个体，甚至是竞争对手。由于市场的选择作用，学习的作用被进一步放大，彼此之间的学习，可推动整个产业的进步，导致整个产业的演进，因为学习主体的趋同性使产业趋于一个方向演化。Dosi（2000）研究指出，产业内主体的学习导致技术选择过程中产生了所谓技术轨道的限制，进而形成了一种类似路径依赖的特征，影响整个产业的演进，由此可见，学习可以推动产业的演化。

（3）产业演化的市场动力。产品发展主要基于技术进步和市场需求，技术创新对产业演化的推动作用前文已经阐述，市场需求对产业演化的推动作用主要体现在：市场需求是企业改进产品或者是开发新产品的主要依据，基于市场的需求来制定相关产品的规格、指标是国内外企业的通用方法，简而言之，顾客想要什么？企业提供什么？然而消费者的需求是多样化的，Saviotti（2001）研究发现，消费者的购买决策主要受三个因素影响：消费者的收入水平、消费者对产品的认知程度和产品的适用性。这三个不同影响因素的存在，导致消费者的购买需求产生差异，而这种异质性的需求对企业活动的影响是巨大的。一方面，新技术、新设计的进入影响了市场需求；另一方面，新需求的出现又影响了技术的变化和企业的战略。Antonelli（2003）研究指出，需求的多样性导致现有产业体系的变化，进而导致旧产业衰退被挤出市场，新产业不断涌现，最终引发产业的演化。

（4）产业演化的环境动力。产业的外部环境较为复杂，如文化、传统、制度、政策等都可以看作是外部环境的一部分，任何组织都不能脱离环境独自存在，也不能忽视环境的作用，组织与环境应该通过相互作用最终达到一种平衡。通过主动适应，组织可以利用学习和创新的方式来满足外部环境的要求，而环境也可以通过作用于组织来反向促进组织的变革。无论是主动适应还是被动适应，都是必不可少的，尤其是环境中的外部制度，其与产业演化的关系主要体现在两个方面。首先，一切制度的建立都是基于制度范围内参与主体的行为，并根据这些行为的变化而变化；其次，制度范围内的任何个体都会受到制度的影响，因此，制度被看作是产业演化的动力保障之一，动力与技术的系统演化被看作是推动产业演化的重要方式。在产业发展过程中，良好的产权制度、专利保护制度、金融支持制度都能够在一定程度上让企业获益，推动企业参与到市场竞争中，让整个产业获得发展，最终影响整个产业的演化。

3. 产业集聚演化的动力来源

产业发展到一定阶段势必会形成某种程度的产业集聚，从产业集聚这一现象本身来看，其与产业集群发展是密切相关的，可以看作是产业集群发展的动态反映，因此，我们将借鉴产业集群成长理论进一步探讨产业集聚的演化机制与动力来源。

根据 Vernon 的理论，产业集群发展一般都会经历诞生期、成长期、成熟期和衰退期四个主要阶段。诞生期的主导动力为区域分工，随着生产要素的集聚，企业集聚与外部经济互为强化，此时集聚的竞争力还相对低下；进入发展期以后，主导动力转变为社会资本和产业因素之间的协作效率，此时产业内部开始重视市场细分和市场差异化，但是集群中的创新能力开始下降；到了成熟期以后，主导动力主要为技术创新，此时更加强调协作创新能力，重点放在效率和高附加值竞争上。

王缉慈（2001）把产业集群的成长看作是集群网络演变的过程，并且把产业集群的演变过程划分为三个阶段，分别为：形成阶段、成长阶段、成熟阶段。在形成阶段，集群网络初步形成，相关企业开始集聚，逐步产生区域优势，例如一些发展中国家的产业区；进入成长阶段以后，集群网络开始具备一定的规模，网络内部要素之间开始结网，结成更为复杂有效的关系，区域优势在此时开始演变为核心竞争力；进入成熟阶段以后，集群网络演变为创新网络，这一网络根植于当地的环境、文化氛围，可以看作是网络发展的一种高级形态，此时的集群已经形成竞争优势，并且能长时间保持，比较有代表性的如美国的“硅谷”。其他学者也存在类似观点，如吴利学和魏后凯（2004）提出，产业集群成长分为发生、发展和衰落三个阶段；盛世豪和郑燕伟（2004）将产业集群的成长过程细分为企业、同类产品企业群、分工协作和非同类产品企业群四个阶段。

无论哪种阶段划分，学者对产业集群发展脉络的分析总体上是相似的，并认为产业集聚演化的动力来源包括外部和内部两个方面：

（1）产业集聚演化的外部动力。产业集聚演化的外部动力主要来自政府政策和市场竞争。虽说产业集聚既可通过自发手段形成，又可通过自身内部的调节机制实现纠错和发展，但是政府作为政策的制定者，掌握着大量的信息资源，可以站在全局的高度，通过“看得见的手”有效弥补“市场失灵”对产业集聚发展带来的影响。在具体实施方面，政府可以通过制定积极的政策，促进产业集聚的发展，防止产业集群走向分散或者是衰退，例如政府可以通过基础设施建设、环境治理、税收政策等一揽子措施对产业集聚的发展给予刺激，促进产业集聚的演化发展。除此之外，政府还可以充当“中介”的角色，通过建立各种信息服务平台，发挥信息资源的优势，为集群发展服务。当然，政府政策并非全部是正向的，也有可能由于政策导向的错误或者是与实际情况的脱节损害产业集聚的发展，这也是在制定政策方面需要重点规避的。

市场竞争从外部给集聚范围内的企业机构带来压力。集聚范围内的各个主体可以享受集聚带来的各种好处，例如技术溢出、低成本的劳动力市场、社会资本带来的便利、各种政策优势，部分企业安于现状，不思进取，从而影响了集聚区域集体的发展氛围和发展前景。外部竞争环境的加入，迫使企业快速变革，提升竞争力，把压力转变为发展升级的动力，通过对外部市场的拓展和抢占，拉动自身发展，进而带动集群内相关企业和机构的发展，与此同时，部分效率低下、缺乏竞争力的企业被淘汰或者是兼并重组，腾出空间利于产业集群吸取新鲜血液，进而促进产业集聚的发展演化。

（2）产业集聚演化的内部动力。同类产品制造企业在地域接近的区域集聚，不仅集聚了生产同类产品的企业，甚至对同一产业链上生产不同产品的企业也实现了集聚。这一方面增加了集聚范围市场的产品品种，增强了整体竞争力；另一方面企业与企业之间通过产业链不同节点的分工合作，例如生产外包、共同开发等方式，实现了资源优势互补，降低了生产成本、研发成本、沟通成本、运输成本，形成了一个有机的系统，增强了竞争力。随着产业集聚规模的扩大，越来越多的企业参与进来，形成外部效应，外部效应的增强又吸引更多的企业参与进来，促使产业集聚规模进一步扩大，促进了集群的发展。

首先，在产业集群内部，由于地理位置邻近，企业之间的沟通合作频繁，技术人员流动量大，带来了长期稳定的技术扩散效应。相比距离较远的企业，以这种方式获取知识和技术的成本较低，速度较快。技术扩散必然推动技术创新，技术创新又可以推动产业的发展，进而形成良性的内部循环效应，推动产业集群的发展。其次，区域文化根植于地区的文化土壤，包括风俗、语言、沟通方式等，具有鲜明的地域特色，难以学习和模仿。产业集群内，企业在相同的地域范围内，从业人员来自相同地域的比例较高，即使是来自不同地域，受相同区域文化长期的熏陶，也会产生文化认同，这种认同可以加剧彼此之间的信任关系，从而降低合作成本和交易成本，甚至有可能形成社会资本，增强企业之间合作的向心力。最后，集群范围内的企业与各种机构，如高校、金融机构、中介、研究院所，通过彼此之间长期的业务往来，形成了一个互利互惠的集群网络，这种网络可以看作是经济网络，也可以看作是社会网络，通过这种网络可以实现业务交叉，优势互补，有效提升合作效率，降低合作成本，推动产业集群的发展。

(三) 产业演化路径

以动态成长的视角考察产业发展的演化过程，有利于为产业演化的路径选择指明方向。产业演化受多种因素的影响，这也同样决定了产业演化多元化的路径选择。

Neison 和 Witter（1982）指出，产业演化的过程不仅受到产业内企业进入退出的影响，而且与企业的创新行为直接相关，技术创新是其中的核心环节，而技术创新又受到市场、制度等一系列因素的影响，这些因素在创新的过程中相互作用，最终决定了产业演化路径的选择。除了创新的影响，技术扩散同样影响产业演化路径的选择。如前文所述，技术进步是产业演化的核心动力，但是个体的创新力量相对有限，无法完成对整个产业演化的推动，而通过由技术扩散形成的创新系统的作用，产业内企业之间相互模仿、学习，可形成一个基于新技术的新产业组织结构，推动整个产业演化的路径选择。当然这种方式依然存在一定的风险，如果首创企业经营失败，或者是产品不被市场所接受，创新在扩散过程中就有可能被其他企业放弃，最终无法对整个产业产生影响。

产业路径选择具有典型的路径依赖性，产业发展一旦进入路径轨迹，依赖就不可避免。在产业演化过程中，技术创新、制度创新都表现出一定程度的路径依赖痕迹。

近年来，随着演化理论的发展，一些学者又在原有理论的基础上丰富了路径选择理论，提出了路径更新、路径创建等一系列新概念。其中，路径更新是指企业经过产业调整，切换到相关程度不是很高的产业路径。路径更新的主要原因是产业通过横向纵向的知识学习，资源得到了补充，由此诞生了新的路径，而产业内竞争的加剧导致部分企业放弃了原有的思路，开始改变和拓宽本地的产业结构。路径创建的范围较为广泛，包括产业内原有企业的革新、新企业的创建。前一种是在一个区域内原有产业中诞生的新企业，这种新路径可能是由于外来资本的冲击，也有可能是现有企业多元化经营造成的，后一种是全新企业的兴起，这种兴起多数是由于新技术的推动，通过建立新企业或者衍生企业最终创建新路径。这两个新概念丰富了原有的路径选择理论，一起构成路径选择的依据。

三、产业融合理论

产业融合是战略性新兴产业发展的重要特征和趋势。研究战略性新兴产业的融合发展，需要对产业融合进行深度理解，尤其是产业融合的内涵、动因、测度及效应。其中，产业融合测度尚缺乏客观科学的方法，然而这正是实证考察战略性新兴产业融合发展机制的关键；产业融合效应是产业融合发展理论的关键内容，也是战略性新兴产业融合发展理论的基石。

（一）产业融合的定义

现有文献对融合进行了多角度的定义。一些学者对融合的考察着眼于产业，强调产业间界限的消融，不断发展的技术与服务的融合。因为融合产生的新兴产业部门会替代之前的部门，或者在产业交叉处起互补作用，所以融合对产业发展来说既是机遇又是挑战。产业融合的定义主要包含两个层次，即技术层次的融合与产业层次的融合。然而，就目前来看，无论哪个层次都没有统一的定义。

Rosenberg（1963）在研究美国机械工具产业早期演化时首次提到技术融合这个概念。他认为，技术融合指在生产过程中不同产业依赖相同的技术诀窍的过程，这也是为什么一些学者在探讨技术融合时会跟通用技术联系起来。另外一些学者认为，技术融合是现有不同技术轨道的整合所导致的不同技术元素整合的过程。Hacklin（2008）认为融合是一种特殊形式的创新，从产业演化的角度把融合划分为四个连续的演化过程：科学知识融合、技术融合、应用融合及产业融合。Gambardella 和 Torrisi（1998）认为技术融合不一定能导致产业融合，因此这两个层次的融合联系紧密但不能等同。产业融合往往表现为原来所属不同产业的企业间共同参与市场竞争的现象以及跨产业间的兼并重组。当代技术的融合在ICT 产业最为典型，这也是多数学者着眼于此行业的原因，但是这不能否定一些学者在其他领域所做的有益尝试。例如：No 和 Park（2010）考察了纳米技术产业的技术融合；Curran（2010）利用专利数据分析了功能食品产业的融合，即医药产业与食品产业界限的消融；Niemann 等（2013）探索智能物流产业的融合现象。

Greenstein 和 Khanna（1997）指出产业融合包含两种形态：替代融合与互补融合。融合导致不同产业间相互竞争，此时便为替代融合。互补融合指原本各异的产业间互相融合产生协同效应，融合后综合效应大于部分效应简单相加之和。在此基础上，Stieglitz（2003）将融合分为四种类型：互补融合、替代融合、技术融合、产品融合。另外，Baer（2004）将融合从产业层面划分为产业内融合与产业间融合，认为从价值链的角度来看，融合既产生于技术与基础设计部分，也产生于服务部分，还产生于终端设备上。Wegberg（1995）把融合分为供给融合与需求融合。供给融合发生在当产业更多地依赖相同的技术基础时。需求融合指产业内或者产业间的市场界限变得模糊。由此可见，融合分类因角度不同，然而上述分类并未清楚地阐释融合特性。例如，不同类别之间是否相互独立，在什么情况下共生，或者不同类别是否代表了一个连续的过程。

综上所述，虽然学术界尚缺乏对产业融合概念的统一定义，但是融合作为产业发展的新动力被广泛认可，关于定义的探索也在进一步完善。结合对已有产业融合的理解，笔者认为：产业融合分为技术和产业两个层次；技术融合是指基于科学知识的交叉，不同技术轨道整合而形成突破性功能的特殊创新过程；产业融合是指由技术融合而引发的产业边界的消融，具体表现为原本不同领域的企业出现竞争或合作关系，并伴随着跨产业间的企业兼并重组活动；产业融合的过程也是产业结构的非线性化演化过程。

（二）产业融合的动因

产业融合的动因可以分为两类：企业层次的内生动力、产业层次的外生动力。也就是说，融合的动力源泉来自企业内部或者企业外的其他因素。第一，企业层面，主要表现为企业进行跨产业界限的创新活动，使现有的技术基础扩大到更宽的领域，即技术多元化。第二，产业层面的影响因素较多。从成长角度来看，主要包括技术进步、技术溢出、需求复杂化。另外，一些大趋势，如全球化、数字化、社会变迁，产业政策规制放松，模块化也是影响融合的动力因素。

（三）产业融合的测度

目前学术界对融合度的测量方法不一，整体来说缺乏客观科学的测算方法。

融合的测度主要包括技术融合和产业融合两个层次。对技术融合的测算主要包括 Fei 和 Tuzelmann（2001）的专利系数法、Karvonen（2012）的专利引证分析；Gambardella 和 Torrisi（1998）的赫芬达尔指数；对产业融合测算，目前最客观的要数 Xing Wan 等（2011）的投入产出法。然而现有方法仍存在以下缺陷：技术融合度体现了不同技术轨道的整合，如果仅利用专利申请量的相关性测量，就不能深入技术融合这个层面；投入产出法仅适用于大产业类别广泛意义的融合，并不能科学代表特定产业技术融合；专利引证分析主要针对已经形成主导设计的技术与产业，需要已有技术拥有足够多的前引与后引专利，然而战略性新兴产业往往源于突破性创新，专利没有足够的后引特征。所以，迫切需要找到测量特定产业技术融合的客观方法。Gambardella 和 Torrisi（1998）利用电子企业的技术多样性（Technology Diversification）来刻画电子产业内部的技术融合度，给我们带来了很好的研究启发，但该研究仅着眼于电子产业内部的技术融合，并未涉及跨产业间的技术融合。Curran（2010）提出了测度不同阶段融合的潜在方法，指出对产业融合的考察可以依据不同产业间的合作项目、兼并收购活动等，数据更多源于新闻媒体的报道，虽然实证起来会有一定难度，但是这一方法却为产业融合的测度指出了有意义的方向。

Curran（2010）按照融合的不同阶段，强调对科学知识融合的测算主要依赖文章、期刊数据库，如 SCI、SciFinder；技术融合的测算更多地基于专利数据，考察专利的技术分类或者引用情况；产品与市场融合的测算依赖于企业产品组合情况、消费者的消费趋向；产业融合的测算基于商业资讯与企业数据，关注企业联盟、兼并与收购活动。这些方法对于理解融合的阶段性及客观地测度融合指明了方向。

（四）产业融合的效应

在探讨融合定义、动因及分类的基础上，学者对融合效应也有所关注。目前对融合效应的实证考察尚不足，但是对融合效应的理论研究已形成较明确的观点。同样，我们可以把融合的效应分为企业层次的内部效应和产业层次的外部效应。第一，从企业角度看，技术融合诱导新兴细分市场的出现，给进入企业提供了参与新兴价值链的机会；对已存企业而言，技术与产业的融合既是机遇又饱含挑战；融合使企业在新领域创造了新的产品功能，同时也可能导致企业现有经营领域的缩水。由此看来，企业在融合背景下的战略管理至关重要，这不仅包括企业增加对新兴变革的预测，更重要的是包括在第一时间对变革做出有效的适应。第二，从产业角度看，技术融合导致产业结构变革，即产业边界的消融、已存产业界限的重新定义，进而引发竞争规则与系统的变化。具体表现为，跨产业互补融合关系的建立，并进一步引发新兴产业的产生。另外，融合自身也存在自我强化机制，可引发创新。例如，物理技术与生物分子技术的融合产生了新的电子设备与新药物。然而，企业倾向于依赖现有的知识技能开展创新活动。已有研究显示，相较探索不熟悉技术的创新，依赖熟悉的技术知识创新具有更好的成本效益且成功率高。尽管基于现有的技术，企业创新看起来相对容易有效，但是在实践中并非如此，尤其是在市场环境不断改变，公司现有的技术知识变得无关紧要的情况下。要避免出现企业被困于自己的知识领域这种太狭隘的情况，企业必须积极主动探索现有知识以外的其他知识。另外，企业能够把不同于现存技术的其他技术知识整合到现有的创新中来，这才是成功的探索。所以，要想企业成功需要聘请外部专家，或者兼并收购那些拥有不同知识资源的其他企业。但是即使企业采取了这些措施，由于缺少经验以及实验费用过高也会使企业怀疑是否能够利用不同的技术知识开拓出新的技术领域。所以，在技术融合背景下有的企业属于风险偏好型，努力尝试技术融合创新，而有的企业则选择风险规避，专注于传统创新模式。

第四章 战略性新兴产业高端化的培育模式与路径

伴随着我国战略性新兴产业发展规划及其配套政策的密集出台，新能源、新材料、新医药、高端装备制造及新一代信息技术等战略性新兴产业飞速发展。但从各地实践来看，有战略性新兴产业发展陷入了“高端产业、低端制造”的困境，因此，选择合适的产业培育模式和发展路径，加快促进战略性新兴产业高端化发展，具有非常重要的理论意义和实践指导价值。

第一节　产业自主创新驱动模式

一、产业技术路线图概念

产业技术路线图通过时间序列可系统地描述“技术—产品—产业”的发展过程，为研发活动指明方向，且能加强不同创新主体间的协作，促进新的创新联盟的构建，为产业抓住未来市场的发展机会指明方向。它是在产业技术规划的基础上发展起来的一种在单个产业内部诞生的技术预测和技术规划方法。从国际上看，20 世纪 60 年代中期，戈登·摩尔（Gordon Moore）对半导体历史发展趋势的分析可以被看作是技术路线图应用的前身，该分析形成了大家熟悉的摩尔定律。摩尔定律不仅为新一代芯片技术的发展设置了时间表，而且预测了未来技术突破的方向，给新一代芯片技术的培育找到了路径。20 世纪 70 年代末，美国摩托罗拉公司首次将技术路线图应用于指导企业的生产实践活动。20 世纪 90 年代之后，技术路线图被应用于微电子等行业，诞生了许多产业技术路线图，成为引导产业发展的工具。20 世纪 90 年代以来，欧美、日、韩等主要发达国家纷纷开展产业技术规划。例如，美国商务部从 1990 年开始实施科技创新体系——先进技术规划（ATP），重点部署新材料、生物技术、能源与环境、电脑与通信、离散制造、电子、化学、信息等产业领域的技术发展重点及方向，这项产业技术规划牵引着美国在电子产业、生物技术产业、制造业、软件业等产业领域不断创新，逐渐向高端化方向迈进。从一定意义上来说，美国的许多技术能够处于世界领先水平，就得益于该规划的成功实施。日本在 2001 年启动了科学技术发展“二五”计划，明确将信息通信、环境科技、生命科学、纳米技术四个产业作为重点培育的领域，进行重点部署且优先配置资源。目前，产业技术路线图正指引着新兴产业技术创新的快速发展，引领着新兴产业向产业链高端攀升。

二、产业技术路线图的制定

产业技术路线图的制定是一个相对复杂的过程，需要利益相关者和专家的多方合作。基于技术路线图的绘制实践和相关研究，研究者总结出了一套产业技术路线图绘制的基本流程，包括准备阶段、开发阶段和修正阶段三个阶段。准备阶段是技术路线图绘制的启动阶段，开发阶段是技术路线图绘制的核心阶段，修正阶段为技术路线图的后续修订和实施计划的制定阶段。根据产业技术路线图的绘制流程和战略性新兴产业的特点，笔者总结得出战略性新兴产业技术路线图的制定流程，如图 4-1 所示。

（一）准备阶段

准备工作是制定技术路线图的基本条件，主要包括明确产业技术路线图的边界、确定主要参与者、收集相关的产业信息和情报等。

1. 界定产业技术路线图的边界和范围

产业链一般包括原材料提取以及产品生产、制造和销售环节，其中涉及各种技术。如果不能控制技术选择的范围，会给技术辨识和预测带来不便，降低技术路线图的科学性和准确性，因此，明确边界是技术路线图制定的必要步骤。产业技术路线图的范围和边界一般按照产业链的具体情况采用模块划分的方法进行界定，划分过程涉及产业链的各个环节，因此，明确各个环节间的相互关系以及环节内的边界范围有利于提高工作效率。

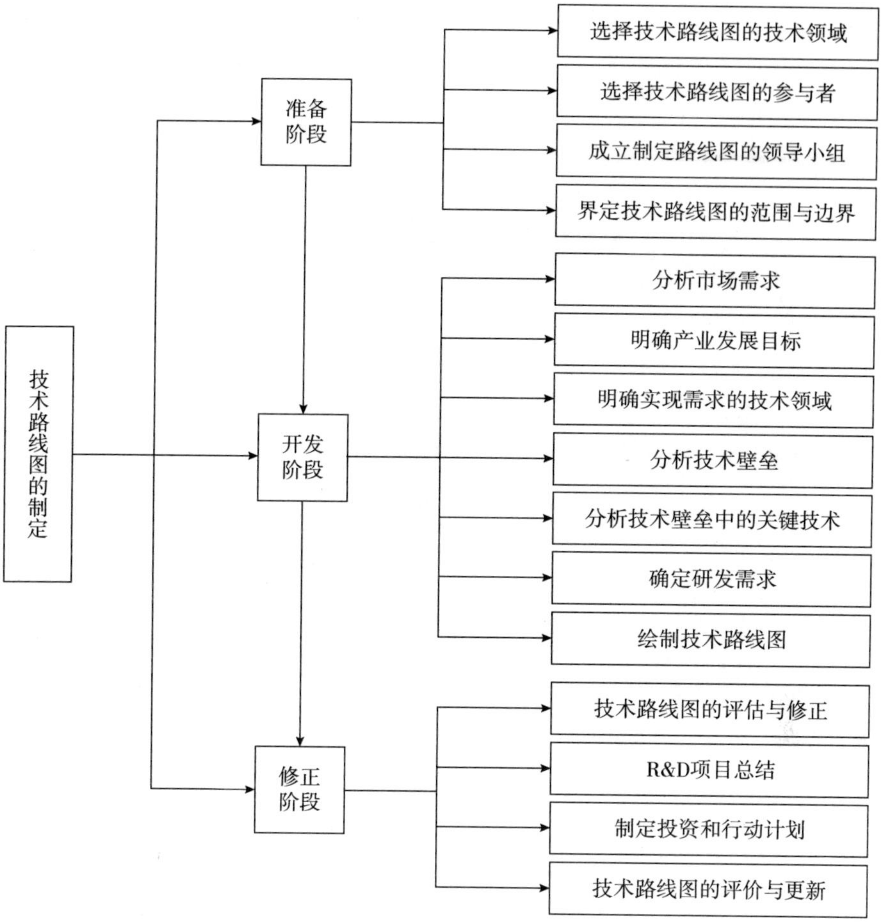

图 4-1　战略性新兴产业技术路线图的制定流程

资料来源：笔者根据相关资料整理。

2. 确定技术路线图的参与者

技术路线图涵盖了技术、产业目标、市场以及资源要素等各个方面，因此各个部门的专家都需要参与到技术路线图的制定中。通常多采用问卷调查的方式咨询各个领域专家的意见，以对技术路线图进行调整，提高其准确性。

3. 收集相关的资料和情报信息

绘制技术路线图前需要对产业目标、技术现状、市场需求以及资源要素的相关信息进行收集整理，以确定分析和预测目标。资料信息来源主要有两个方面：一是相关领域专家的知识和看法，二是通过检索国内外论文、专利、报告等文献数据库，收集所需要的各方面的资料和数据。在收集好相关资料后，对信息进行整理并建立信息库，明确产业发展现状和趋势，为技术路线图的绘制提供依据。

（二）开发阶段

开发阶段是战略性新兴产业技术路线图绘制的重要阶段，这一阶段按照“市场需求—产业目标—技术壁垒—研发需求”的分析路径制定技术路线图。基于分析结果以及各个阶段的时间节点，系统地结合技术、市场、目标和资源，以形成产业的技术路线图。战略性新兴产业技术路线图制定开发阶段的基本步骤如图 4-2 所示。

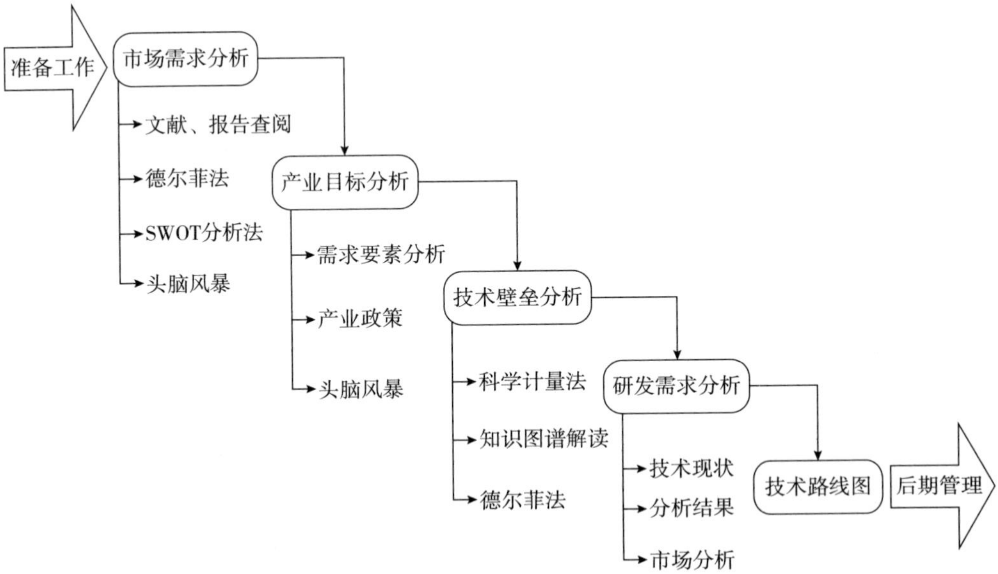

图 4-2　战略性新兴产业技术路线图制定开发阶段的步骤

资料来源：笔者根据相关资料整理。

1. 市场需求分析

从目前已制定的生物质能、新能源电动车、高端装备等战略性新兴产业的技术路线图来看，市场需求分析需要结合产业发展现状、产业在国民经济中的地位来识别市场对产品和服务的需求。产品和服务的市场需求是技术研发的动力，因此对技术路线图的制定有着重要影响。市场需求分析包括产业现状和地位分析、SWOT 分析、需求要素分析三个部分。

（1）产业现状和地位分析：产业发展现状及其在国民经济中的地位体现了一个产业所面临的内外部环境，影响着市场发展的方向。首先，从产业的宏观环境着手，通过分析产业所处的政治、经济、社会以及技术环境来整体掌握产业发展背景。以往的技术路线图研究通常采用 PEST 分析方法来分析国内外各种要素对产业的影响，了解产业的发展过程。其次，结合总体的发展形势以及产业影响力系统地分析产业在国民经济中所处的位置。最后，分析影响产业发展的主要资源因素，主要包括人力资源、物质资源、资金、社会资源以及生产资源等因素，完成对产业发展现状的分析。

（2）SWOT 分析：SWOT 分析方法通常用于评估产业、企业、产品、服务等在发展过程中的优势（Strength）、劣势（Weakness）、机会（Opportunity）和威胁（Threat）。战略性新兴产业是近年来界定和兴起的行业，代表着社会经济未来的发展方向，其所处的内外部环境是传统产业所不具备的，这使 SWOT 分析在战略性新兴产业市场分析中显得尤为重要。

（3）需求要素分析：产业的市场需求要素分析主要分为两个步骤。第一步需要根据前两部分的分析结果识别和分析市场需求要素，第二步利用问卷调查法根据需求因素的影响力大小对其进行排序。市场需求要素直接影响着未来市场对产品和服务的需求，并左右着产品发展路径和趋势。战略性新兴产业出现较晚，产品定位还未明确，进行需求要素分析能够预见其在发展过程中可能产生的问题。

2. 产业目标分析

对市场需求的分析为产业今后的发展提供了依据。产业目标不仅受市场因素影响，产业内外部的各种资源也将影响产业发展目标，因此在确定产业目标后要对产业目标要素进行评价分析。战略性新兴产业的目标，一般可分为生产目标、市场目标、环境目标、社会目标、能效目标等方面。在细分产业目标过程中，对各个目标的关联要素进行评价一般采用德尔菲法，由专家对影响要素的重要程度进行打分，并通过权杖分析对要素进行排序。

3. 技术壁垒分析

这一阶段，根据产业的发展目标分析影响产业目标实现的技术和工艺壁垒。技术壁垒分析是制定技术路线图的重要阶段，主要分为产业技术构成分析、技术壁垒分析、关键技术关联分析以及关键技术排序四个步骤。

最初对技术壁垒的分析主要依靠德尔菲法对专家知识进行调查，近年来，随着情报分析手段的进步，基于专利分析和文献计量等方法的技术辨识和技术预测成为绘制技术路线图的必要过程。战略性新兴产业的技术具有新兴性，能够对未来产业发展产生影响的技术在现阶段可能还处于研究阶段，因此，对相关领域文献的搜索分析有利于明确战略性新兴产业的潜在技术和技术发展趋势。

（1）产业的技术构成：通过文献分析和知识聚类明确战略性新兴产业的主要技术领域，一般情况下，技术领域与产业链中的环节相对应。在确定主要技术领域后，利用共词分析法确定每个技术领域中的关键技术。通过解读科学知识图谱，并结合战略性新兴产业技术发展进程，最终形成领域—时间双重维度的技术演进路径，为进一步的技术预测奠定基础。

（2）产业链上技术壁垒分析：对战略性新兴产业技术的国内外发展状况、竞争形势以及企业对核心技术的掌握情况等进行文献分析，并通过调研、结合专家知识，分析产业中需要突破的技术难点、核心技术的掌握程度以及产业国际竞争力，为研发需求的确定提供依据。

（3）产业目标与关键技术关联分析：采用主成分分析法（矩阵分析法）对战略性新兴产业目标要素及关键技术难点进行关联分析，目的是通过管理分析，找到针对产业目标的关键技术，并进一步排序。

4. 研发需求分析

通过对前面三个阶段的分析总结，明确产业目标和技术差距，在此基础上确定技术的研发需求、研发主体和技术发展模式。首先，采用德尔菲法对技术的研发需求进行分析，并根据风险、利润影响因素、研发时间节点和研发主体四个方面判断出研发的优先级别。其次，结合专家意见，确定技术的发展模式。技术发展模式主要有自主研发、技术合作和技术引进三种。自主研发模式主要针对在国民经济中占有重要地位并且国际技术壁垒较高的技术研发，能确保我国产业发展的优势和特色。技术合作模式通过建立国内外合作关系，充分利用世界科技资源，提升战略性新兴产业发展的技术水平。技术引进模式主要针对一些国内外水平差距较大，研发成本高、时间长的技术和工艺，通过技术或设备的引进来满足产业技术需求。

5. 绘制技术路线图

战略性新兴产业技术路线图包括市场需求、产业目标、技术壁垒、研发需求以及资源要素等多个层面，各个层面的要素相互影响，通过时间节点相互作用最终形成技术演进路径。产业技术路线图一般包括研发需求风险—利润分析、技术发展模式分析、研发需求路线图绘制、综合技术路线图绘制以及完成技术路线图报告等几个方面。

（1）研发需求的风险—利润分析，分别以研发风险和利润为坐标轴建立分析矩阵，将研发需求按照两个维度放入矩阵中进行分析，并确定技术的研发等级。一般情况下，利润越高，风险越低、研发等级越高；利润越低，风险越高、研发等级越低。

（2）技术发展模式分析，以技术发展模式为纵坐标，以时间节点为横坐标建立矩阵，将相关的研发需求按照不同时期的技术发展模式放入矩阵，形成技术发展模式路线图。

（3）研发需求技术路线图的绘制，需要根据时间节点（短期、中期、长期）对研发需求进行分组，并在各种研发需求之间建立有效联结。研发需求与产业关键技术息息相关，关键技术往往是实现产业目标的重点研发对象，而对时间节点的有效划分能够提高技术预测的准确性。

（三）修正阶段

作为长期的战略规划，战略性新兴产业技术路线在实施过程中会受到产业内外部环境的影响。社会经济环境的变化、政策的颁布、科技的突破等都会影响技术路线图的准确制定和技术预测结果。因此，根据具体情况随时对产业技术路线图进行修正和更新，有助于产业目标的实现。

案例

东岳集团的产业自主创新路径

全氟离子膜是保障离子膜电解装置安全运行，消除氯碱工业安全隐患，破解烧碱行业污染高、能耗高、品质低的困境的重要材料，是国外对华垄断封锁的重要领域。东岳集团通过搭建研发平台，强化自主创新，打破了国外垄断，先后获得国家技术发明奖2个，有效发明专利268项，成为亚洲规模较大的氟硅材料生产基地。

东岳集团的主导产品是绿色环保制冷剂、有机氟高分子材料及有机硅深加工材料等，是亚洲规模较大的氟硅材料生产基地。在市场需求不足矛盾短期难以改变、企业成本上升问题仍较突出的形势下，东岳集团通过开展一系列自主创新，有效地推动了企业向业界较高水平靠齐，降本增效，提升了企业发展质量和效益。

一、搭建研发平台，打造自主创新前端优势

东岳集团通过搭建合作平台和自主平台开展技术攻关。一是着力打造“产学研”合作平台。通过与高校、科研机构建立“产学研”合作平台，借智发展，同清华大学合作建立了新型环保制冷剂研究所，在上海交通大学成立了东岳上海交大高分子材料研发中心。同时，以科研项目为依托，先后与俄罗斯、加拿大、法国等国的国家科学院，荷兰能源研究所，以及奔驰、巴拉德、3M、通用汽车等著名企业的研发机构建立了合作关系。与德国、法国等多个国家的科技机构共同承担了欧盟第六框架项目“IPHE-GENIE”等国际合作项目。二是着力打造自主创新研发平台。公司现拥有1个国家级企业技术中心以及山东省氟硅材料工程研究中心、山东省全氟功能膜重点实验室、山东省氟化工工程技术研究中心、山东省东岳有机硅材料院士工作站等省级研究机构。东岳研究院内驻8个专业研究所、1个中试基地、3个共建中心、1个博士后工作站和1个泰山学者岗位。公司承担了“绿色制冷剂”开发、国家科技支撑计划“全氟离子膜工程化技术研究”项目、国家“863”计划“全氟离子交换膜材料研究”“燃料电池高温质子交换膜制备”课题等多个国家、省级重大专项，先后获得国家技术发明奖2个，有效发明专利达268项。平台建设为公司科技创新和发展提供了有力的创新支撑，而不断的创新，为企业持续发展奠定了坚实的基础。

二、健全四大机制，提供自主创新人才支撑

东岳集团长期重视引进人才、用好人才、激励人才。一是“不求所有，但求所用”的人才整合机制，放眼国内外行业内的顶尖科研院所和相关机构，通过技术合作等方式，将200余名国内外行业知名专家引入东岳的研发人才库，并确定45项合作课题，真正实现了借智创新。二是“特殊人才特殊政策”的引进机制。从北大、清华、中科院等院校引进180名博士、硕士、专家到东岳安家落户；授予首席科学家张永明博士招聘人才的“三定”大权。三是“赛马而不相马”的选拔激励机制，看学历，更看能力；看经历，更看业绩。根据实际能力和为企业创造的价值，能上能下，能进能出。四是“股权、期权、奖励加提成”的激励机制，让人才有财富、有荣誉、有地位。东岳集团的人才理念和用人机制得到了李克强总理的关注和时任中央组织部部长李源潮的调研推广。

三、努力自主创新，实现产业链延伸升级

近年来，东岳集团瞄准国外杜邦、大金、道康宁、台塑等行业巨头，依托集团国家级重点实验室、国家级企业技术中心等多层次平台，围绕含氟功能膜材料、新型绿色环保制冷剂产业链延伸、有机氟高分子材料、有机硅深加工等特色优势产业，累计投入资金近13亿元，实施自主创新项目57个。重点包括以下三个方面：一是自主创新实现设备改造产业升级。开创性地对前沿产品小规模装置进行升级改造，如对原有的1万平方米的氯碱工业用全氟离子膜生产装置进行升级改造，达到年产10万平方米的生产能力，完全打破了国外垄断，替代进口，消除了我国基础产业氯碱工业安全运行的重大隐患，不但使现有离子膜电解装置所需全氟离子膜得到可靠保障，而且也为国内尚存的700余万吨高污染、高能耗、低品质隔膜法烧碱装置的改造提供了支撑。2014年，通过自主创新，企业先后实施年产8万吨新型环境友好型制冷剂、年产5000吨聚全氟乙丙烯树脂等项目，实现装置规模的提升，累计向市场推出PFA、氟橡胶26Y-2、PTFE悬浮DF-161等新产品32个。二是安全清洁生产、绿色循环发展。始终坚持“安全环保是东岳的第一价值”的理念，实行“源头控制、过程治理、末端把关”，大力推行清洁生产。如对10万吨无水氯化钙装置进行改造，实现副产废渣废液的回收利用；采用“零极距”离子膜电解槽和氯化氢合成余热利用技术，对现有28万吨烧碱装置等进行节能改造；实施水处理及资源综合回收利用项目16项，达标率平均98%以上，“三废”综合利用率达到96%以上。三是对标台塑，提高生产管理的信息化水平。组织召开了DCS、电仪和制冷等研讨会，引进台塑管理制度化、制度表单化、表单信息化的管理理念及信息化模块，全面实施信息化改造。通过信息化改造，安全、环保、质量、能耗等控制水平有效改善，劳动生产率得到明显提高。

第二节　模块化创新驱动模式

一、模块化创新驱动概念

青木昌彦（AOKI Masahiko）认为“模块化”是按照某种规则，一个复杂的系统或过程和若干能够独立设计的半自律的子系统相互整合或分解的过程。其中的分解过程叫“模块的分解化”，整合过程叫“模块的集中化”。随着模块化的不断发展，进一步分解与集中原来的模块可形成新的模块，或者将在这个领域里使用的模块组合规则应用到其他领域，创造新的生产系统，达到“创造性地破坏旧的组合，实现新的组合”的目的。模块化在一定程度上分散了产业创新风险，推动了产业创新，促使产业演进路径由产业分立突变为产业融合。产业融合能够创造全新产业，特别是信息技术、信息产业融入传统产业之后，传统产业纷纷出现分化、解体和重组，催生了新兴产业。模块化在一定程度上也降低了价值链的复杂程度，为发展中国家的新兴技术产业融入全球生产网络提供了许多机会。例如，目前IC产业已经迈进系统级芯片（System-On-a-Chip，SOC）时代，这导致IC产业分工进一步细化，出现了系统设计、IP模块、IC设计、电子设计自动化（EDA）和加工等各种专业，这些分化已经明显地带有模块分解的特征，为各个国家选择难易程度不同的价值模块切入提供了机会。模块化产业组织是随着现代信息技术和计算机制造技术的迅速发展而兴起的一种新兴的产业组织形态。基于计算机的模块化创新的优势在于：模块化创新能使企业和产业的边界发生改变，推进专业化分工合作、外包和联盟的快速发展。模块化的产业组织形式之所以能在信息经济条件下取得成功，主要是因为共享信息扩大了网络的外部性，且个别信息与“背靠背”竞争加速了产业创新与演化的进程。

二、模块化分工下的产业链协同创新

模块化分工条件下，产业链协同创新是指产业链上模块集成商和模块供应商共同参与，以满足市场需求为目标，以科技创新为驱动力，调动参与协同创新模块企业的积极性，在资源共享或优势互补的基础上，制定协同创新的目标、期限、运作规则等，共同参与、共担风险和共享成果，以实现技术创新目标的过程。产业链协同创新：在模块化分工条件下，产业链上多个模块主体通过纵向连接和横向连接进行协同创新。

该架构主要具有两大特点：一是突出创新主体的地位。创新主体包括模块集成商和模块供应商。模块集成商是“看得见的信息”的拥有者，即拥有决定模块功能和相互联系结构的设计规则，模块集成商的创新客体以产业链技术标准为主。模块供应商则掌握着产业链中“看不见的信息”，与设计规则的显性特征不同，这部分信息是隐藏在独立模块内部的隐性信息，模块供应商的创新即是围绕着这部分隐性信息而展开。在该模型中，模块集成商和模块供应商并不是完全割裂的，两者之间存在着信息的流通，不同模块的供应商发出的信息是不同的，模块集成商负责处理这些具有异化特征的信息，并对其进行加工和诠释，然后将处理过的信息重新释放给产业链的各个模块，各个模块再对信息进行处理、转移或者交换，模块集成商的设计规则也在这种交互作用中不断被调整与修正，从而实现进化发展。二是强调两条创新协同线，包括以标准联盟为组织形式的纵向协同线和以竞合研发为创新方式的横向协同线。纵向协同是指位于不同等级的模块之间的创新协同，通过对产业技术标准的制定，模块集成商在掌握产业链模块化组合方式的同时，也控制了模块供应商的技术创新活动，要求模块供应商的创新成果必须与技术标准相吻合，因此，纵向协同是以标准联盟为组织形式，这种组织形式往往带有虚拟化的特征。横向协同则是处于同一等级的模块之间的创新协同，即发生在模块集成商之间或模块供应商之间的协同创新，通常以竞合研发为主要形式。模块集成商之间围绕技术标准创新展开合作，模块供应商之间则以模块技术创新展开平行竞争与合作，这种合作研发发生在同质模块之间，异质模块之间很难形成合作研发。

案例

计算机模块化发展实践

一般认为，计算机的发展经历了三个主要阶段，分别是大型机时代的竞争与演化（20 世纪 50 年代至 80 年代后期）、小型机时代的竞争与演化（20 世纪 50 年代至 80 年代后期）和 PC 机时代的竞争与演化（20 世纪 70 年代末至 90 年代中期）。这三个阶段在时间上既有一定重合也有相继性。

一、计算机产业模块化产生的背景

IBM360 是最早出现的以模块化理念设计的计算机系统。当时拥有多产品线的 IBM 面临着来自 CDC、DEC 和 Honeywell 等多家公司的激烈竞争，内部不同产品线以及代际产品间的互不兼容给客户带来了高昂的转换成本。IBM 投入巨资研发可互换模块的 360 系统是为了实现多产品线的低成本，提升市场竞争力。IBM 用全新的设计理念将本为集成产品（Integrative Product）的计算机转变为模块化系统，进行了一项激进式创新（Radical Innovation）。破坏技术、激进创新由 IBM 这样的大企业而非新进入该行业的中小企业实现，原因在于当时处于计算机产业发展的初期，产业技术能力较弱，要实现技术重大突破需要承担较大投入与风险，这一点从 IBM360 耗费四年时间，投资逾 50 亿美元可见一斑。而这种规模的投资，不仅需要企业有强大的实力，也需要产业具有较好的发展前景。

二、产品模块化与企业战略互动

IBM360 出现后，IBM 并没有对外公布技术标准，而是选择自行生产各个模块，采用一体化的组织策略，模块化发生在企业内部而并没有扩散成为产业现象。作为模块化技术的创造者，将这种技术创新转化为企业利润有多种可能性。全能冠军模式，是指对模块化技术标准采取封闭策略，通过整合各种生产要素将技术转化为产品出售获取利润。其实质是对模块化技术采取完全间接定价方式，这种做法能够最大限度利用模块化技术的“杠杆效应”，实现利润最大化，强势在位企业往往乐于采用。IBM 率先推出模块化的大型机系统，又有足够资源来开发应用软件、打印机、磁盘驱动器等周边配套设备，选择全能冠军模式有利于维持其垄断地位。但其垄断地位在新进入者的挑战下逐步瓦解，这个过程主要沿着两条路径实现：

1. 新进入者专注模块创新（Modular Innovation），从大型机周边设备切入

尽管 IBM 采取封闭策略，但是技术标准仍然会通过多种渠道“外溢”，如技术标准专利有偿授权、政府反垄断政策规制、竞争对手的逆向工程以及员工跳槽离职等。对于模块化产品，模块创新可以独立发生，因此一旦技术标准公开，新进入者就能发挥更多的创新精神，提供性价比更好的功能模块来逐渐瓦解 IBM

一体化的价值链。大型机产品模块化的进入壁垒很高，新进入中小企业很难正面对抗，但却可以逐渐分享模块化技术知识的“外溢效应”，通过采取产品架构设计跟随策略，专业化生产大型机设备的周边配套设备，利用局部模块创新来与其迂回竞争。其中典型的例子是，1967 年有 12 位 IBM 工程师离职自创 Information Storage Systems 公司，另有其他 4 位也于同年成立 Storage Technology Corporation 公司，两家皆生产与 IBM 外接兼容的储存设备。这种进入往往是通过从价值较低的非核心模块开始的，我们称其为“低端价值模块进入”。

2. 新进入者利用破坏性创新（Disruptive Innovation），从个人用户市场切入

计算机市场早期主要服务于政府、军队，后来逐渐演变为服务商业企业，但小型机尤其是 PC 机的进入，将市场逐渐锁定在个人用户。从案例中可以看到，这种产品创新由 DEC、MITS 以及 Apple 等企业实现，IBM 则是跟随者。新进入者由于资源及能力的限制，要避免与在位大企业的直接竞争，选择新市场为竞争利基是理性策略。进入初期，这些企业往往依托破坏性技术的支持，同时兼容开放技术标准，扮演系统组装商的角色，如早期的 Apple 公司。原因在于，一方面自身缺乏足够的资源来整合产业链；另一方面随着计算机产业的发展，对于 PC 机而言，产品模块化技术本身，很难成为竞争优势，开放技术标准反而能尽快形成正向反馈效应，使企业成为产业标准的制定者，享受到短暂的垄断优势。这种进入往往是以低端消费者甚至非消费者为目标客户，我们称其为“低端客户进入”。

在这两种创新力量的作用下，计算机产业从产业链一体化的大型机年代逐渐向产业链模块化的 PC 机时代演进。

三、产业标准的形成

早年 IBM360 系统的技术标准是专有的，模块化仅在企业内部发生，并没有迅速扩散到产业范围。但恰恰是技术标准具有的知识专有性，激励了 IBM 投入巨资研发，也才有了如今蔚为壮观的计算机产业集群。因此，能够激励知识、技术标准创造的制度基础，如专利制度、版权制度以及商标保护制度是产业模块化的重要前提。当然知识专有化不可能是绝对的，需要多种力量加以平衡，保证知识专有化与知识社会化之间的平衡。对于计算机产业，竞争企业的学习与创新行为是推动私有技术标准向公开产业标准转化的重要力量。在多种技术标准的博弈（Tournament Game）中，企业往往有不断开放产品架构、模块

界面以及测试标准等信息的动机，导致产品知识逐渐扩散，产业标准逐渐形成，社会分工逐渐取代企业内部分工。在此过程中，政府反垄断规制是重要的调节力量，有助于打破技术发展的“路径依赖”，加速知识社会化进程。

第三节　产业技术创新战略联盟培育模式

一、产业技术创新战略联盟概念

产业技术决定了要素重组、产业结构升级和需求结构优化，是推动经济持续增长的基础。产业技术创新战略联盟通过契约关系建立以知识产权为中心的利益分配机制，实现共同投入、联合开发、利益共享、风险共担，能促进产学研联盟成员的优势互补和协同创新。产业技术创新战略联盟作为产学研结合的一种高级组织形式，有利于减少企业重复性研究、降低技术创新成本、加速科学知识和技术成果转化。

作为一种全新的产学研合作模式的产业技术创新战略联盟，是企业提高创新效率、获取竞争优势的关键方式，受到世界各国的重视。如美国自 1984 年出台国家合作研究法案以来，成立了大量的产业技术创新联盟，其中有几个比较具有典型意义：微电子和计算机技术公司、半导体制造技术公司、美国汽车研究理事会、新一代汽车合作计划和产业研究所。这些产业技术创新联盟为美国政府促进创新提供了新的重要的政策工具，在新兴产业培育与发展过程中，在加强各创新主体之间的相互协调、避免重复研发、降低研发成本、提升国际竞争力、扩大市场、扩大规模经济效应等方面起到了积极作用。近些年，我国也越来越重视产业技术创新战略联盟的组建。2008 年，国家科学技术部（以下简称科技部）等六部门联合发布的《关于推动产业技术创新战略联盟构建的指导意见》（以下简称《指导意见》）明确指出：“产业技术创新战略联盟是指由企业、大学、科研机构或其他组织机构，以企业的发展需求和各方的共同利益为基础，以提升产业技术创新能力为目标，以具有法律约束力的契约为保障，形成的联合开发、优势互补、利益共享、风险共担的技术创新合作组织。”产业技术创新战略联盟的构建有助于整合产业技术创新资源、引导创新要素积极向企业集聚，同时也有助于促进产业技术集成创新和提高产业技术创新能力。由此可见，产业技术创新战略联盟将有助于降低战略性新兴产业培育的成本，加速战略性新兴产业培育的步伐。近年来，特别是国际金融危机后，为了加快战略性新兴产业的培育步伐，各地纷纷成立战略性新兴产业技术创新战略联盟。例如，2010 年 4 月 25 日，“武汉·中国光谷物联网产业技术创新联盟”在武汉光谷会展中心成立；2010 年 6 月 26 日，“感知中国”物联网产业联盟在江苏无锡新区成立；2012 年 9 月 28 日，中国智慧城市产业技术创新战略联盟在北京成立；2013 年 12 月 6 日，国家集成电路封测产业链技术创新战略联盟在江苏无锡挂牌成立等。这些战略性新兴产业技术创新战略联盟的成立将给战略性新兴产业高端化发展提供全新的载体，好比是战略性新兴产业成长的“土壤”，无疑将加快我国新兴产业高端化发展的步伐。

二、产业技术创新联盟特征与运行机制

（一）联盟特征

联盟作为新型的产学研合作方式，与其他传统产学研合作方式既有相同点也有不同点。相同的地方在于：联盟与传统产学研合作方式都是将技术创新与产业进行对接，参与主体都包括企业、高校和科研院所；都是通过建立互补性合作项目或组织来实现技术、知识的有效配置以开展创新活动，既提高高校及科研院所的研发能力，也促进研发成果的市场化和经济效益的实现。但传统产学研合作方式在实践中存在一些问题：松散的产学研合作方式是一次性合作，项目结束就解散，不利于持续进行技术创新，而共建研发机构的紧密型产学研合作方式，虽然团队的稳定性高，但需要大量的财力和物力投入，在组织与制度方面比较严格，限制了合作的持续性。产业技术创新战略联盟结合了两者的优势。这三种产学研合作方式的特征如表 4-1 所示。

表 4-1　三种产学研合作形式的特征比较

名称	主体	目标	组织形式	成果	伙伴关系
松散型产学研合作形式	企业、高校、科研机构	合作研发完成项目	临时性项目多	短期、个体成果	项目型、组织松散
紧密型产学研合作形式	企业、高校、科研机构	深度合作实现效益	共建研发实体	市场利益	公司型、组织紧密
产业技术创新战略联盟	企业、高校、科研机构、政府	技术创新、促进产业发展	有法律协议、长期动态合作	成果产业化	契约型、组织稳定

资料来源：笔者根据相关资料整理。

（二）联盟运行机制

近年来，各行业联盟抱团发展的优势凸显，管理机制的构建对联盟运行起到了非常重要的作用，信任机制与协调机制稳定了成员间的关系，监督机制保障了联盟的健康运行。联盟管理涉及的选择机制、激励机制、信任机制、协调机制、利益分配机制和风险管理机制等制度的完善度，直接体现联盟在行业中的号召力。

1. 选择机制

联盟在选择成员时应以资源互补和降低协调成本为基础，实行分级管理制度，不同级别的会员拥有不同的权利和义务。选择机制应以互补性、兼容性及信任度为基本原则，评估会员单位的诚信度、研发能力、市场营销能力和企业文化及财务状况，选择在风险侵袭下也能配合联盟实现技术创新目标的成员合作，在选择与高校和科研院所进行合作时，还应考虑其科研成果、团队技术优势和联盟经历等。

2. 信任机制

信任是联盟组建与发展的基石，信任机制是在道德规范与法律法规约束条件下形成的，信任对成员间的合作存在明显的正面影响，保证联盟稳定发展。联盟成员间的依赖度越强，资源共享程度就越高；联盟的领导组织能力越强，成员间的信任度就越高。联盟对其成员仅靠道德约束是不够的，必须加以法律约束及建立有效的信任机制，才能有效推动联盟管理成效的提升。

3. 协调机制

联盟成员单位在管理、组织和文化等方面存在一定差异，直接影响彼此的沟通，需建立完善的协调机制来强化管理。内部协调机制包括建立合作契约、提升信任度和进行有效沟通，联盟在设专门的协调部门通过沟通协商找到利益的平衡点，提出合理的分配方案来维护成员利益，并通过内外管理机制的不断完善来保证成员间的责权平衡。外部协调机制包括声誉机制及政府协调。政府与联盟成员无直接的利益关系，作为协调方具有权威性与影响力，能站在中立角度对联盟成员施加影响。

4. 利益分配机制

联盟应对技术创新项目的政府资助经费进行合理分配，有效激励成员单位积极参与，达到项目合作性高、利益均衡及合作良性发展的目的。利益主体追求的都是利益最大化，利益协调是联盟组织工作的核心，在利益分配上应遵行“权责利险对等”原则，公平公正地确定利益分配规则，避免利益分配不均导致技术创新项目成功率下降。

5. 激励机制

经费资助赋予了科研项目组技术创新的源动力，联盟应不断完善项目审查、评审和监管制度，建立健全成果和知识产权保护制度，完善科研成果激励机制，保护创新者的合法权益，从而调动成员单位的技术创新积极性，吸引更多专业人员加入联盟技术创新活动，提升联盟在行业中的影响力。

6. 风险管理机制

在激烈的市场竞争中，联盟解散风险主要来自成员之间的文化冲突及管理差异，同时市场需求的可变性又会导致产品被淘汰，政策变化也可能使联盟的技术研发、成果转化及推广受到限制，从而导致联盟利益受损。联盟若对项目风险识别不到位、技术创新理论研究不足，成员间基于自身利益势必会展开博弈，所以联盟应进一步研究不可控的政策风险及技术实现风险，制定切实可行的风险预案，将风险不确定度降到最低。

案例

江苏省石墨烯产业技术创新战略联盟

江苏省石墨烯产业技术创新战略联盟是在江苏省科技厅的倡导下，由江南石墨烯研究院牵头，联合南京大学、东南大学、常州大学等高等院校以及常州、无锡、泰州等地的石墨烯骨干企业，吸纳江苏全省石墨烯企业，吸引全球石墨烯研究机构及高校，以石墨烯产业技术创新和发展为主旨成立的非营利性创新组织。联盟的主要目标是促进江苏省石墨烯产业的技术创新与发展，推动石墨烯产业相关设备的自主研发与生产，实现石墨烯相关产品的应用与推广。

一、联盟特征

江苏省石墨烯产业技术创新战略联盟（以下简称联盟）的主要特征如下：

1. 强化载体

联盟以研究院和产业园为依托，使石墨烯产业扎根江苏，已建有 12 个专业实验室和分析测试中心。常州石墨烯科技产业园获批科技部“国家石墨烯新材料高新技术产业化基地”。依托产业园这个载体，把各方创新资源聚集在一起，园方充分发挥组织协调和服务等作用，成为促进石墨烯产业创新发展的绝佳平台。

2. 目标瞄准产业发展

联盟的主要目标是促进石墨烯产业的整体创新发展。通过建立联盟，探索合作创新机制，联合产学研各方优势创新资源，与海内外先进的科研院所加强联系，以联合技术攻关、知识产权共享和转移机制推动各方合作创新、突破产业技术难题，提升产业整体的竞争力，助力我国石墨烯产业持续发展。

3. 开放性的联盟

联盟是由江南石墨烯研究院牵头，联合石墨烯行业先进企业和高等学校及科研机构共同组建的。其他符合联盟章程规定条件的企业和高校、科研机构，自愿申请，联盟理事会审查通过后可以加入联盟，在履行规定的程序后也可以自愿退出联盟。

4. 以契约形式合作

联盟按照“以企业为主体，产学研紧密结合”的指导方针，各成员共同签订协议书，制定联盟章程，建立审批制度、会议制度、财务制度和知识产权管理办法等管理规则。

二、联盟系统构成

1. 构成单元

江苏省石墨烯产业技术创新战略联盟作为一个创新系统，包含创新主体、创新投入、创新过程、创新产出四个单元。整个系统的运行就是创新主体（联盟成员）进行创新投入（人才、资金、信息、知识），执行创新过程（立项、研发、试制），以获得创新产出（技术、产品、产业发展）的过程，各主体依据系统运行机制进行创新。

创新投入是指在创新过程中投入的各项资源及其分配与运用。在企业经营过程中，除了人才、土地、资本等传统生产要素，随着科技的发展，信息和技术也成为重要的生产要素。根据联盟创新的特点，人才、资金、信息和知识为技术创新必需的投入资源。

创新主体是联盟系统的核心单元，是创新过程的执行者。按照国务院六部委《指导意见》的精神，企业、大学及科研机构共同构成了联盟创新系统的主体。同时，政府相关部门也在积极探索支持联盟构建和发展的有效措施，引导形成产学研有效合作的长效运行机制，制定国家科技计划对重大技术创新活动给予支持。所以，政府部门在制度规制、政策引导和资金支持方面成为支撑创新的主体。

从创新过程来看，联盟技术创新过程主要是由企业或大学及科研机构向联盟理事会申请技术创新立项，然后利用企业或高校、科研机构的专业实验室进行技术研发，进而通过企业产品试制基地试产新产品，最后运用新技术大规模生产新产品，向社会推广新技术。

创新产出是创新主体利用创新投入开展一系列创新活动的产出，也是持续创新的经济条件和物质依托。根据《指导意见》，联盟的主要任务是联盟成员之间通过开展技术合作，解决核心技术难题，构建技术共享平台，加速创新成果商业化和市场化，促进产业整体竞争力的提升。

2. 单元间的关联

江苏省石墨烯产业技术创新战略联盟系统各要素之间的关系如图 4-3 所示。

（1）创新投入与创新主体：创新主体是创新投入的提供者。政府以税收补贴等形式将资金投给企业，而企业是创新活动最主要的资金提供方，大学及科研机构主要投入人才和知识，与企业共同立项及创新。

（2）创新主体与创新过程：创新主体是创新过程的实施者。企业进行技术创新的需求较强，也有较好的平台，因此成为创新过程的主要实施方。大学及科研机构为创新过程提供智力支持。政府则不断通过政策制定来间接引导产学研紧密结合的长效机制的形成，调动企业创新积极性。

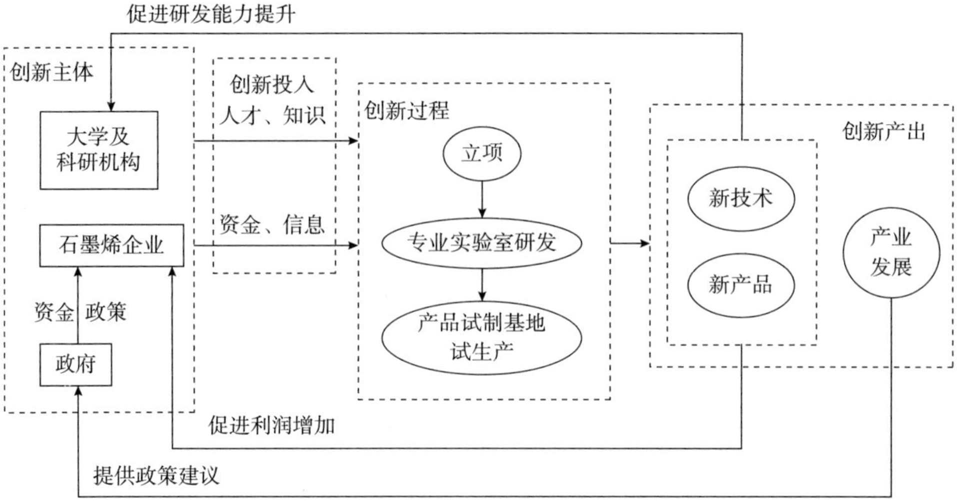

图 4-3　石墨烯产业技术创新战略联盟系统构成

资料来源：笔者根据相关资料整理。

(3) 创新过程与创新产出：创新主体通过技术创新过程将创新投入转化为创新产出。创新过程中，各方集中优势资源集体进行技术攻关，研发新技术，运用新技术生产新产品。同时，通过公共技术平台，实现知识产权共享和技术转移，加速科技成果的商业化运用，促进产业整体发展。

3. 联盟运行机制

江苏省石墨烯产业技术创新战略联盟中各种机制与联盟运行环节的关系如图 4-4 所示。

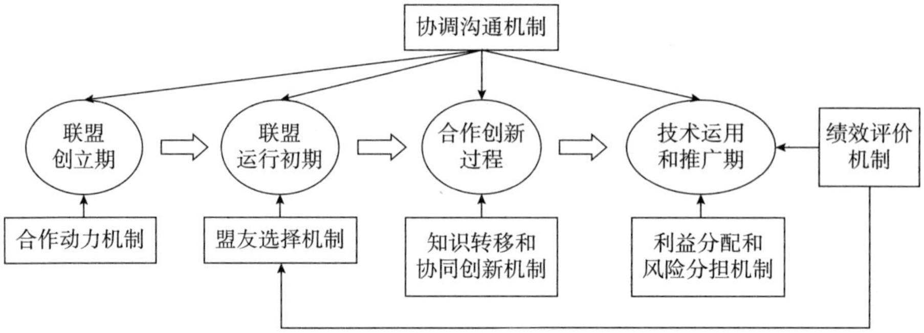

图 4-4　石墨烯产业技术创新战略联盟运行机制

资料来源：笔者根据相关资料整理。

（1）联盟合作动力机制：合作动力的产生主要分为市场需求拉动、合作效益驱动和政府机构推动三种。市场需求拉动是全行业现有产品或技术已经相对落后，促使整个产业内的企业都要进行技术和产品创新，促使企业与高校或科研院所进行合作。合作效益驱动通常是指当一家之力难以实现重大的技术创新突破时，产业内的企业会寻求互相合作并引入高校和科研院所的研发实力共同开展技术创新活动。为了推动科技进步，政府也可能成为促进联盟成立的重要因素，因为政府可以通过制定相应的科技政策、营造合作创新环境和平台，对联盟合作进行激励和协调。

（2）盟友选择机制：联盟成员选择的主要标准是合作成员之间的能力互补和战略一致，即联盟内的单位通常都将产业技术创新作为主要战略目标，且合作伙伴的核心能力具有互补性，如企业拥有生产平台和技术人员，科研院所和高校可以提供研究平台，高校可以提供人才。选择盟友需要考虑较多的是盟友的核心竞争力、技术先进性、研发能力、财务状况、文化特征、信用情况等。根据联盟的加盟制度规定，从事石墨烯产业技术研发、产品生产、产业投资和营销等方面的单位都可以申请加入联盟。加入的企业应具有一定的技术优势，大学、科研机构应该在相关技术领域具有领先的研究水平。

（3）知识转移和协同创新机制：成立联盟的目的之一就是让信息和知识在联盟主体之间多向转移流动，整合各方提供的不同的创新资源与知识，产生协同创新效应。知识转移和协同创新机制是促进联盟创新最关键的机制。在知识转移方面的研究，企业、高校、科研院所都可以成为知识源，各知识源提供的技术创新知识与信息，经过初始、实施、调整和整合四个阶段转移到企业，被企业吸收利用并实现技术创新与突破。产业自主创新能力就在这样一个正反馈循环中不断增强。

（4）利益分配和风险分担机制：联盟收益分配机制的建立通常根据投入者共同受益的原则。联盟成员共同研究课题而产生的知识产权，由承担研究的单位和联盟共享。各单位签订协议，明确各方投入的技术、人员、资金等资源以及权利分配和风险分担的方式，并遵照协议执行。联盟的知识产权应首先满足联盟技术创新的使用需求，知识产权在联盟内的单位之间转让时价格有优惠，向外转让的价格高于内部转让价格。知识产权转让时应经各方一致同意，各单位不得独自对外转让。由联盟研究项目产生的知识产权收益的一部分上交给联盟作为管理经费。

（5）绩效评价机制：绩效评价是最后的环节，是对创新效果的评价。联盟的绩效评价是在联盟目标的指引下，选择科学的评价方法和合理的评价标准，构建技术创新绩效评价指标体系，是对联盟运行的绩效进行评价的过程。绩效评价机制构建的关键在于评价指标的选取，应根据技术创新的目标，确定相关的投入产出变量，对联盟的创新效率进行可靠的评价，评价结果反馈给联盟运行的各个环节以进行创新过程的改进。

第四节　加速器培育模式

一、加速器概念

企业孵化器也被称为高新技术创业服务中心（以下简称创业中心），国际上一般称之为企业孵化器（Business Incubator 或 Innovation Center），是一种新型的社会经济组织。企业孵化器通过提供政策、融资、法律及市场推广等方面的支持，能够给一些刚刚成立的、相对弱小的战略性新兴产业载体企业提供发展动力，逐渐增强其抗风险能力，促进其不断成长壮大。企业加速器是由企业孵化器演化而成的新形态，是培育创新型企业、形成高新技术产业创新集群的重要政策工具。加速器是孵化器的一种特殊形态，和一般孵化器不同，是以高成长企业为核心（服务对象更加侧重于孵化后端的企业），主要包括一系列资源组织者、服务提供者、中介连接者及环境管理者的智能服务系统，提升科技创新型企业的成长速度，保持企业快速增长的持续性、稳健性是其基本功能。孵化器和加速器分别适用于新兴企业的初创期和成长期，孵化器计划的实施为战略性新兴产业的发展提供技术源和资本源，大大促进战略性新兴产业的培育和发展进程。国际上有些国家的加速器计划已经取得了一些令人满意的成果，如爱尔兰的“商业加速器项目”和丹麦科技与创新部的“瞪羚成长计划”。我国也在加快建设企业加速器，国家科技部火炬中心已确立深圳市招商局光明科技园科技企业加速器、北京中关村永丰基地科技企业加速器和无锡新区科技企业加速器等多家试点单位，这些企业加速器的建设为战略性新兴产业高端化发展插上了腾飞的翅膀。

二、孵化器与加速器的比较

（一）定义界别

孵化器是以促进科技成果转化，培养高新技术企业和企业家为宗旨的科技创业服务载体，是创新创业人才培养的基地。孵化器主要为科技创业人员创办科技企业提供企业建立行政服务，为进入孵化器的科技企业提供创业辅导、行政代理、信息发布、投资融资、技术支撑、咨询培训、物业管理等基础性公共服务。孵化器为科技创业者及在孵企业提供系统、优惠的服务，大大降低了科技创业的成本和风险，营造了有利于科技创业和在孵企业健康发展的环境，成为科技成果快速转化的平台、科技创业者的家园、科技创业企业和企业家成长的“土壤”。实践证明，进入孵化器的科技创业企业的“成活率”一般可达90%以上，比未进入孵化器的科技创业企业的成活率高出30%。

通常，进入孵化器孵化的科技创业企业注册资金均为200万元以下的“小微企业”，企业规模小，市场竞争力差，经过3~5年的孵化，企业逐渐“羽翼初满”，渡过创业阶段，进入企业成长阶段，但企业在成长阶段仍缺乏抵御市场风险的能力。20世纪80年代，美国哈佛大学David L · Birch提出了“瞪羚企业”的概念，把那些快速成长中的中小企业比喻为“跑得快、跳得高”的瞪羚。这些企业虽数量不多但对经济增长和就业贡献巨大。其中，相当一部分“瞪羚企业”成为上市企业的后备军。然而，“瞪羚企业”及一批从孵化器毕业成长性好的企业需要更大的发展空间，更大的资金需求，更强的个性化服务，更有力的政策扶植。显然，孵化器已难以满足企业的上述需求。于是，作为孵育成长性科技企业的“科技企业加速器”便应运而生。

加速器是孵化器功能向后端的延伸，为快速成长企业和成长性好的企业提供更大的物理空间，更强的、个性化的专业服务，更有力的政策扶植，成为培育创新型企业，形成高新技术创新集群的重要政策工具，经过加速器培育的企业，一般具备较强的抗风险能力和市场竞争能力，从而进入企业发展的成熟期。

（二）孵化器和加速器的区别

孵化器和加速器的不同体现在服务对象、服务功能等方面（见表4-2）。在服务对象上，孵化器的服务对象主要是科技初创企业；加速器的服务对象主要是成长性好和快速成长型的企业；在服务功能上，孵化器主要为科技创业企业提供科技创业公共服务，包括行政、政策、投融资、咨询、培训、中介及技术支撑服务等，目标是帮助创业企业渡过创业期。加速器主要是为成长性科技企业提供个性化的服务，如投资融资、人才招聘、企业管理、市场拓展、项目包装、上市辅导等。

表 4-2　孵化器、加速器的比较

类别	孵化器	加速器
服务对象	科技初创企业	成长性科技企业
服务场地面积	小，一般在 3000~30000m^2	较大，一般在 30000~100000m^2
入孵（驻）企业使用面积	30~500m^2	500~3000m^2
入孵（驻）企业注册资金规模	一般在 200 万元以下	一般在 200 万~2000 万元
器（园）内服务机构	孵化器管理公司 物业管理公司	加速器管理公司 物业管理公司 专业投资机构 专业中介服务机构
入孵（驻）企业场地使用状况	租赁使用，不拥有产权	租赁使用，不拥有产权
入孵（驻）企业流动状况	企业毕业后应退出孵化器	企业毕业后应退出加速器
器（园）类别	都分综合型和专业型两类，但专业型是共同的发展方向	

资料来源：本书笔者根据相关资料整理。

案例

甘肃融创立方加速器

甘肃融创立方加速器（以下简称加速器）成立于 2015 年，是集初创企业、中小型企业、大型民企国企协同发展的产业加速器平台，是在传统孵化器基础上构建的新型双创服务载体，以“创新、融合、协同”为发展理念，通过持续进行服务模式创新，充分满足高成长企业在不同发展阶段对基础服务、管理咨询、资源匹配的个性化需求。近年来，该平台在高校创新创业教育、企业管理培训、转化基地建设、赛事活动举办、双创基金设立等业务方向持续发展。截至 2019 年末，累计入孵创业实体 37 家，2018 年出孵 3 家，现有在孵企业 34 家，行业涉及现代农业、人工智能、电子商务、教育培训、文创产业、工业制造等，共计带动就业 320 人。现已与深圳前海正道资本管理有限公司开展合作建立种子基金池，累计协助 2 家入孵企业获得融资，总额 2782 万元。

一、加速器活动类型

加速器活动类型一般分为以下四种：一是创业讲座。邀请创业明星、企业家到加速器做企业经营知识类讲座，现状是参与人数逐年递减，很多甚至基本靠任务下达、签到约束。二是融资路演。2015~2016 年，融资路演活动的举办频次较高，参与项目较多，现场氛围热烈，达成意向投资成果显著，然而实际达成合作的项目少之又少，之后基本被各类创新创业大赛所取代，因为大赛奖金较意向投资更确定些。三是政策宣讲。由政府派员宣讲，加速器负责组织，企业参与度高，主要原因是政府创新创业扶持政策的优惠力度越来越大，确实能让入驻加速器的企业获得实惠。四是党建联谊。主要看平台组织形式及加入企业之间的关系，依然属于氛围营造活动。

二、企业入器需求

以上所述活动在“大众创业，万众创新”初期可以很好地提升区域内的创新创业氛围，但随着企业的成长及人们对加速器平台功能的定位越来越明晰，以上活动已不能从根本上满足企业的要求。

三、价值定位

政府对加速器的价值定位：提供一系列的服务支持，进而降低创业者的创业风险和创业成本，提高创业成功率，促进科技成果转化，培养成功的企业和企业家。落实到具体的业务层面，包括低成本的办公和共享空间、规范的财务税务法律服务、创客的教育培训、各类政策信息的上传下达等。

四、价值互动启示

就孵化器本身来说，它需要解决的问题是平台自身的生存问题、平台资源汇聚问题和平台影响力问题。甘肃融创立方加速器主要是通过与政府、高校合作，在兰州大学、兰州理工大学、西北师范大学、甘肃农业大学、兰州财经大学等高校开展“树帜班”“红柳班”“兰州市市场营销与企业管理深度培训”“第三届人力资源和社会保障部‘中国创翼’创业创新大赛”等覆盖高校、企业、社会的双创教育、培训及赛事活动，年均开展双创类活动 53 场，受众累计 6000 余名。借鉴甘肃融创立方加速器的活动类型，立足加速器是各类互动活动的发起和执行人的基本点，笔者认为孵化器可以开展如下更有价值的互动活动：

其一，发起或承办大型创新创业类论坛展会。一方面可以获得政府资金支持，另一方面可以持续扩大平台影响力，汇聚资源。

其二，梳理优势资源产业，引入资金或者产业服务对种子企业进行 VIP 一对一服务，在解决入器企业管顾问题和进行资源对接的同时，为平台创造投资收益。

其三，举办各类入器企业和天使投资基金“走出去”“引进来”的交流活动，助力入孵企业大额融资发展难题的解决。

第五章 战略性新兴产业高端化的人才支撑研究

人才是推动战略性新兴产业高端化技术创新的核心资源，智力资本是由知识嵌入到组织价值网络中的人力资本、结构资本、关系资本和创新四个维度形成的，不仅是静态资本，而且还是有效利用知识的过程，是一种实现目标的手段。因此，要明晰战略性新兴产业高端化的人力资本结构，探寻战略性新兴产业高端化人才需求特征与方向，重点研究产业技术联盟、校企合作战略联盟、企业知识共享、双螺旋模型等方面，分析人力资本知识获取、知识共享与知识创造的作用过程，提出人才支撑战略性新兴产业高端化发展的路径措施。

第一节　战略性新兴产业高端化的人才需求特征与开发方向

一、战略性新兴产业高端化的人力资源要求特征

（一）专业性

人力资源的专业性体现在产业发展对新兴技术的要求上。新兴技术需要在专业知识的基础上创新。因此，人力资源需要具有较强的专业性，即学习一定专业知识，经过刻苦钻研，具有相应的专业技术才能，才能在专业领域有较强的创新能力。专业性还代表战略性新兴产业需要人力资源具有专研探索精神。因为战略性新兴产业高端化发展充满了未知，受技术条件和经验的制约，新兴技术的更新需要经过长时间的探索。

（二）严谨性

战略性新兴产业高端化发展突出了技术产业工作的精确性，要求观察精细、实验精确、判断准确，所以战略性新兴产业的人员要有精益求精的工作态度，具有危机意识和高警惕性。

（三）高素质性

知识、技术、资金密集型的战略性新兴产业，其高端化发展需要多种知识的融合，多种学科知识人才共同合作，进行创造性的脑力劳动。新兴技术高端化主要依赖于人才的智力和创造力。战略性新兴产业高端化发展的过程是高级知识人才集中进行智力创造活动的过程。所以，战略性新兴产业高端化发展的人力资源是具备一定文化程度、技术水平和开发能力的知识型人才。他们受过良好的教育，具备高素质的特征。

（四）自主性

战略性新兴产业高端化发展的人力资源具有自主性特征。员工由于拥有知识资本，因此他们在组织中的独立性和自主性较强，强调工作的自我引导，不愿俯首听命，任人驾驭。与一般员工相比，该类员工心中有明确的奋斗目标，他们到企业工作并不仅仅是为了挣得工资，而是为了发挥专长干一番事业，他们更在意自身价值的实现，期望得到社会的认同，因此他们热衷于具有挑战性的工作，把攻克难关看成一种乐趣，一种自我实现的方式。

（五）稀缺性

战略性新兴产业属于技术、知识和人才密集型产业，战略性新兴产业高端化发展的人力资源具有稀缺性，存在着供不应求的现象。我国《人力资源和社会保障事业发展“十三五”规划纲要》明确提出人才队伍建设与更好实施人才强国战略的要求还不相适应，高层次创新型人才成长发展机制尚不健全，要提高人才质量，优化人才结构，加快建设人才强国。到“十三五”期末，专业技术人才总量达到7500万人，高、中、初级专业技术人才比例为10∶40∶50，高技能人才总量达到5500万人。但这些远不能满足战略性新兴产业高端化发展的需要，战略性新兴产业存在不同程度的人才短缺现象。战略性新兴产业人力资源的缺乏主要来自两个方面：一个是对创新人才的需求，另一个是对领军人才、企业家的需求。

（六）高创造性

战略性新兴产业的技术属于前沿技术，对人力资源的创造性要求很高，需要人力资源具备敏锐的市场洞察力，能时时自我更新知识，具备创造性思维，有较强的自主创新能力，能通过自身的努力和探索进行技术突破、攻克技术难关，并在此基础上推动创新的后续环节，完成技术的商品化，获得商业利润，达到预期目标。

二、战略性新兴产业高端化的人力资源开发方向

（一）专业性：产学研合作培育专业人才

国家培育战略性新兴产业人力资源的当务之急就是改革旧的教育制度，借鉴发达国家的教育体制和课程设备，重视高校专业的设置和学科的调整，特别是硕士和博士研究生的专业设置和课程建设，充分考虑战略性新兴产业高端化发展的需要，为其培养大批专业复合型人才。此外，政府应鼓励和促进各类学校、科研院所与企业开展多层次、全方位的项目和技术合作，构建以市场为导向、企业为主体、高校为主要技术依托的“产学研”战略联盟，共同推进战略性新兴产业人力资源开发。

（二）严谨性：以人为本的管理培训与锻炼

战略性新兴产业的发展环境变化莫测，产业发展的高风险性往往导致企业面临危机。因此，培育人才要进行以人为本的管理培训与锻炼，采用集中培训与分散实习相结合的方式，让学员参与实际的发展项目，通过具体的项目针对性地培

育其创新精神和技术前沿眼光以及高警惕性和危机意识，形成长远的战略规划思想，立足严谨性才能长远发展，不然只能获得短期的利益行为，且容易陷入危机。

（三）自主性：推行扁平化的组织结构

战略性新兴产业的技术研发人员具有较强的自我管理意识，而只有扁平化的组织才能赋予员工更多的自主权。扁平化组织推行管理网络化，主要表现在部门之间、上下级之间的沟通、决策呈现网络化。同时，管理手段系统化，拥有管理信息系统（MIS）、决策支撑系统（DSS）等管理手段，提高了工作效率。扁平化的组织结构提供更直接、方便的交流平台，促进了雇佣关系的和谐。同时，层级的减少，增大了每一层管理人员的权利范围和责任，削弱了官僚主义的传统思想，提升了管理运作的效率，也有利于解放员工的思想，营造创新的文化氛围，使创新得到保障。

（四）高素质性：建设优秀团队文化

人力资源配置在做到人尽其才，才适其位，动态适应。如果没有建立起使人员紧密团结、形成凝聚力的“团结精神的文化”，那么企业就是“一盘散沙”，人力资源的高素质就无法体现。因此，战略性新兴产业高端化发展过程中，应着力建设团队文化，形成较强的团队凝聚力，使大家在团队中取长补短，在提高领导者自身素质的同时，带领其他团队成员素质的提高。

（五）稀缺性：引进与培育科技领军人才

战略性新兴产业高端化发展应以人力资源的需求为导向，有针对性地选拔人才，通过落户优先、住房优惠、配偶就业安置、子女上学，以及为回国创业的留学生和国家高级人才提供创业资金支持等福利引进高级人才。同时，注重内部人才的平衡分布，对高层次技术或管理人才进行选拔与培养，鼓励人才“走出去”学习，为其提供继续接受教育和培训的机会，如国内外进修深造的机会，为他们参加学术活动（专业学术讨论会、科技发明认证会等）或技术竞赛提供费用和时间上的便利，培养具有创新意识和长远目光的企业家。

（六）高创造性：建设学习型组织与创新氛围

战略性新兴产业高端化发展的动力是人才的高创造性，要保证人力资源的高创新性，企业需要营造一种鼓励创新、相互学习、容忍失败的文化氛围。企业应建设学习型组织，为员工学习新技术创造机会和场所，营造终身学习的氛围。同时，鼓励创新，创造和谐的技术交流平台，让技术人员畅快交流，设立一些爱好协会等，促进内向的专业技术人员之间的交流，加速创新。改善人文环境，营造和谐氛围，有利于激发员工创新的灵感、才智和团队思想的交汇与融合。另外，要建立创新技术知识保护制度，防范技术知识的流失。

第二节　基于产业技术联盟的战略性新兴产业专用性人才开发

一、战略性新兴产业专用性人才的内涵

（一）专用性人力资本

美国新制度经济学派创始者威廉姆森（Oliver E. Williamson）从地点、物质资产、贡献资产和人力资本四个方面把资本专用性形式分为四个种类，即资产专用性的一种形式是人力资本专用性。他指出，人力资本专用性是指员工具有的某种与特定企业相关的专门技术、工作技巧或特定信息，它们不能在其他企业中发挥效益。人力资本根据专用性程度，可分为通用性人力资本和专用性人力资本。通用性人力资本表示并非与单个企业有关的技能，而且这种技能的使用可以从一个企业转到另一个企业，不发生任何严重的价值损失。专用性人力资本表示只存在于所在企业中的技术、工作伙伴间的协作诀窍、关于所在企业的知识、人与人之间联络网的形成等。专用性人力资本一旦离开原来组织就会完全贬值。

（二）战略性新兴产业专用性人才

战略性新兴产业高端化发展专用性人才，是指具有的特定知识、技能、技术、信息等仅适用于战略性新兴产业特定环境的人力资源，可包括科技创新领军人才、科研人才、高技能创新人才、科技成果转化人才。战略性新兴产业高端化发展专用性人才，经过专业化投资后，具有较高的产业价值和较高的可占用性及不可替代性，表现为一种有特定用途的人力资源。战略性新兴产业高端化发展专用性人才具有下列基本特征：第一，产业价值高。产业价值指在特定的产业中，人力专用性资本不依赖于除自身之外的其他专用性资本，与其他非专用性资本合作所能产生的价值。战略性新兴产业发展是高级知识人才集中进行的智力创造活动过程，其人力资源具备技术创新、转化科研成果等能力，是经过专业化投资后，具有不可替代性、极高产业价值的特殊资源。第二，自主学习性强，表现为知识管理与科技创新中的独立性、挑战性和自主性，善于从复杂的信息中迅速筛选出有用的信息并及时、最大限度地利用其价值。第三，高创造性，主要表现为知识资本与技术创新的高效率。其不仅具有敏锐的市场洞察力与攻克技术难关的能力，更具有完成技术的商品化创新能力。

我国战略性新兴产业的高端化发展需要以高新技术为依托，注重人力资源自主创新能力的培养和核心科技的研发。战略性新兴产业的高端化发展对专业人才的需求量大，工作要求严格，这就决定了该产业人才需求的四个特征，即高知识、高技能、高创新、专业性。这些特征正是专用性人才必备的特质。因此，战略性新兴产业发展需要大量的专业性专用人才，专用性人才成为该产业的重要战略资源。

二、产业技术创新联盟的内涵与主要任务

产业技术创新战略联盟是指由企业、高校、科研机构或其他组织机构，以企业的发展需求和各方的共同利益为基础，以提升产业技术创新能力为目标，以具有法律约束力的契约为保障，形成的联合开发、优势互补、利益共享、风险共担的技术创新合作组织。产业技术创新联盟，是产学研的新形势，即包括政府、企业、高校和科研机构以及中介机构在内的一种协同创新组织形态。产业技术联盟

有几个重要任务：第一，组织联盟内各主体是突破产业核心技术和解决产业技术创新的关键问题，开展技术合作，形成重要的产业技术标准。第二，通过建立共享技术平台，衔接创新资源并实行知识产权共享。第三，通过实施技术转移使科技成果向商业化转化，提升产业竞争力。第四，对产业所需要的人才进行联合培养，加强人才交流互动，为产业创新发展提供必要的人才。

产业技术创新联盟目前已成为实施国家创新驱动战略的重要抓手。例如，中国再生资源产业技术创新战略联盟 2009 年在北京成立，其基于国家大力发展战略性新兴产业的需要，集聚科技资源，推进产学研用的深度结合，使科技与经济紧密结合，从而提升产业核心竞争力。它已被认定为国家试点联盟、国家 A 级产业技术创新战略联盟，是包括清华大学、北京大学、中国节能工程技术研究院、中国有色金属工业协会等高校、科研机构、中介组织以及企业共 700 多个单位的联盟。

三、产业技术创新联盟对战略性新兴产业专用性人才开发的作用

产业技术创新联盟是战略性新兴产业高端化发展的重要技术创新力量，而战略性新兴产业高端化发展也为产业技术创新联盟带来了新的发展机遇。产业技术创新联盟和战略性新兴产业发展良性互动，将开发和培养大量的科技创新型人才。

（一）联盟共享机制促进战略性新兴产业专用人才的流动

专用性人才所具有的特定知识、技能、技术、信息等仅适用于专用性人才所在的组织的产品特性、市场状况、工艺流程以及企业文化等一系列特定环境，而当专用人才离开原组织后，其在组织中所形成的特定人力资本价值将大大降低。专用性人力资本与企业之间存在“套牢”效应，专用性强度越大，“套牢”程度越深，转换成本越高，流动性越低。战略性新兴产业专用性人才具有极高的产业价值，然而一旦离开该产业，其价值就会折损，企业同样受到损失。产业技术创新联盟内部的知识共享机制和人才联合培养机制，可使各主体之间形成资源共享与相互学习的机制，使各主体之间不同的专业知识、创新技能等成为产业技术联

盟内通用的知识和技能，弱化专用性人才与特定企业的“套牢”效应，增强专用性人才在战略性新兴产业内的流动，使专用性人力资本价值的实现所依赖的不再是特定的企业，而是整个产业。

（二）产业技术创新项目驱使战略性新兴产业专用性人才的联合培养

专用性人才通过“干中学”（在实践中学习）进行人力资本积累和价值成长。因此，战略性新兴产业专用性人才能够在具体的产业技术创新项目的工作中提升专业知识、创新能力和实践技能。此外，产业技术创新联盟的主要任务是产业技术创新，为了攻克技术难题会开展技术合作，各主体间会进行定期与不定期的技术交流；联盟会根据产业技术创新项目的要求对成员进行联合培训，使之能够突破产业发展的核心技术。

（三）人才集聚效应与技术升级倒逼战略性新兴产业专用性人才投资

专用性人力资本与企业之间的“套牢”效应，使个人的投资意愿受挫，企业的投资风险加大，投资意愿降低。然而，产业技术创新联盟具有人才集聚效应，增强了专用性人才之间的竞争，迫使专用性人才不断自我追加投资，使其人力资本水平从一般专业化向高端专业化提升，以保持他们在产业内部的人力资本市场中保持竞争优势。同时，产业技术创新联盟带来的产业技术创新以及产品创新也会加快人力资本专用性价值贬值，生产要素如果不能持续升级和专业化，它的价值就会降低。生产要素升级以后，产业就需要新的或更高一级的知识或技术，这又需要进行专用性人力资本再投资，如此循环反复。战略性新兴产业技术创新联盟一级又一级的技术创新，使联盟内的专业化分工不断深化，技术创新向高级化演进，专用性人才在产业内的流动加大，导致专用性人才竞争加剧，倒逼个人和企业不断追加投资，使专用性人才技术创新能力和素质不断提升。

四、基于产业技术联盟的战略性新兴产业专用性人才开发策略

产业技术创新联盟是产学研合作的创新形式，在人才培养与开发方面起到重要的作用。然而，当前我国战略性新兴产业技术创新联盟尚处于发展初期，联盟

内的企业、高校、中介组织和科研机构等各方面的科技力量自成体系，联盟的创新率和活跃度不高，在联合培养人才方面的成效还没有显现。笔者认为战略性新兴产业培养高价值、高创造、高知识、专业性的专用性人才还需要走政府主导、以企业需求为基础、以高校和科研机构为中坚力量、以中介结构为纽带的路径。

（一）发挥政府的主导作用，激励专用性人才投资

由于专用性人力资本的“套牢”效应，个人与企业的投资意愿受挫。虽然产业技术创新联盟由于人才聚集产生竞争以及技术升级倒逼企业和个人进行投资，但这种投资行为是自发的、被动的。专用性人才是战略性新兴产业的战略资源、核心竞争力，是国家创新驱动的力量。因此，战略性新兴产业专用性人力资本的投资主体应为政府、企业与个人。处于发展初级阶段的战略性新兴产业技术创新联盟的人才培养机制尚未完善，政府的主导地位不容或缺。首先，政府可加强战略性新兴产业相关专业的学科建设，鼓励高校根据区域产业发展实际设立与产业相关的专业，加强专业人才的培养。其次，鼓励高校、科研机构和企业建立长效的人才流动机制，推动联盟成员的资源共享行为。最后，出台以长期雇佣为基础的战略性新兴产业专用性人才激励机制，设立战略性新兴产业人才培养基金等，进行专用性人力资本积累。

（二）创建产业技术创新联盟培训中心和网络学院

目前我国的产业技术创新联盟都建立了自己的知识共享平台，但是由于联盟内各种力量自成体系，各有保留，平台共享的资源不仅少而且层次浅。这种共享仅是形式上的共享。培养与开发战略性新兴产业专用性人才必须打破联盟内部自成体系的局面，做到真正意义上的知识共享。产业技术创新联盟可成立人才培训中心，以产业核心技术的关键问题和技术创新项目为依托对联盟成员的关键性人才进行培训，提升人才技术创新能力。培训中心应制定相应的培训制度、分析培训需求、做好培训计划，定期培训。此外，由于产业技术联盟的结成是以产业技术创新为纽带，而不是以地缘关系，联盟成员来自于不同的地域，有的甚至相隔甚远，所以应建立产业技术创新联盟网络学院，解决时间和空间的问题，整合相关课程供学员随时学习。线下的培训中心与线上的网络学院应结合在一起，为联盟成员提供定期与日常的学习和培训。

（三）产学研深度合作，设立博士后流动站

当前，大部分水平高的科研人才都集中在高校和科研机构，承担着大量的科技项目，而企业尤其是民营企业的自主创新能力尚弱，很难适应战略性新兴产业发展的需求。因此，需要在政府的主导下，建立博士后流动站，实现高校、科研机构和企业深度的产学研合作。建立博士后流动站，可使企业充分利用大学和科研机构的科研力量以及产业核心技术，进行技术攻关，使科研力量与产业需求相结合，产生更多的科研成果，并促进成果的产业转化。另外，设立战略性新兴产业技术创新博士后流动站，有利于顶尖科研人才的集聚，可促进人才之间的学习与竞争。总之，建立博士后流动站可在促进战略性新兴产业发展的同时，也不断提升了科研领军人才的创新能力和水平，打造顶尖科研队伍。

（四）设立技术创新训练中心，加强“干中学”

“干中学”是专用性人力资本形成的主要形式，战略性新兴产业专用性人才需要不断地在战略性新兴产业领域里从事生产、技术操作和技术创新。战略性新兴产业的发展，不仅需要生产一线的操作工人，更需要具备创新能力的高技能人才，而这些人才的培养需要产业技术创新联盟多方面的有效合作。产业技术创新联盟可设立技术创新训练中心，让学员进行科研成果产品化的操作训练，通过产业实践训练，使学员进行技术攻关，打造一支具备技术创新能力的高技能人才队伍。

第三节　基于校企合作战略联盟的自贸区战略性新兴产业高端化人才开发

一、自贸区发展与战略性新兴产业高端化

（一）自由贸易区发展现状

当前，我国经济发展进入新常态，外贸发展机遇和挑战并存，“引进来”

"走出去"正面临新的发展形势。加快实施自由贸易区战略是我国适应经济全球化新趋势的客观要求，是全面深化改革、构建开放型经济新体制的必然选择。建设自由贸易区是以高水平开放促高标准改革、高质量创新、高难度转型。

中国自由贸易区是指在国境内关外设立的，以优惠税收和海关特殊监管政策为主要手段，以贸易自由化、便利化为主要目的的多功能经济性特区。原则上是指在没有海关"干预"的情况下允许货物进口、制造、再出口。中国自由贸易区的建设力度和意义堪与20世纪80年代建立深圳经济特区和20世纪90年代开发浦东两大事件相媲美，其核心是营造一个符合国际惯例的，对内外资的投资都具有国际竞争力的国际商业环境。2013年9月27日，国务院批复成立中国（上海）自由贸易试验区。2015年4月20日，国务院决定扩展中国（上海）自由贸易试验区实施范围。2015年4月20日，国务院批复成立中国（广东）自由贸易试验区、中国（天津）自由贸易试验区、中国（福建）自由贸易试验区三个自贸区。2017年3月31日，国务院批复成立中国（辽宁）自由贸易试验区、中国（浙江）自由贸易试验区、中国（河南）自由贸易试验区、中国（湖北）自由贸易试验区、中国（重庆）自由贸易试验区、中国（四川）自由贸易试验区、中国（陕西）自由贸易试验区七个自贸区。2018年10月16日，国务院同意设立中国（海南）自由贸易试验区。2019年8月2日，国务院同意设立中国（山东）自由贸易试验区、中国（江苏）自由贸易试验区、中国（广西）自由贸易试验区、中国（河北）自由贸易试验区、中国（云南）自由贸易试验区、中国（黑龙江）自由贸易试验区。2020年6月1日，中共中央、国务院印发了《海南自由贸易港建设总体方案》，并发出通知。

（二）自贸区发展与战略性新兴产业高端化

1. 自贸区赋能战略性新兴产业高端化

第一，自贸区促进战略性新兴产业结构重组。自贸区出台对投资的保护和促进条款，推动战略性新兴产业利用自贸区进行产业布局，配合产业结构调整，推动优势产业在周边布局，将产业链延伸至周边国家；在自贸区框架下将敏感、弱势产业向周边国家适度开放，引入局部竞争，形成区域竞争环境，激励战略性新兴企业逐步提升国际竞争力。

第二，自贸区提升战略性新兴产业高端化发展的国际环境。战略性新兴产业在自贸区发展，重在通过为获取先进技术和产业升级创造条件，以谋求在新一轮产业链重组和国际分工中占据有利地位，通过扩大投资领域开放力度、加强知识产权执法、规范竞争等条款显著改善国内投资环境，为引入发达国家的先进技术和引导其投向战略性新兴产业创造良好条件。因此，可以通过加强双边投资保护、扩大投资准入等寻求改善战略性新兴企业在发达国家投资面临的不利环境，为战略性新兴企业并购、获取先进技术和产业升级创造更好的条件。

第三，自贸区促进战略性新兴产业高端化集群发展。自贸试验区不是开发区，而是功能区。自贸试验区这个功能性平台，有利于推动战略性新兴产业快速集聚实现高质量发展的目标。例如，沈阳自贸试验区提出，对新设立的先进制造业内、外资企业，按照其实缴注册资本额度，奖励300万~1000万元不等，对符合标准的新注册的先进制造业企业，连续三年按照对本区地方本级财力的100%予以奖励，从而强力助推企业快速集聚。

2. 战略性新兴产业高端化促进自贸区提升实力

一方面，战略性新兴产业高端化发展夯实自贸区创新实力。战略性新兴产业高端化必然强化硬件与软件的同步建设，推动技术创新体系建设，加强产学研创新平台、示范基地和创新技术产业联盟建设，促使企业自办或与国内外大专院校、科研单位联办高水平研究院、重点实验室、工程实验室、博士后工作站、工程技术研发中心合作，按照新兴产业高端化发展的重点布局，开展前瞻性、原创性研究和重大战略产品研发，提升自贸区整体的实力。

另一方面，战略性新兴产业高端化促进自贸区体制机制创新。战略性新兴产业高端化发展必然倒逼自贸区在从前期科研、谈判到协定实施的整个过程中，与战略性新兴产业建立完善的联系机制。例如，谈判时为各类企业提供意见反馈平台，为新兴产业发展预留时间和空间；在新兴产业的开放安排确定后，主动向企业做政策解读，给予企业明确的信号，推动其主动进行结构调整。此外，战略性新兴产业高端化还会促使自贸区建立包括贸易竞争性指数、显性比较优势指数、出口相似度指数、贸易互补性指数、产业内贸易指数、市场份额指数、贸易份额指数等在内的综合指标体系，对各产业的具体影响进行综合评估。

二、基于战略性新兴产业高端化的自贸区校企合作战略联盟建设的互动机理和有利条件

(一) 自贸区校企合作战略联盟建设的互动机理

建立自贸区校企合作战略联盟，有利于应用技术型大学与自贸区良性互动，共同培养人才，共同发展，解决人才培养与人才需求的矛盾，实现双赢优势。首先，应用技术型大学人才培养与自贸区建立校企合作战略联盟互动模式，是应用型技术大学与自贸区人才培养的有效模式。一方面，通过合作，高校对自贸区的人才支撑体系与“人才短板”进行研究并针对性培养人才，不仅为自贸区需求的人才营造良好的孵化与成长环境，更为自贸区带来新生的人才与科技等资源和价值；另一方面，通过合作，自贸区的人才培养工作可实现市场化与产业化，能更好地实现人才培养目标。在以校企合作战略联盟为基础的互动中，高校利用优势学科与自贸区的人才需求特点相结合，科学进行人才预测，为学科建设和专业改革提供方向，培育和造就一批具有不可替代性的特色学科，进而引领、示范、带动其他学科的发展，提升学科专业建设水平，形成适应自贸区需求的人才培养特色，以满足自贸区发展与创新的需求。另外，自贸区也获得了与产业及企业发展相对路的人才，降低人力资源管理成本；同时，由于科研与技术的合作，可以为自贸区的发展提供技术创新支持。

(二) 自贸区校企合作战略联盟建设的有利条件

自贸区校企合作战略联盟建设具有独特的政策优势、创新条件和合作机制。为促进自贸区发展，中共中央出台了《关于深化人才发展体制机制改革的意见》(中发〔2016〕9号) 等政策，地方政府也出台了相关的自贸区人才政策。例如，福建省委印发了《福建省深化人才发展体制机制改革实施意见》《关于加强中国(福建) 自由贸易试验区人才工作的十四条措施》等十多项人才政策，其中包括人才培养开发与产业发展的相关政策。政策指出要组建产学研联盟、产业技术重大研发平台、军民融合创新研究平台、高层次人才创新创业示范区，建立成果转化对接机制；推动科技人才与高校、科研院所、企业有机结合，构建科学、技

术、工程专家协同创新机制；整合优化现有高校教育资源，加强高校自贸试验区专业人才的培养，并依托高校如北京大学、清华大学等战略合作伙伴，开展定向培养、委托培养。这些有利政策为自贸区校企合作战略联盟的建设提供了政策保障和有利条件。

三、基于战略性新兴产业高端化的校企合作战略联盟人才培养模式

（一）基础性模式：挂牌实训基地

高校与企业的互动多是通过基础模式实现的。基础性模式的基本做法就是学校为合作的企业挂牌，签订合作协议，使企业成为学校的实习实训基地，这一模式也是21世纪初高校与企业的合作模式。学校以建立校外企业实习实训基地的方式，由企业接收对口专业的学生进行产业实践，一方面，学生可以进入企业实践，得到锻炼，提升自身与就业岗位的适应性；另一方面，企业也能获取低成本劳动力。这种模式属于单一性的互动方式，企业在于获取低成本劳动力，学校在于安排学生实习实践，没有在师资、技术项目等方面进行交流，对高校人才培养的贡献局限在点上，没有线、面的结合。

（二）紧密型模式：订单模式

随着教育的发展，挂牌模式已不能满足双方的需求，高校与企业的互动加深，合作更加紧密，形成了订单模式。订单模式是以工学结合为原则，企业根据自身的需求在合作的院校开办专门的专业，定向服务于企业。学校与企业共同研究制定教学计划、教学内容；上课的教师由学校的教师与企业共同派出的讲师组成，理论部分由学校教学，实践部分由企业教学。在技术交流方面，学校派教师到企业挂职锻炼，企业也会派专家到学校学习交流。此外，企业将需要解决的技术问题，以立项的方式与学校展开横向合作，有助于双方共同发展。订单模式比挂牌模式的互动性更强，但高校和企业的联系仍然是单线的。

（三）综合性、交互模式：校企合作战略联盟

1. 校企合作战略联盟的内涵

校企合作战略联盟是基于战略联盟的概念，把企业战略联盟组织形态运用到校企合作中，高校与企业根据各自的战略目标，以共享、共赢为原则，在政府主导和其他组织的中介作用下建立起的动态柔性契约组织，联盟成员通过联合协作，实现平等互利、优势互补、资源共享，是产学研合作当中的一种创新模式。

2. 校企合作战略联盟的核心任务与目标

校企合作战略联盟的核心任务是通过各种形式的校企合作与双向互动参与，创新人才培养机制，实现工学结合、产教融合、产学合作。其目标是高等教育与经济社会发展、学科建设与产业需求紧密联系，实现高校与企业的良性互动，达到双赢，最终增强学校的办学效益和企业的人才竞争优势，促进社会经济发展。

3. 校企合作战略联盟的优势

校企合作战略联盟较之前的两种模式具有三个方面的优势。其一，互动主体更广泛。校企合作战略联盟的成员包括高校、科研机构、政府部门以及中介组织，联盟成员资源共享、互惠互利，共同发展。基础性模式与紧密型模式的互动合作仅在高校与企业之间。其二，校企合作战略联盟的交互性更强。基础性模式与紧密型模式的互动是“高校—企业”“企业—高校”的单线互动。校企合作战略联盟成员在共享机制的作用下，通过共享平台合作交流，使教育与经济共赢、社会资源互补、多元文化交融。成员之间的合作与互动是交叉的、是网状的。其三，互动领域更加广泛。前述两个模式的互动仅是学生的实习实践与产业相结合；校企合作战略联盟除了有学生培养方面的互动，还包括科研项目和技术创新等方面的合作。互动的领域更广泛，互动方式更加多元、创新性更强。

四、基于战略性新兴产业高端化的自贸区校企合作战略联盟建设的路径

（一）建立资源共享平台和信息服务平台

校企合作战略联盟是在共享机制下实现教育与经济共赢的组织，目前高等学

校的专业教育与产业未能很好地融合，很大程度上是由于双方信息不通、共享不足。自贸区校企合作战略联盟的建设：一方面，要搭建资源共享平台推进信息共享、知识共享、师资共享，实现资源互补；建立起教学、培训、生产、科研、技术创新与成果转化等为一体的公共资源平台，整合优化政府、高校、企业和中介组织的合作资源，加强联盟成员之间的联系与共享。另一方面，构建面向学生、人才的信息服务平台，发布就业、实习实训、创新创业项目、合作项目、技术服务项目、人才技能训练、专业技能鉴定等信息，并提供相关服务。

（二）设立自贸区专业人才培养“特区”

专业人才培养“特区”建设即在对自贸区人才需求进行科学预测，结合当前产业发展的状况，通过与高校、科研机构等组织合作在自贸区园区内，或者在学校设立专门培养某类人才的民办学院、独立学院或教育基地等，对其实施特殊培养政策、创新教育模式，双方甚至是多方优势互补，有效利用资源，培养自贸区所需要的各类人才，形成“园中校”“校中园”的人才培养“特区”。例如，福建自贸试验区福建跨境电商产业园，成立了中国首个“eBay 跨境电商学院”，首批有 400 名学生在这个校企合作项目学习。园内集 eBay 福建分公司、物流服务中心、支付服务中心、语言服务中心、商协会联盟中心、创客孵化基地、生活休闲中心为一体，涵盖跨境电商选品、支付、运营、物流、融资、培训、翻译等产业链环节。福州大学、福建师范大学等七所高校也将在福建跨境电商产业园建立人才实训暨输出基地、培训路演中心，共同培养跨境电商人才。

（三）国际化产学研合作

自贸区人才培养国际化产学研合作有天然的优势。通过建立国际化的综合性创业孵化平台，例如上海自贸区海外人才离岸创新创业基地，是面向海外人才，打造具有引才引智、创业孵化、专业服务保障等功能的国际化综合性创业平台。广东自贸区突出粤港澳合作特色开展产学研合作和人才交流合作，重点引进港澳人才到横琴创新创业。应用技术型人才培养成闽台教育合作新热点。福建自贸区福州台湾青年创业创新创客基地与台湾育达科技大学展开全方位、多层次的校企合作，创客基地成为该校的实训基地、就业基地和产学研合作基地，创客基地也为台湾育达科技大学的学生提供专业实习、毕业实习、毕业设计及社会实践活动等协助。厦门片区太古飞机工程有限公司与台湾五所学校展开合作，助力两岸航空产业发展。

第四节　基于企业知识共享视角的战略性新兴产业高端化创新人才素质开发

对于战略性新兴企业来说，积累知识、利用知识、创新知识，使企业内外部知识真正转化为企业优势资源是企业高端化发展的法宝。在快速发展的社会中，每个人都渴望形成自己独有的竞争优势，但企业缺乏一定的激励制度、员工没有外在推动力、组织的共享氛围不够浓烈，导致了企业内部个人的知识垄断。然而，知识集合可为战略性新兴企业带来更大的效益：能够整体提升员工素质，加快员工创新的速度，提高企业的价值，推进战略性新兴产业高端化发展。

一、知识共享与战略性新兴产业高端化创新人才素质

（一）知识共享的相关理论

1. 知识共享

知识共享是指组织的员工或内外部团队在组织内部或跨组织之间，通过各种渠道进行知识交换和讨论，其目的在于通过知识的交流，扩大知识的利用价值并产生新的知识。

2. 知识共享的影响因素

企业知识共享的影响因素主要来自几个方面：一是知识共享的主体，包括知识发送者和接受者，共享主体进行知识共享活动受个人价值观、内在和外在动机等因素的影响；二是知识共享的环境，即企业是否已经建立起鼓励员工进行知识共享的文化氛围，是否建立了有效的激励机制，高层管理者是否起到了积极的表率作用；三是知识共享的手段及技术的运用，包括计算机网络、新媒体、经验交流会等。

（二）创新人才素质构成理论

新时代，企业的发展需要培养人才的创新素质，提高员工整体的素质水平，促进企业创新活动的高效完成。在前人提出的创新人才素质结构理论的基础上，结合实际研究，笔者绘制了素质结构模型（见图 5-1）。

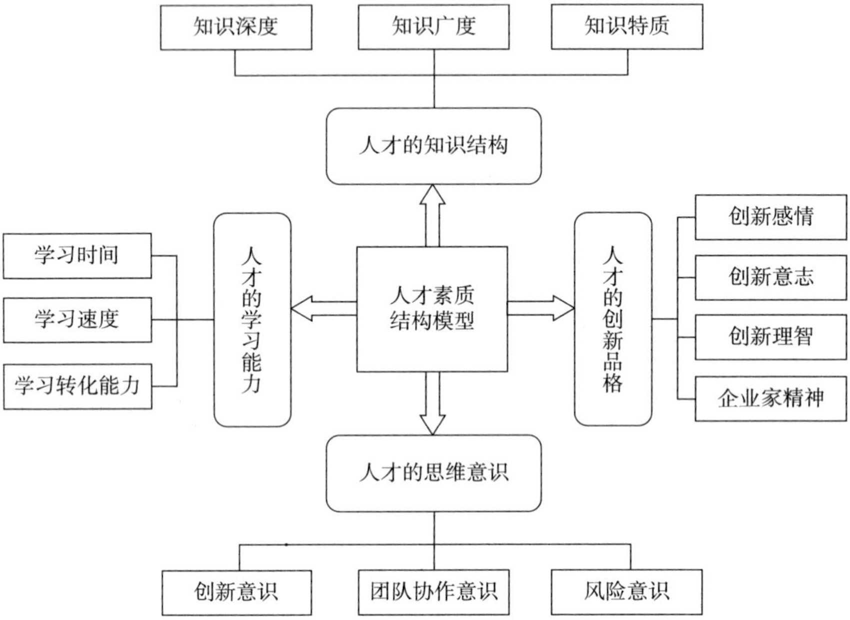

图 5-1　创新人才素质结构模型

创新人才素质包括以下四个模块：一是人才的知识结构。其涵盖了知识的深度和广度以及知识特性等方面。个人要想完善知识结构需要从丰富知识的涉及面和挖掘知识更深刻的内涵两方面入手进行深入研究。二是人才的学习能力。学习能力是指人们能够以高效的方式获取、转化和吸收新知识，并使新知识融入到自己原有的知识架构当中的能力。三是人才的创新品格。人才创新品格是人才创新素质的核心内容，包含创新感情、创新意志、创新理智和企业家精神。四是人才的思维意识。创新思维意识要求人们不仅要有首创精神，还要懂得团队间的协作，树立风险意识，促进创新活动的顺利开展。

二、企业知识共享与战略性新兴产业高端化创新人才素质提升作用机理

（一）知识共享的内在驱动力

在企业知识共享过程中，员工在组织之间协作共同完成工作任务的主要动机来自马斯洛需要层次理论中较高的三个层次，即社交的需要、尊重的需要和自我实现的需要。双因素理论在知识共享的实践调查和数据分析中也得到了进一步的验证，企业员工进行知识共享的主要动机是自我的学习与成长、成就感、人际互惠、赞誉，而不是追求直接的经济回报（见图 5-2）。激励因素和保健因素均会引发员工进行知识共享行为，但两者在激励效果上存在差异。如果企业内部未设置保健因素，那么企业成员之间的知识共享活动就无法顺利开展。若是企业未制定激励制度，则会导致知识共享的质量得不到保证，激励因素的效果更持久、更稳定、更强烈。换句话说，保健因素仅仅是保证了员工进行知识共享的基本条件，在仅满足基本条件的情况下，员工知识共享的次数会有所增加但效果却不显著，因此保健因素不会加强员工的内在动机，对知识共享的促进作用是低层次的。企业应加强员工较高层次的内在需要，通过内在满足感强化企业员工内在驱动力，提升企业知识共享效果。

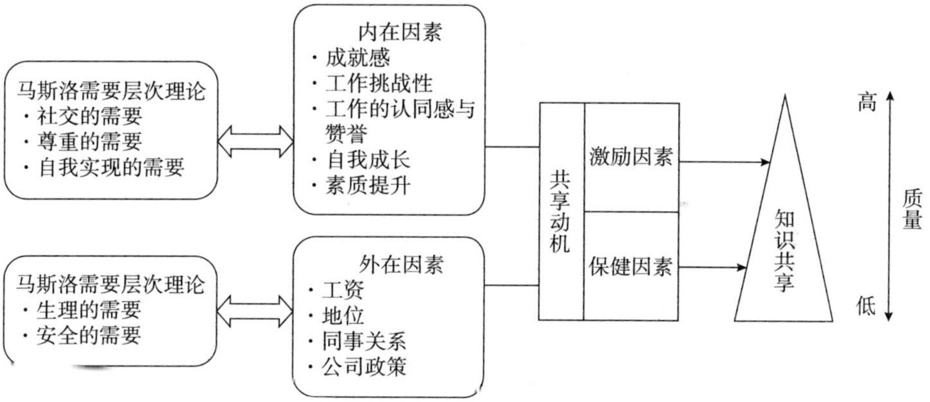

图 5-2　基于双因素理论的知识共享动机模型

资料来源：笔者根据相关资料整理。

（二）企业知识共享的外在推动力

参考博弈论模型，从本质上来讲，企业成员间相互分享知识也是一种博弈的经济行为。知识共享双方通过共享获得知识，可以提升知识水平，提高自身竞争力，进而提高企业竞争力，促进企业经济活动的开展。企业员工之间存在着较为复杂的关系，一方面，员工在工作中需要相互合作，另一方面，员工之间又为薪资、晋升等利益展开竞争。因此，员工为了自身利益，不会轻易与其他成员共享知识，但基于自身发展，他又需要其他员工贡献其知识。这样想要获得知识却又害怕付出的矛盾，导致了企业成员之间相互博弈的结果。

在静态的、无外界干预的博弈模型中，假设员工 A、员工 B 的专业能力、知识水平、资历等方面均相同，在知识共享过程中两名员工可以选择共享知识或者保留知识。由于考虑到双方间的利益关系，单方面分享知识使他人产生知识增值，而自己不一定能够得到他人等价的知识回报，所以，员工 A、员工 B 均会选择保留自身的知识，这样就导致了知识共享活动不能有效展开。企业引入组织干预机制，假设员工 A 与员工 B 的知识可以以货币的形式表示，并且两人所拥有的知识的价值均为 x，c 为知识共享成本，z 为对共享知识成员给予的补偿，可得到一个博弈模型（见图 5-3）。在 z>c 的情况下，员工进行知识共享产生共享成本，同时自己的共享行为得到组织赞同，获得了相应的奖励与补偿，各方面效益增加，此时，员工 A 和员工 B 会选择共享自己的知识。当企业员工为了自身利益的最优化进行无限多次的重复博弈时，就可以实现双方策略为共享—共享的纳什均衡。

		员工B	
		保留	共享
员工A	保留	x, x	2x+y, x−c+z
	共享	x−c+z, 2x+y	2x+y−c+z, 2x+y−c+z

图 5-3　引入组织干预机制的员工知识共享博弈模型

资料来源：笔者根据相关资料整理。

分析表明，企业期望员工间自发地进行知识共享行为是不现实的，企业需要为这一行为的产生制定相应的激励制度和保障措施，营造良好氛围，鼓励创新思维和创新活动，实现内部公平。

(三) 知识共享机制下创新人才素质提升路径理论模型

知识是知识共享、企业创新活动的基本构成要素，知识的积累使人才的知识结构得到拓展和深化，知识结构体系得到改变。新知识与旧知识的相互碰撞、融合，可激发创新灵感，推进企业创新活动的实施与开展。我们认为，企业知识共享与创新人才素质提升的循环关系为：知识共享—人才素质提升—知识创新—知识共享再循环。

有效的知识共享可加强员工之间的交流，促进知识的挖掘和研究，进而改善员工的知识结构，提升员工的知识素养与学习、吸收能力；提高企业员工之间的协作意识，提升个人创新品格，有利于企业开展创新活动。员工创新导致知识创新，而新的知识则在知识共享体系中进一步传播，形成又一轮的知识共享。

创新人才素质提升的内涵包括培养思维意识、改善知识结构与学习能力提高、提升创新品格。企业创新人才素质提升的路径为：首先，培养员工的创新思维和团队合作意识，促进思维意识的转变，为人才素质提升奠定基础。其次，改善员工的知识结构，提高自我学习能力，使其知识结构更为合理、素质能力得到提升，推动企业创新活动开展。最后，提升员工的创新品格和实际创新能力，使其拥有企业家战略思维，具备应用实践能力（见图 5-4）。

三、提升战略性新兴产业高端化创新人才素质的对策建议

(一) 强化员工知识共享的内在动机

员工进行知识共享的动机主要来自于个体内在，即自我的学习与成长、成就感等。首先，企业应通过正式和非正式的沟通使员工认同知识共享。知识共享不仅能够促进知识传递与交流，促进企业活动的有效开展，更关系到员工个人的发展。其次，企业应把更多的关注点投放在员工未来的职业发展上，而不是局限于员工工作岗位上，实现企业与员工共同发展，帮助员工实现自我价值，这样员工才会表现出较高的忠诚度和归属感，愿意与组织和他人共享自己的知识。最后，

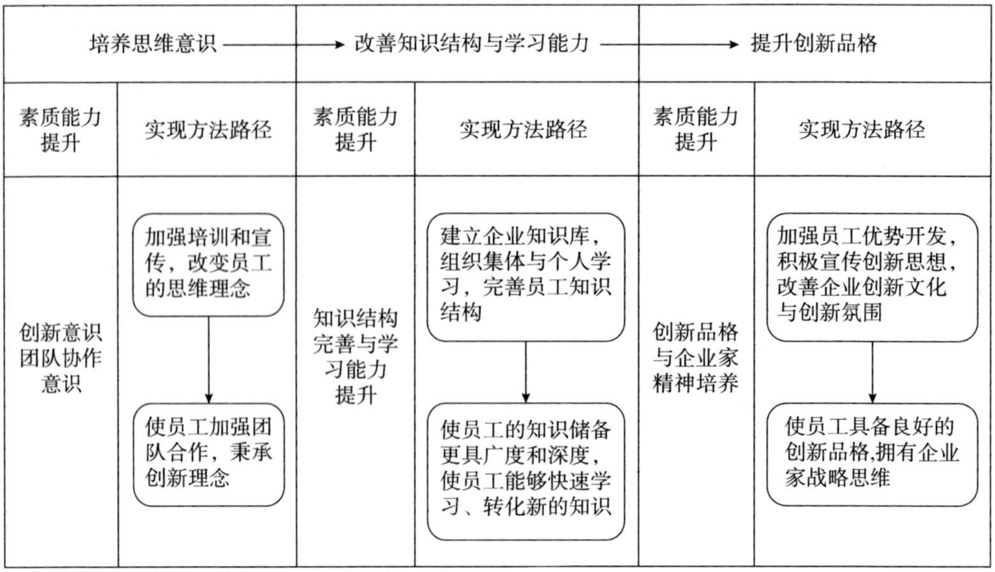

图 5-4 企业人才素质提升路径

资料来源：笔者根据相关资料整理。

企业应强化员工的自我效能和结果动机，帮助员工增强完成工作任务的信心，相信自身能够利用所拥有的技能去完成任务。当人们认识到个人的行为能够给自身和他人带来好的结果时，往往会产生更大的动力。

（二）营造有利于知识共享的氛围

第一，企业要营造知识共享的企业文化。良好的企业氛围具有强大的驱动力，推动员工进行知识共享。在鼓励创新和对失败宽容的文化氛围中，员工更愿意共享知识。从系统理论来看，推进企业知识共享除了最大限度地挖掘个人潜力外，还必须营造有利于知识共享的文化氛围。DeLong Fahey（2000）认为学习型、创新型的组织文化与良好的组织氛围有助于员工间、团队间的知识共享。员工之间信任、支持、尊重、合作的环境和氛围对于组织和员工的心理构建同样十分重要。员工之间相互信任能促进知识的交换、理解、吸收和利用，降低知识共享成本。良好的组织氛围一方面可提高知识共享的可能性，另一方面则能强化知识共享的效果。第二，企业应建设内部公平机制，营造公平的氛围。公平的、创新的、有归属感的组织能够最大限度地激发员工的内在动机进行知识共享，公平会增强员工的执行意愿，减少逃避行为。如果企业缺乏公平氛围，员工的内在动机会受到严重打击。第三，企业应塑造有利于创新活动开展的创新文化氛围，鼓励员工积极创新，形成创新思维。员工的创新活动若没有成功，组织要予以包容，与员工一同总结经验，这样的企业氛围中能够更好地提升人才的创新品格。

（三）完善知识共享的组织支持

一方面，建立基于新媒体企业知识共享平台。企业可以委派专门的信息管理人员，利用微博等新媒体平台，收集、整理分散的知识，通过超链接衔接企业新媒体和企业知识库，使新媒体平台成为企业员工分享知识的场所，构建基于新媒体的知识共享模式，进而带动企业知识共享。充分发挥群体关系的网络作用，增强员工之间的信任感，利用新媒体实时通信的特性实现知识资源的主动推送、多向流动促进员工进行知识交流与分享。另一方面，建立科学合理的企业知识共享激励与约束机制。企业应该把知识共享者的共享行为与绩效考核相联系，制定考核目标和考核标准，设置以强调内在激励为主要方面的奖励机制，采用多种激励方式，实现激励方式多元化。对不同的员工应采取不同的激励方式，激励应与需要相匹配，使其更具有针对性。例如，可以培训、深造等奖励满足对物质经济回报不敏感的员工的需求，使其保持知识共享的热情。与激励制度对应的便是惩罚机制。惩罚机制主要是针对性质恶劣且影响到组织发展的具有隐藏知识行为的员工的淘汰制度，对员工产生一个负强化的作用。

（四）实现多元化的创新人才培养与激励实践

在提高企业知识的共享水平时，创新人才的素质能力也得到有效提升，而人才素质的发展又能动地反作用于知识共享，两者相互作用相互促进。我们应该实现多元化的创新人才培养，加强培养力度，改进不合理的、无效果的培养模式和结构。一是企业应做好顶层设计，变管理为服务，加强过程监控和动态指导，推动人才培养质量稳步提升，促进人才个性合理发展。二是企业要使员工形成开放性思维，构建多元化、富有弹性和选择性的人才培养模式，用现代科学技术体系培养员工，把系统科学的最新成果教授给员工。三是企业应注意理论与实践相结合，加强企业与高校的合作，使员工逐步建立健全创新人才的品质素养、知识结构和能力架构。

四、总结

现代企业已经充分意识到知识对于企业创新、经营与发展的重要性，鼓励员工积极地开展知识交流活动。管理者在企业知识分享活动中发挥了积极的带头作用，其行为具有放大的乘数效应。企业在组织硬件设施上还存在明显不足，导致有些员工不愿进行知识共享，害怕知识共享使自己的利益受损、自身共享的知识遭到他人的质疑。知识共享活动越频繁，越有利于创新人才素质能力提升。企业员工进行知识共享的动机主要是自我的学习与成长、成就感、人际互惠、赞誉，而不是追求直接的经济回报。知识共享需要外在机制的推动，需要完善的组织结构、激励制度助力。有效的知识共享能加强员工之间的交流，提升员工的知识素养与学习、吸收能力，有利于开展创新工作。员工创新导致知识创新，新的知识在知识共享体系中进一步传播，形成了又一轮的知识共享。

第六章 国内推进战略性新兴产业高端化的主要做法与举措

我国战略性新兴产业发展迅速，特别是“十三五”规划以来，各省市根据自身战略性新兴产业的实际发展情况，制定了科学的发展思路和措施，战略性新兴产业增速持续快于总体经济增速水平。我们考察了北京、上海、广东等省市发展战略性新兴产业的主要做法，并进行了总结。

第一节　北京推进战略性新兴产业高端化的主要做法与举措

一、北京战略性新兴产业发展现状

（一）产业领域广泛，定位较高

北京市重点培育和发展新一代信息技术、生物、节能环保、新材料、新能源汽车、新能源、航空航天、高端装备制造等战略性产业。

北京市在2014年被中央定位为全国科技创新中心，这既是中央提出的创新驱动发展战略的重要部署，同时也是北京发展转型的必由之路。在发展战略性新兴产业方面，新兴信息技术、生物医药产业、高端装备制造业及新能源汽车等一直都是北京重点发展的产业。

（二）产业发展迅速，利润稳步增长

北京市高新技术产业进入迅速发展期，主营业务收入和出口交货值得到较大幅度的增加，利润和利税稳步增长，逐步形成“三级载体支撑、四区一带布局”的产业发展格局；明确了以重点产业园区为主要载体，优化园区服务功能，促进产业向园区集聚、向新城集中的发展趋势；明确打造四大重点产业功能区：北部国家战略性新兴产业策源地、南部高端制造业和战略性新兴产业发展新区、东部制造业与服务业融合发展示范区和西部传统工业转型升级示范区，重点发展生态涵养区和绿色产业发展带。2000~2006 年，包括生物医药、航空航天、电子及通信设备制造等产业在内的北京市高新技术产业年均主营业务收入的增长率为 22. 49%，2006~2011 年年均主营业务收入的增长率为 10. 75%。

（三）产业发展环境良好，保障措施完善

《北京市人民政府关于进一步促进科技成果转化和产业化的指导意见》《北京市关于加快培育和发展战略性新兴产业的实施意见》《北京市战略性新兴产业科技成果转化基地认定管理办法》等，为战略性新兴产业发展提供制度保障。通过启动专项资金，重点支持战略性新兴产业的共性技术研发及产业化、创新能力建设、基地建设，项目准入退出机制和战略性新产业统计监测制度得以建立，一批战略性新兴产业领域内的科技成果转化基地得到建设，战略性新兴产业集聚发展的态势逐渐形成。对资金、人力、土地等资源的统筹，为科技创新成果转化、重大项目建设、重点示范应用工程顺利实施提供了保障。

二、北京推进战略性新兴产业高端化的主要做法

（一）打造战略性新兴产业高端化发展政策环境

第一，制定政策，鼓励战略性新兴产业转型升级。2018 年的北京市政府工作报告将“加快构建高精尖经济结构”摆放在突出位置。报告明确提出，“要全力推进全国科技创新中心建设，加快构建高精尖经济结构，充分发挥中关村示范

区引领支撑作用，对标国际一流构建高精尖经济结构”。

第二，加大战略性新兴产业发展的政策支持力度。早在2011年，北京市人民政府就发布了《关于印发北京市加快培育和发展战略性新兴产业实施意见的通知》提出要完善财税政策配套。推进财政资金支持方式的机制创新。贯彻落实中关村国家自主创新示范区“1+6”系列政策中税收、科研经费、股权激励等方面的先行先试政策，制定完善实施细则，落实国家支持战略性新兴产业发展的财政政策，在本市500亿元重大科技成果转化和产业项目资金中统筹安排200亿元资金，重点支持战略性新兴产业的共性技术研发及产业化、创新能力建设、基地建设、示范应用等。

（二）推进战略性新兴产业结构升级

北京提出加快培育和发展战略性新兴产业是推动本市率先形成创新驱动发展格局的重要引擎，针对产业结构调整的“有进有退”，用什么弥补产业退出后的“留白”，让战略性新兴产业“挑大梁”，规模、效益两不误。北京市在坚决淘汰高污染、高消耗产业的同时，立足科技产业基础，按照“创新驱动、高端发展、重点跨越、引领示范”的发展方向，构建“以新一代信息技术为引擎，以生物、节能环保、新材料、新能源汽车为突破，以新能源、航空航天、高端装备制造为先导”的战略性新兴产业格局，深度推进产业结构优化升级，填补了“GDP空洞”，推动首都经济运行迈上稳增长、重质量的新航程。

（三）优化京津冀新兴产业空间布局

北京通过优化京津冀区域战略性新兴产业布局，推进战略性新兴产业集约、高效、协调、绿色发展，推动京津冀协同发展，促进世界级城市群建设，为战略性新兴产业的高端化发展创造良好的城市环境。京津冀三地也分别在地方“十三五”规划纲要中明确提出“大力发展战略性新兴产业，推动传统产业优化升级”，发挥京津冀区域战略性新兴产业在产业优化升级整体规划中的重要战略地位。《京津冀协同发展规划纲要》提出构建“一核、双城、三轴、四区、多节点”的网络型空间格局，京津、京保石、京唐秦“三轴”所指向的廊坊、保定、唐山、石家庄、秦皇岛、邢台等节点城市是产业转移重要承接地。河北省以横向功能区加纵向产业清单的模式承接非首都核心功能疏解，在功能区划分上，秦唐沧沿海地区侧重于重化工业、装备制造业承接；廊保地区侧重于新能源、装备制造以及电子信息产业承接。优化京津冀区域战略性新兴产业布局，产业创新资源、经济要素势必向重要节点城市聚集。

（四）加强多层次资本市场建设，助力产业高端化发展

北京市逐步尝试以建立多级别、多层次的区域资本市场的方式，进一步细分上市条件，充分考虑不同类型、规模和实力的创新型中小企业的实际状况，在财务标准适度下调的情况下提高对公司治理结构的要求。建立多层次资本市场，不仅可以为投资提供更完善的准入与退出机制，而且更能激发投资机构支撑战略性新兴产业发展的积极性。

第二节 上海推进战略性新兴产业高端化的主要做法与举措

一、上海战略性新兴产业发展现状

（一）产业领域广泛

上海市确定新一代信息技术、高端装备制造、生物、新能源、新材料为五大主导产业，节能环保、新能源汽车为两大先导产业。聚焦发展极大规模集成电路、民用航空、云计算、物联网、下一代网络（互联网、通信网、广电网）、新型显示、智能电网、新能源高端装备、智能制造、新能源汽车与汽车电子、卫星导航、生物医药与医疗器械、电子商务与新型贸易现代化、新兴产业技术创新、高技术服务业等重点领域。

（二）产业发展迅速

2000~2010 年为上海市高新技术产业的迅速增长期，主营业务收入、出口交

货值增长显著。其中，2000~2006 年主营业务收入的年均增长率为 56.25%、出口交货值的年均增长率达 127.1%，2006~2011 年主营业务收入的年均增长率为 14.83%、出口交货值的年均增长率为 16.58%；2011 年，上海市高新技术产业进入平稳增长期，各类指标数据稳中有降，2011~2014 年主营业务收入的年均增长率为-0.93%，出口交货值的年均增长率为-3.33%。高新技术产业的发展态势对应了产业发展周期，与上海市经济增长方式的转变及产业结构的优化升级密切相关。依托对经济增长贡献很大的电子信息制造业、汽车制造业、石油化工及精细化工制造业、精品钢材制造业、成套设备制造业、生物医药制造业六大支柱产业，围绕战略性新兴产业发展和先进制造业改造提升，通过实施一批重大专项工程，设立上海市创业投资引导基金，与国家发展和改革委员会、财政部共同设立新能源、集成电路、生物医药、新材料、软件和信息服务业等高新技术产业化创业投资基金，对战略性新兴产业进行专门支持，加大战略性新兴产业的投资和技术改造力度。

二、上海推进战略性新兴产业高端化的主要做法

（一）建设具有全球影响力的科创中心

要积极发挥战略性新兴产业的引领作用，为科技创新提供良好服务则是下一步的重点。基于此，上海着力打造以现代服务业为主体、战略性新兴产业为引领、先进制造业为支撑的现代产业体系。上海市在加快建设具有全球影响力的科创中心进程中，对标国际克难奋进，在夯实基础、先行先试、支撑发展上下了功夫。张江综合性国家科学中心重大装置项目——“硬 X 射线自由电子激光装置”获批启动。作为国家重大科技基础设施建设“十三五”规划优先布局的项目，该装置是国内目前投资较大的重大科技基础设施项目。应勇在出席上海市第十五届人民代表大会第一次会议政府记者招待会时介绍，张江综合性国家科学中心是我国未来科技创新的新高地，也是上海建设具有全球影响力科技创新中心的核心内容。2018 年上海开工建设硬 X 射线自由电子激光装置，同时加快推进上海光源二期、超强超短激光、软 X 射线自由电子激光装置、活细胞成像平台、转化医学设施等项目。

（二）出台鼓励性政策，促进战略性新兴产业企业先行先试

2017年以来上海通过出台政策，力争把上海建设成为战略性新兴产业先行先试的“沃土”，国务院授权的10个方面的先行先试改革举措，有8个已落地或取得重要进展，其中外籍人才工作居留向永久居留转换制度已向全国推广。实施两批22条海外人才出入境试点政策后，申请永久居留的外籍高层次人才增加约8倍。在中国（上海）自由贸易试验区建设上，100多项制度创新成果在全国复制推广，新设企业5.2万家，超过自由贸易试验区成立前20多年的总和。改革开放40多年来，上海全社会研发经费支出占全市生产总值的比例从0.5%提高到超过4%以上，C919大型客机、蛟龙号载人潜水器、墨子号量子卫星等重大科技成果相继问世。上海近年来出台的鼓励性政策如表6-1所示。

表6-1 上海近年来出台的政策

日期	规划或政策名称	主要目标
2017年11月	《关于本市推动新一代人工智能发展的实施意见》	制定人工智能发展目标
2017年12月	《上海市人工智能创新发展专项支持实施细则》	推进上海市人工智能产业的发展，加快人工智能产品市场推广和应用
2018年9月	《关于加快推进人工智能高质量发展的实施办法》	包含22条人才建设、数据开放与应用、产业协同、产业布局、政府引导及投融资服务的政策支持
2019年9月	《关于建设人工智能上海高地构建一流创新生态的行动方案（2019~2021年）》	集聚优势创新资源，聚焦开展专项行动，到2021年，全力打响上海人工智能“一流创新生态”标志性品牌。此外，该行动方案还提出多项任务，大力推进上海市人工智能产业发展

资料来源：笔者根据相关资料整理。

同时，还通过先行先试上海股权托管交易中心设立科技创新专门板块，允许从事科技研发的民办非企业单位登记开办时其国有资产份额突破合法总财产的1/3，大大激发了民办非企业单位从事科技研发工作的热情。上海市政府为支持软件产业发展对其产业规划及布局给予了引导，同时还提供了税收、财政等优惠

政策，如财政部门每年提供 2 亿元的专项发展基金。

（三）注重长三角区域协同发展

上海利用长三角各省市的资源禀赋、人才资源、区位优势等要素，以资源共享、合作开发、优势互补、利益分享的合作共赢新模式，加强两省一市部门间的战略性新兴产业合作，开展重大领域的集体攻关，推动长三角战略性新兴产业的协同发展。这不仅有利于避免长三角区域的产业同构，而且有利于增强长三角战略性新兴产业的整体竞争力以及抵御市场风险的能力，促进长三角战略性新兴产业生产率的提升，提高产业的增长质量。

构建区域价值链和创新链，攀登全球价值链高端。在国外跨国公司主导的全球治理模式下，呈现低端化发展趋势的长三角战略性新兴产业容易被限制在全球价值链的低端。而自主创新推动和国内需求拉动是本土企业攀升全球价值网络的两条典型路径。因此，为了摆脱全球价值链低端锁定的魔咒，长三角战略性新兴产业依托中国庞大的内需市场，利用长三角各地区的比较优势，一方面先构建立足长三角的区域价值链，再扩展到国内价值链，最后嵌入全球价值链中；另一方面整合长三角战略性新兴产业的研发创新资源，吸收国外优质创新资源为我所用，同时把技术能力升级纳入全球价值链、全球创新链与国家创新体系中。

（四）打造世界先进制造业集群和产业体系

从高新技术产业化到发展战略性新兴产业，上海在中高端升级中迈出坚实步伐：在打造产业体系中推动新兴产业扩容增效；超前布局未来前沿产业，在生命健康、人工智能、量子通信、空天海洋等领域加强布局；加快战略性新兴产业集群建设，聚焦发展新一代信息技术、智能制造装备、集成电路、生物医药与高端医疗器械、新能源与智能网联汽车、北斗导航、航空航天、新材料、节能环保等产业，推动产业链、创新链、价值链升级，集聚一批具有技术引领性、价值链控制力强、高智能化等特征的先进制造业，形成若干具有世界级影响力的产业集群；重点淘汰高能耗、高污染、高风险企业，以及劳动密集型、低端加工型、低效用型的一般制造企业，改造提升传统优势产业，加快推动汽车、船舶、钢铁、化工等产业技术改造，提升核心竞争力。

（五）大力培育和引进培养战略性新兴产业高端人才

上海为落实人才强国战略和创新驱动发展战略，聚焦建设具有全球影响力的科技创新中心、“四个中心”和社会主义现代化国际大都市，制定《上海市中长期人才发展规划纲要（2010-2020年）》，2016年9月15日中共上海市委办公厅、上海市人民政府办公厅公开印发《上海市人才发展“十三五”规划》。上海集聚培育一批高层次人才，不断提升人才国际竞争力，有效发挥市场配置人才资源的决定性作用，在战略性新兴产业领域创造更多的就业机会，持续优化人才综合发展环境。2019年，上海全年新增就业岗位50万个，其中战略性新兴产业不低于15万个。上海提出，将聚焦集成电路、生物医药、人工智能等重点领域和张江综合性国家科学中心自贸试验区及其新片区，长三角一体化示范区，临港、虹桥商务区等重点区域，大力引进高端人才和关键人才。在社会保障方面，制定实施了2019年各类养老人员养老金调整办法。

（六）重视战略性新兴产业的实际应用

上海抢抓新一代人工智能发展的重大机遇，实施智能上海行动，在生产经营、健康管理、食品安全等领域推进一批应用示范项目，让人工智能更广泛、更深入地走进企业、走入家庭、走向社会。在多数上海市人大代表看来，人工智能未来的商机就藏在实体经济的数字化和智能化转型中。目前人工智能在工业领域的应用才刚刚开始，未来的发力重点也将集中在数字化和物联网的基础领域。上海市人大代表、上海汽车集团规划部总经理潘吉明表示，实现智能制造的基础是数字化。只有完成了数字化转型，才能利用互联网技术对大量数据进行集中处理，并运用人工智能来提高小批量、多品种产品的大规模生产管理的智能化水平。而实现所有生产环节信息的数字化并接入互联网正是企业目前要克服的困难。人工智能的应用前提是要有大量数据沉淀，有大数据聚集的地方，就容易产生人工智能的应用场景。

（七）培育战略性新兴产业企业的架构创新和系统集成能力

在知识产权服务体系建设方面，上海深化“放管服”改革。中国（浦东）

知识产权保护中心的服务范围拓展至新一代信息技术产业领域，专利预审总量突破千件，获得授权 300 多件。在全市增设知识产权受理和服务窗口，接入“一网通办”平台，实现知识产权行政审批时限减少 66%。在各区设立版权工作站，提供版权登记、咨询培训、纠纷调解等服务。首次将知识产权数据纳入上海经济社会发展综合数据平台。同时，不断推动知识产权服务机构发展、知识产权与品牌发展加速融合。2019 年，上海专利申请量和授权量分别为 17. 36 万件和 10. 06 万件，其中发明专利申请量和授权量各为 7. 14 万件和 2. 27 万件；有效发明专利拥有量 12. 98 万件，同比增长 12. 88%，每万人口发明专利拥有量达 53. 54 件，居全国省（区、市）第 2 位。

第三节　广东推进战略性新兴产业高端化的主要做法与举措

一、广东战略性新兴产业发展现状

（一）战略性新兴产业发展规模不断扩大

“十二五”期间，广东省战略性新兴产业年均增速超过 12%；以战略性新兴产业为主的高技术制造业增加值从 2010 年的 4850. 59 亿元增加到 8172. 2 亿元，年均增速达 11%，比规模以上工业增速高 3. 5 个百分点，占规模以上工业增加值比重从 20. 6%上升到 27%。《广东省战略性新兴产业发展“十三五”规划》提出到 2020 年，战略性新兴产业增加值占 GDP 的比重达到 16%，高技术制造业增加值占规模以上工业的比重达 30%以上，战略性新兴产业在经济社会发展中的地位更加突出；力争到 2020 年，新一代信息技术产业产值规模突破 3 万亿元，形成生物、高端装备制造、绿色低碳、数字创意等 3 万~4 万亿元级支柱产业，成为全球战略性新兴产业的重要集聚区。目前，广东新材料、新能源、医药、健康等新兴行业，涌现出一批具有核心竞争力的创新型企业；低端产业比重下降，高端产业比重上升，高端产业面临难得的发展机遇，战略性新兴产业的加速发展将成为广东经济保持中高速增长的主要动力之一。

（二）战略性新兴产业突出集群化发展

广东省十大战略性支柱产业集群主要包括新一代电子信息产业集群、绿色石化产业集群、智能家电产业集群等。2019 年，这些产业集群的营业收入合计 15 万亿元，具有坚实的发展基础和增长趋势，是广东经济的重要基础和支撑。十大战略性新兴产业集群瞄准智能化、数字化等方向，形成半导体与集成电路产业集群、高端装备制造产业集群等，产业高端化更加明显。2019 年，这些产业集群的营业收入合计 1.5 万亿元，集聚效应初步显现，增长潜力巨大。2019 年上述两者合计，广东战略性产业集群全部营收 16.5 万亿元，是广东经济的重要支撑。

（三）战略性新兴产业标准体系建设加快

2011 年以来，原广东省质量技术监督局联合省发展和改革委员会、省经济和信息化委员会、省科学技术厅，按照“建成广东先进标准体系，提升产业竞争力和自主创新能力”的工作目标，委托省标准化研究院、广州市标准化研究院和深圳市标准技术研究院组织编制，在全国率先发布了高端新型电子信息、电动汽车和 LED 照明三大战略性新兴产业标准体系规划与路线图。目前，广东省共批准发布了三大战略性新兴产业急需建立的省地方标准 188 项（其中高端新型电子信息 48 项、电动汽车 74 项、LED 照明 66 项），联盟标准 124 项（其中高端新型电子信息 20 项、电动汽车 69 项、LED 照明 35 项），较好解决了重点领域标准缺失难题，并将核心专利技术及时转化为标准，推动产业快速健康发展并实现质量提升。加快培育和发展战略性新兴产业的重要部署，促进了广东省战略性新兴产业的健康有序发展，加快了广东省战略性新兴产业的标准体系建设。

（四）战略性新兴产业创新能力日益加强

在区域创新方面，广东省区域创新能力综合排名连续 6 年位居全国第二，全省研究与试验发展经费支出占生产总值的比重从 2010 年的 1.76%上升到 2015 年的 2.50%；战略性新兴产业领域的专利授权量位居全国前列，其中高端新型电子信息、新能源汽车、半导体照明、节能环保等领域的专利授权量居全国首位。广东省抓住推进全面创新改革试验和建设珠三角国家自主创新示范区的契机，依托广州和深圳创新资源集聚、科技金融活跃、产业基础扎实等优势，加快要素资源集聚，充分发挥中心城市对全省战略性新兴产业发展的引领作用，支持创新资源富集的城市形成以扩散知识技术为主要特征的新兴产业策源地，增强新兴产业自主发展能力。

二、广东推进战略性新兴产业高端化的主要做法

（一）出台政策、成立专门领导小组

广东省委、省政府高度重视战略性新兴产业发展，2010 年成立了省促进战略性新兴产业发展领导小组，2011 年出台《关于贯彻落实国务院部署加快培育和发展战略性新兴产业的意见》，从广东省实际情况出发，确定了广东省八大战略性新兴产业：高端装备制造产业、高端新型电子信息产业、LED 产业、节能环保产业、生物产业、新能源汽车、新能源产业和新材料产业。2020 年 5 月 20 日，《广东省人民政府关于培育发展战略性支柱产业集群和战略性新兴产业集群的意见》指出要瞄准国际先进水平落实“强核”“立柱”“强链”“优化布局”“品质”“培土”六大工程，培育若干具有全球竞争力的产业集群，打造产业高质量发展典范，为战略性产业集群发展绘出“路线图”，明确十大战略性支柱产业集群分别为新一代电子信息产业集群、绿色石化产业集群、智能家电产业集群、汽车产业集群、先进材料产业集群、现代轻工纺织产业集群、软件与信息服务产业集群、超高清视频显示产业集群、生物医药与健康产业集群、现代农业占食品产业集群。

（二）注重项目建设，充分发挥重大项目对产业发展的带动作用

广东省以战略性新兴产业 100 强项目为基础，继续推进建设一批产业特色明显、产业链比较完善、辐射带动作用强的战略性新兴产业基地和高技术产业基地，培育一批拥有关键核心技术、创新能力强、具有国际竞争力的骨干企业，集聚一批可形成产业链或产业集群的配套项目；围绕战略性新兴产业重点发展领域，加强项目谋划，积极吸引大型央企、知名企业和世界 500 强企业在

广东投资建设战略性新兴产业项目；进一步加大对战略性新兴产业基地建设的支持力度，以骨干企业、重大项目及创新平台和公共服务平台为载体，通过规划引导、财政金融支持、市场培育、产业组织、公共服务平台建设等手段加大产业基地的优化整合力度，充分发挥产业基地对吸引优质项目落户广东的集聚作用。

（三）注重金融创新，充分发挥金融对产业发展的支撑作用

首先，充分发挥广东省促进战略性新兴产业发展政银企合作专项资金的引导作用，促进银行加大对战略性新兴产业的信贷支持力度；其次，充分发挥广东省促进战略性新兴产业发展引导资金的作用，启动实施省战略性新兴产业创业投资计划，积极引导民间资本投向战略性新兴产业；再次，深入开展区域集优票据等低成本融资模式的创新试点工作，不断创新金融支持模式；最后，探索发展知识产权质押、融资担保等模式，完善融资担保体系，努力拓宽广东省战略性新兴产业发展的融资渠道。

广东省设立战略性新兴产业基金支持战略性新兴产业的发展。其一，政府创业投资引导基金。政府创业投资引导基金可以用小资金撬动大的社会资本，使资金投入需要发展的领域。政府引导基金可采用参股子基金、阶段参股的方式与其他社会资本共同投资于新兴产业；或者采用共同投资或跟进投资的方式与产业资本结合，对科技企业进行股权投资。其二，战略性新兴产业创业发展基金。政府财政定期安排一部分资金投入创业发展基金，用于鼓励和扶持自主创业。其三，科技风险基金。该基金是一项政策性风险基金，专门用于战略性新兴产业的技术创新活动，重点支持具有自主产权、发展潜力但商业资金不进入，需要公共资金支持的中小企业，有资金投入、拨款资助和贷款贴息等使用方式。发展科技风险基金有利于推动科技知识产业化、培育高科技企业以及促进产业结构转型升级。其四，中小企业互助基金。广东省政府鼓励和发展中小企业互助基金。互助基金就是由会员中小企业共同出资设立，在会员资金不足时给予流动性支持的基金。其五，科技企业贷款担保基金。由于科技企业发展初期的信用等级低、担保方式少但资金需求大，广东省政府应该鼓励发展科技企业贷款担保基金。该类基金的资金来源于财政拨付和会员企业的出资。发展该类基金可以为会员企业的银行信贷提供担保，从而使企业更易获得融资支持。

（四）注重分类指导，充分发挥政策对产业发展的激励和引导作用

广东省加强分类指导，给予分类扶持，推动战略性新兴产业协同发展。首先，对需要加快做强的产业，着重通过加强关键共性技术攻关和自主品牌培育，形成自主技术、自主产品和自主品牌，提升产业竞争力。其次，对需要加快做大的产业，注重市场拓展，以扩大市场需求、壮大产业规模。如对生物医药产业，抓住医药卫生体制改革的契机，积极支持创新药物进入医保目录，抓住国际上专利药品保护期到期的机遇，积极发展仿制药；对高端装备制造业，加快重大项目建设，建立国产设备使用风险补偿机制和采取首台（套）采购补助等办法开拓市场；对节能环保产业，引导其尽快实现从被动满足保护生态环境需要，到主动形成规模化发展的观念转变。最后，对需要加快培育的产业，采用技术突破和市场培育并举的方式进行扶持。

（五）发展完善企业孵化器

广东省政府鼓励企业孵化器的建设，为新生企业提供了一个低成本的成长环境。孵化器不仅为小微企业提供办公空间、通信设备和办公设施等硬件，同时也提供法律援助、种子资金、融资对接和技术支持等服务，为发展初期的企业提供了一个低成本的成长机会。孵化器可以精心培养高科技小微企业，使其成活率大大增加。在大众创业、万众创新的时代，配备具有完善融资体系的孵化器可以有效地孵化出优质企业。孵化器在企业的初创期给予其政策、硬件和资金支持，为战略性新兴产业源源不断地提供优质企业。在经济新常态背景下，广东省政府通过积极推动孵化器建设，为创业者提供方便，以此加速战略性新兴产业的发展。

（六）建立和完善战略新兴产业园区

建立战略性新兴产业园区，有利于发挥产业集群效应和规模效应，产业园区内各个企业的快速发展将关联带动整个产业的蓬勃发展。广东省加大投入建设高科技型和知识密集型的产业园和战略性新兴产业园区；通过招商引资吸引了 批国内外先进企业进驻，通过和高校、科研机构合作促进产学研融合；构建完善的融资体系，有效及时地为优质企业提供融资支持。广州有广州经济技术开发区、

高新技术产业开发区、中新广州知识城、大学城健康产业产学研孵化基地、国家现代服务业集成电路设计产业化基地、广州新能源客车产业基地等战略性新兴产业园区。这些园区的建设对推动广东省战略性新兴产业的快速发展具有重要的引领带动作用。

第七章 战略性新兴产业高端化的国际经验与做法

战略性新兴产业的高端化代表新一轮科技革命和产业变革的方向，是培育高质量发展新动能、赢得未来竞争新优势的关键领域。近年来，美国、德国、日本等主要发达国家竞相出台战略性新兴产业高端化发展政策，持续加大扶持力度，加快布局战略性新兴产业，加快前沿技术研究，重点突破，积极促进跨学科、跨行业的交叉融合，力图抢占战略性新兴产业发展先机。它们在量子通信、信息技术、粒子加速等前沿技术领域不断取得新突破，相关基础研究领域也涌现出了一大批新成果，取得了新突破，有效推动了产业发展，为我们提供了丰富的政策案例和宝贵的发展经验。

第一节 美国推进战略性新兴产业高端化的主要经验与做法

美国作为世界重要的超级大国，为保持经济技术实力的全球领先地位，一直大力推动各类高新技术产业的发展。20 世纪 80 年代，日本、欧洲等国家和地区迅速崛起，美国为保持并提升其综合竞争力，选定微电子、新能源、新材料等一批发展潜力大的产业加以重点扶植。2008 年全球金融危机爆发以来，为尽快摆脱经济发展的困境，美国政府不断加大对包括信息技术、航空航天、生物工程与节能环保等领域在内的新兴产业的扶持力度，运用多种政策手段促进相关产业快速发展，取得了很好的效果，值得总结和学习借鉴。

一、美国战略性新兴产业发展现状

（一）整体实力强，发展质量好

2018年，美国战略性新兴领军企业的营收规模达3.72万亿美元，净利润为4239亿美元，净利润率为11.4%，总资产规模为6.45万亿美元，全年企业纳税额高达1180亿美元。从领域分布看，美国战略性新兴领军企业的领域分布比较均匀，除新一代信息技术产业外，高端装备制造产业、生物产业也有25家左右。另外，这些企业中从事制造业（除服务业外的企业）的有95家，数量占比为82.6%。从品牌影响力看，在2018年财富世界500强的榜单中，美国战略性新兴领军企业有39家上榜，是我国上榜企业数的2倍多；在福布斯2018年全球最具价值品牌100强的排行榜中，美国企业多达18家，我国则仅有华为1家企业上榜。

（二）技术实力强，创新能力足

美国的产业发展基础强、对科技创新支撑力度大，在电子信息、高端装备制造、生物医药等战略性新兴产业领域研发投入多、技术优势明显。2018年，美国战略性新兴领军企业的研发总费用为2362亿美元，平均研发强度达10.9%。其中，新一代信息技术产业的研发投入最大，超过1.5万亿美元；生物产业的研发强度最高，超过16%；数字创意和新能源汽车领域的研发强度均超过了10%。同时，美国战略性新兴领军企业的海外业务占比约为42.1%，全球化应用体系发展成熟，产品和服务具备快速迭代的发展环境。美国新能源汽车的开发和应用是基于降低石油依赖、确保能源安全的战略需求。其新能源汽车技术研发和政策支持研究开始较早，技术水平和政策体系建设水平均处于领先地位。在生物医疗技术领域，2018年美国癌症免疫治疗研究取得新突破，推出目前最为综合的癌症基因组图谱，为提高癌症疗法的疗效和研发新药提供了路线图，对抗癌药物的研发具有重要意义。

（三）集聚特征突出，产业生态完善

美国战略性新兴领军企业分布在33个州及华盛顿特区，包括“锈带”地区的部分州，覆盖率高达66.7%。其中，拥有企业数量最多的为加利福尼亚州，共24家，包括20家新一代信息技术企业；涉及领域最多的为得克萨斯州，涵盖新一代信息技术、高端装备制造、节能环保、生物、新材料五个产业。同时，各地区企业产业链的协同效应好，如以“硅谷”为代表的产业集群拥有完备的“产学研用”体系、良好的产业基础和配套设施，聚集了几十家全球IT巨头和数百家中小型高科技公司，业务遍及云、网端以及软硬件等信息技术产业各个环节和领域。

二、美国战略性新兴产业高端化发展方向

（一）重点发展方向

近年来，美国不断出台相关创新战略，推进战略性新兴产业高端化。一是先进制造。美国推出国家制造业创新网络来恢复其在高精尖制造业创新中的领先地位，重新投资供应链创新，支持扩大技术密集型制造业公司等。二是精密医疗。推动基因组学、大型数据集分析和健康信息技术的发展。三是大脑计划。通过基因对大脑进行全方位的认知，协助科学家和医生更好地诊断和治疗神经类疾病。四是先进汽车。在传感器、计算机和数据科学方面进行突破性发展，把车对车通信和尖端自主技术投入商用。五是智慧城市。美国政府从财政预算中拿出3000多万美元用于智慧城市新研究和智慧城市设施部署。六是清洁能源和节能技术。联邦政府决定通过部署和开发清洁能源技术探索气候变化解决方案，进一步提高能源利用率。七是教育技术。为取得教育领域的技术突破，2016年美国投资5000万美元建立教育高级研究计划局。八是太空探索。2016年，美国财政预算12亿美元用于美国宇航局的商业航天计划，7.25亿美元用于美国宇航局的太空技术任务理事会。九是计算机新领域。2015年，美国制定了国家战略性计算机计划，创建和部署前沿计算技术，致力于发展下一代通用技术。

（二）重点发展领域

1. 人工智能

2019 年 2 月 11 日，特朗普签署了一项行政命令，正式启动了“美国人工智能计划”（The American AIInitiative）（以下简称“计划”），旨在集中联邦政府资源发展人工智能，促进美国的繁荣，增强美国的国家和经济安全，并改善美国人民的生活质量。

美国聚焦五大领域推动人工智能技术突破：

一是投资人工智能研究与发展。“计划”指示联邦机构将人工智能投资优先用于研发任务，维持美国在人工智能领域的长期优势。这些投资将稳固美国独特且充满活力的研发生态系统，优先用于可使美国人民直接受益的领域。

二是解除人工智能相关资源束缚。“计划”指示联邦机构面向美国人工智能研发专家、研究人员、行业等加大联邦数据、模型和计算资源的开放力度，提高这些资源对于上述人员的价值，提高公民对人工智能技术的信任度，保护公民隐私。这一举措将推动美国的人工智能研究走向新的技术突破，并促进科学发现、提高经济竞争力和保护国家安全。

三是制定人工智能管理标准。“计划”要求联邦机构建立适用于不同技术类别和行业部门的人工智能开发和使用指南，提升公众对人工智能系统的信任度。该指南将帮助联邦监管机构发展，使人们安全地采用新人工智能技术。“计划”还要求国家标准与技术研究院（NIST）为可靠、稳健、安全、便携、可互操作的人工智能系统制定技术标准。

四是建设人工智能人才队伍。“计划”要求联邦机构优先开设相关奖学金和培训项目，帮助美国劳工获取人工智能相关技能。这一举措将有助于培养美国所需要的人工智能研发人才队伍。

五是打造国际环境并维持美国在人工智能领域的优势。特朗普政府致力于创建支持人工智能研发的国际环境，并为美国的人工智能行业开辟市场，同时确保相关技术开发符合美国的价值和利益。美国联邦机构也将制定和实施一项行动计划，保护美国相对战略竞争对手和敌人的技术优势。

2. 生物医药

美国生物产业的研发实力和发展领先全球，生物药已被广泛应用于癌症、糖尿病及其他慢性疾病的治疗。美国生物医药产业的年销售额约占全球药品市场销售额的50%。在空间布局上，高度集聚的产业集群是美国生物医药产业发展的重要特征。美国已形成马萨诸塞州的波士顿、加利福尼亚州的旧金山和圣地亚哥、北卡罗来纳州、华盛顿—巴尔的摩等生物技术产业集聚区。依托以基础研发为主导的产学研互动模式，以及丰富的风投资源和成熟的资本市场运作机制，美国生物医药领域创新型初创企业不断涌现，为美国生物医药行业的发展注入了强大活力。

据国际知名商业媒体《快公司》（Fast Company）发布的2018年世界最具创新力公司榜单，全球有11家公司入选该榜单的生物医药领域最具创新力企业，美国占据8家，数量优势明显，其中3家还以强劲优势居全行业总榜单的前50位。

对美国生物医药领域的上榜企业进行分析，发现它们拥有不同的创新驱动模式：一是生物技术创新驱动。该类公司的核心业务大都是前沿的生物医药技术研发，如Spark Therapeutics、Biogen等企业利用生物技术对不同疾病进行特异性靶向治疗，Synthego借助密集自动化技术开展RNA的快速合成，OneOme为患者提供个人化的基因测试服务，Ginkgo利用微生物进行香水、食品以及化妆品组分的合成以及酶制剂合成。二是生物信息分析整合驱动。例如，Syapse通过集成来自不同渠道的电子健康记录、实验室报告和DNA测序数据建立数据共享网络。三是新型医疗器械需求驱动。AliveCor和GE Healthcare分别开发了便携式心电图仪KardiaMobile和3D乳腺癌X线检测系统Senographe Pristina。

美国国防部高级研究计划局（DARPA）是负责国防高新技术预研工作的主导机构，其对于颠覆性技术与国家安全的认知框架，以及其主导推进实现的一系列颠覆性技术，对美军形成强大的技术优势具有重大作用。2014年，美国国防部高级研究计划局在认识到生物科技对国防军事可能带来颠覆性改变的前提下，专门成立生物技术办公室（BTO），主要开展生物学、工程学和计算机科学的交叉研究，将生物技术应用于军事防务。近年来，该机构的年度经费始终保持在约30亿美元的水平上，生物技术领域的研究经费总体呈增长趋势：2015年为2.71亿美元，占其年度经费的9.2%；2016年为2.77亿美元，占比9.3%；2017年为2.93亿美元，占比9.8%；2018年为2.77亿美元，占比8.7%。从生物领域经费投入的分布情况来看，美国国防部高级研究计划局更倾向于投资解决实际问题的应用研究领域（占84%）。2014~2018年，生物医学技术（39%）、生物材料与装备（40%）以及基础作业医学（16%）领域的投资始终占据较高的比例，尤其是生物材料与装备领域的投资增幅明显。

三、美国推进战略性新兴产业高端化发展的主要举措

美国在培育新兴产业方面卓有成效，这与其恰当的政策扶持密不可分。其始终坚持创新是经济增长源泉的理念，在经济发展由市场起支配作用的前提下，政府作为经济的参与者与服务者，始终积极引导扶持新兴产业，对高新产业发展和产业创新起到了至关重要的作用。总体来看，其战略性新兴产业的蓬勃发展得益于产业政策的针对性、完备性和连贯性，以及政府对创新不遗余力的支持和创新对产业发展规律的顺应。

（一）政府战略主导创新

2009 年，美国将重振制造业作为重大经济长远发展战略。随后，政府出台《重振美国制造业框架》，详细分析制造业发展的理论基础和优势，并提出了 7870 亿美元的财政投资项目，分别为基础设施、可再生能源、医疗信息、环保等行业的研发提供资助。2010 年，美国又推出《制造业促进法案》决定暂时部分减免制造企业原材料的进口关税。2011 年，美国又正式出台“先进制造伙伴计划”，加快抢占 21 世纪先进制造业的高点。2012 年，美国政府又进一步出台了“先进制造业国家战略”，通过积极的政策，鼓励制造商返回美国。该战略包括两个主要内容：一是传统制造业产业结构的调整和升级，提高竞争力；二是高新技术产业的发展，包括发展先进制造技术和先进的生产技术平台，数据基础设施和其他先进的数字化制造技术等。同年，奥巴马提出了建设“国家制造业创新网络”的设想，决定建立 45 个研究中心，以加强高等学校和生产企业之间的有机结合。2013 年，美国又颁布了《国家制造业创新网络初步设计》，计划投资 10 亿美元形成美国制造业创新网络（NNMI），专注于推动数字制造、新能源和新材料的应用等先进制造产业的创新和发展，建设一批先进制造业集群和创新能力集群。2018 年 3 月，美国颁布了“国家太空战略”，以加强美国在太空竞争力方面的领先优势。2018 年 9 月，美国发布了“国家网络战略”，提出未来将巩固美国在网络空间的利益，并表明美国有意扩大其在网络空间的国际影响力。2018 年 12 月，美国发布了“国家量子法”，全面加速量子技术的发展和应用，并努力确保美国成为量子信息科学的世界领导者。

（二）夯实创新环境政策

一是加大资助力度，推动新兴产业发展。美国政府通过增加公共开支和减免企业税负两大方面刺激相关产业的发展。2009 年颁布的《美国复苏与再投资法案》将新能源产业作为重点发展方向之一，以增加公共开支和减免税负推动开展可再生能源、清洁能源、智能电网等产业项目，包括 130 亿美元用于对可再生能源生产的税收抵免、向清洁煤技术领域投入上百亿美元、计划在未来 15~20 年向潮汐能发电项目投资 1720 亿美元、40 亿美元用于投资智能电网项目等。美国于 2016 年制定了《国家制造业创新网络战略规划》，进一步加大对新材料科技创新的扶持力度。二是引导创新发展，促进创新商品转化。美国政府通过出台一系列政策法案，直接或间接资助技术研发或科研成果的商业化，充分调动企业和研发机构研发新产品、新技术的积极性。例如：1980 年颁布的《拜杜法》鼓励高等学府、研究机构和企业之间开展交流合作，允许高等学府、中小企业和非营利性研究机构拥有政府资助的研究成果和知识产权，并向企业转移研究成果；2000 年的《技术转移商业化法》促进了企业科研开发与吸引科研人才。三是加强政府保障，解决企业后顾之忧。美国政府鼓励风险投资机构对创新型中小企业进行扶持，而研发风险则由政府与企业共担。政府向企业开放合作项目，并资助企业的创新研究。同时，美国政府在市场方面进行政策倾斜，通过优先采购国内最终产品以及放宽出口限制、增加出口补贴等手段保护扶持本国相关产业的发展。此外，美国政府还十分注重对知识产权的保护，要求建立强有力的知识产权体制和平衡的反垄断制度保护创新，进一步健全专利立法，完善专利体系。

例如，在新能源汽车领域。1976 年，福特政府时期，美国即启动了新能源汽车的相关研究工作，并制定了财政补贴的鼓励政策。20 世纪 90 年代中期，美国克林顿政府主导合作开展“新一代汽车伙伴计划”（PNGV），确立了新一代汽车以轻质材料、混合动力和燃料电池为主要技术发展方向。2004 年左右，美国的混合动力汽车进入商业化推广阶段。

2005 年，美国政府出台了能源政策法，根据重量确定不同的减税幅度，支持纯电动汽车发展，同时也鼓励其他新能源汽车的使用。2007 年，美国总统布什签署名为“高科技车辆帛制造激励计划”（ATVMIP）的项目，提供高达 250 亿美元的低息贷款以支持新一代电动汽车的研发生产。2007 年 5 月初，美国调整环保车辆的税收优惠措施，规定消费者购买符合条件的混合动力汽车，可以享受一笔可观的税收抵免优惠。2009 年混合动力汽车销售 29 万辆，约占美国汽车总销量的 2. 8%。2011 年，奥巴马宣布，到 2015 年美国的电动汽车使用数要达到 100 万辆，同时提出 2015 年以后，美国政府机构的公务用车全部采购新能源汽车。

美国新能源汽车快速稳定的发展，一方面是由于美国政府主导联合了电力企业、新能源汽车企业和相关研发机构，充分发挥美国在汽车、机电、电子、通信和材料等行业的优势，并制定具体可行、目标明确、可操作的鼓励政策；另一方面得益于美国对汽车制造商、关键技术研发和消费者，进行税收优惠和财政补贴。美国支持电动汽车研发的资金非常庞大，资助总金额位居世界第一，同时政府发展新能源汽车奉行市场导向政策，其新能源汽车产业扶持模式为典型的“市场带动型”模式，目的是让每个美国家庭都能买得起、用得上新能源汽车，而不仅仅是追求投向市场的新能源汽车数量。此外，美国政府还出台了各项鼓励政策引导民众购买能耗低、排放低、污染低的新能源汽车。

(三) 激活多元产学研合作模式

美国政府通过立法明确了产学研合作中各方的职责和利益分配，形成了完备的法律体系，在此体系下，大学、政府、企业和研究机构各司其职，共同享受科研成果带来的利益。美国的产学研合作模式有很多种，无论是哪一种合作模式，美国政府都通过出台优惠政策支持其发展。法律明确规定了联邦政府机构、企业、大学与非营利研究机构合作的内容，各类贸易法和竞争法的实施使政府和行业的合作关系日益密切，促进了高新技术的研发和技术成果转化。此外，美国注重用“软”服务促进新一轮工业革命，力图通过网络和数据的力量来提高整个产业的价值创造能力。除了美国政府的政策支持，行业联盟也成为美国制造业发展的重要推动力。“工业互联网”于 2012 年首次提出，通用电气牵头美国五个行业的龙头企业联手形成工业互联网联盟（IIC），并致力于推广这个概念。除了通用电气这样的制造业巨头，部分 IT 公司也加入了联盟，包括 IBM、思科和英特尔等。“工业互联网”产业联盟是一个开放系统，致力于发展技术通用，实现不同厂家之间的设备、数据共享。它的目的是开发通用标准，打破技术壁垒，利用互联网技术来激活传统工业的过程，更好地促进物理世界和数字世界的融合发展。

(四) 强化融资平台保障

美国金融市场体系发达，借贷市场、主板市场、风险投资、私人资本市场等构成了完整的资金流通系统。在借贷市场方面，2009 年美国发起了一项总额为 250 亿美元的“高科技车辆制造业激励计划”，为先进的汽车制造商提供无息或低息贷款，支持新能源汽车的发展。在风险投资方面，除了主板市场，美国也有一个成熟的风险资本市场和创业板市场，以及为新兴产业融资的三板市场，这不但为新兴企业发展提供了良好的融资渠道，也为风险投资提供了一种投入新兴产业的方式。美国国家风险投资协会的调查显示，超过 80%的美国风险资本倾向于投资新兴高新技术企业。

(五) 汇聚创新要素集群化发展

集群化是世界各国新兴产业成长的明显趋势，是形成区域经济竞争力，有效提高生产力和经济效益的重要途径。美国通过各类发展计划与政策扶持，以及推动企业、人才、风险投资、特色文化、市场需求等各类要素在区域内的融合，成功发展了众多世界知名的创新集群。如由“钢铁之都”转型为高新技术集群的宾夕法尼亚州匹兹堡城市群、以生物技术为代表的北卡罗来纳州三角研究园区域集群、从“世界橡胶之都”发展成为全球“聚合物谷”的俄亥俄州阿克伦城市群等。硅谷是集群发展和创新的典范：在人才方面，区域内有著名的斯坦福大学、加州大学伯克利分校、圣克拉拉大学等世界一流大学和一批优秀的研究机构。在资金方面，硅谷是全美风险投资最集中的地区，汇集了全球最大、最多的风投公司，对于高新技术和高利润行业具有敏锐的嗅觉，并拥有成熟的资本运作和企业孵化体系。在文化方面，硅谷具有独特而有魅力的文化氛围，包容性极强并富有冒险精神，创业创新的气氛十分浓厚。

目前，硅谷集群内的产业重心不断演变，从发展初期的晶体管、半导体制造业等行业，到电子信息、计算机、网络技术等高新技术产业，再到如今的“人智移云”化发展。粗略统计，2017 年硅谷地区的 GDP 总和接近 8000 亿美元。

（六）培育新兴中小企业发展

小企业具有适应性强、专业化程度高、服务灵活等优势，在新兴产业发展中占据着重要地位。美国《小企业法》明确规定，小企业每年获取合同的金额应不少于政府采购合同总金额的23%，大企业要将获得的政府采购合同的20%转包给小企业；政府对高新技术中小企业的贷款提供担保，其中贷款在15.5万美元以下的提供90%的担保，并为小企业提供出口信用担保。《小企业投资公司计划》规定政府可以以有限合伙人的身份加入私人管理的中小企业投资公司，起到分担风险和分享收益的作用。小企业创新研究计划重视对小企业技术创新的支持，规定凡联邦部门研发经费超过1亿美元的，必须拿出2.5%用于支持小企业的研发，符合条件的小企业可向小企业管理局申请小企业创新基金资助。

（七）着重弥补技术市场失灵

美国政府运用政策、法规等手段，对新兴产业进行引导和扶持，致力于解决科技创新中的技术市场失灵问题，进而促进战略性新兴产业的发展和繁荣。以生物产业为例：在供给侧，大力支持保护基础研究和新药研发。一方面，美国政府通过设立国立卫生研究院（NIH）运用各种资助方式和研究基金全力支持各生物医药机构的研究工作，2018年NIH的年度经费接近400亿美元。另一方面，颁布了《孤儿药法案》等法规，充分鼓励医药公司研发新药物，令美国涌现出诸多技术实力雄厚的生物医药企业。在需求侧，降低个人医药负担以扩大市场需求。美国卫生保健市场的费用负担以保险公司和政府等第三方机构支付为主，个人支付比例低且覆盖范围广，对于患者使用更多更好的医疗服务有着正向激励作用，而医疗服务的提供者为了推广新品也乐于迎合消费者的需求，为他们提供特效而昂贵的新医疗服务。

第二节　日本推进战略性新兴产业高端化的主要经验与做法

一、日本战略性新兴产业发展现状

（一）日本战略性新兴产业具有较强的技术优势

日本是一个资源贫乏的国家，同时老龄化的加剧又导致劳动力不足。日本政府早在20世纪末就看到了将要面临的危机，提出了“技术立国”的思想，该思想一经提出，就产生了巨大影响，使日本拥有一大批科技人才。目前日本在机器人的生产、出口和使用方面都居世界榜首，机器人的装备量约占世界工业机器人装备量的60%。日本企业和科研机构在基础技术研究、应用技术研究和新产品研发方面具有很强的竞争力，这些技术优势给日本发展新兴产业提供了技术上的支持。如较先进的自动化技术，促进工业迅速建立了高质量、低价格的原材料供给体系，实现了经济的高速成长，引起了市场对运输工具的新需要，促进了钢铁工业和船舶工业的发展。

（二）技术产业化能力比较强

日本技术并没有只停留在实验室里，而是走出了一条研发与市场相结合的道路，企业、科研机构之间有很强的联系，使新技术能够迅速进入市场并创造效益，市场效益又会反过来提供科研经费促进科学研发，这样就形成了一个良好的循环。这也是日本能长期保持产业技术优势的一个很重要的原因。

（三）与传统产业的结合良好

与其他国家不一样的是，日本发展战略性新兴产业的同时并没有放弃对传统产业的发展，而是利用新的科技对传统产业进行相应的改造，赋予传统产业新的生机。比如，日本将新能源技术与传统的汽车制造业相结合，创造出了混合动力汽车产业，该产业不仅降低了汽车对石油的依赖，还有利于本国传统的汽车制造业实现阶段性的新发展。

二、日本战略性新兴产业高端化发展方向

（一）重点发展方向

近年来，日本把信息通信、节能和新能源开发、环保、生物工程、宇宙航空、海洋开发等作为重点产业方向。日本的主导产业出现了五大潮流：国际分工深化；国内供给高效化；服务化；信息化、网络化；环境协调化。汽车、钢铁等原有主导产业日渐成熟，与信息通信、社会资本设施相关的战略性新兴产业不断兴起。具有代表意义的主导产业第一是光电子产业，第二是信息通信产业，第三是健康和福利产业，第四是环境和新能源产业。日本政府把节能和新能源开发、环保、生物工程、海洋开发等产业列为重点产业加以扶持。日本由官方制定一些产业计划，如“新阳光计划”等，为新能源产业的整体发展和推广提供引导。

日本坚持以创新型知识密集型产业为发展方向。20 世纪 80 年代以来，日本的产业发展更注重创新性，随着新材料、医用电子器材、生物技术、替代能源、机器人等大规模技术开发的实施，一批战略性新兴产业随之兴起。在以电子、信息为中心的高新技术产业及相关服务业方面，日本选择了“IT 产业”，提出了“IT 立国”的经济发展新战略，将电子、信息产业作为带动和促进传统产业结构变革的“火车头”。

（二）重点发展领域

1. 日本机器人产业

日本通过政策扶持，为机器人产业创造了良好环境。为了鼓励企业进行机器人的研发，日本政府出资对小企业进行应用机器人的知识和技术指导；银行提供优惠的低息资金，鼓励集资成立机器人长期租赁公司，公司出资购进机器人后租给用户长期使用，使用者每月只需付较低廉的租金，大大减轻了企业购进机器人所需的资金负担。在一系列政策扶持下，日本机器人产业快速发展起来。经过短

短的十几年，到 20 世纪 80 年代中期，日本一跃而为“机器人王国”，其机器人的产量和安装的台数在国际上跃居首位。

日本机器人技术迅速发展的原因之一是日本构建了产学官联合的模式。日本十分重视机器人成果的商品化，使科学研究和产业紧密地结合在一起，进而推动了机器人技术的发展步伐。在日本，国家工作人员是不能直接与企业进行商业方面的接触的，而只能位居技术指导的立场，这些制约就决定了政府作为机器人开发主体很难向更高层次发展。同时，如果没有像 SONY、HONDA 这样的团体是制造不出机器人的，因为其涉及人工智能、运动控制、图像处理、机械、电子、测量等各个领域的问题。以前日本的机器人发展走的是企业—大学合作的模式，很多大学都在搞产学联合，受企业的委托进行技术开发研究，可实践证明这是行不通的，因为这样无法发挥大学的优势。因此，日本考虑实行一种新的产业发展形式，即产学官联合。由此便诞生了 fuRo（未来机器人技术中心），这是一所由法人直辖而非属于大学某专业的研究所，它可以集中国家、企业、大学方面的资源合力以推动技术的产业化。随着 fuRo 的成立，日本从机器人研发到市场投入的时间大大缩短，为日本机器人占领世界市场赢得了时间。比如，“Morph”“Hallucigenia01”等机器人的制作经过理论研究、主体设计、电子线路设计、加工、装配、软件制作、装配运转等步骤，从零起点到制作完毕仅用了一个月的时间，而且制作不需要很多人参与，“Morph”“Morph2”的制作用了三个人，“Morph3”的制作用了五个人。

日本重视机器人技术与传统行业的结合。有种说法叫“如果日本人失去汽车行业，将变为产业穷国”。因此，日本政府很重视对传统汽车行业的改造。其中之一就是将机器人技术运用到汽车行业中，让汽车行业重新焕发生机。有数据显示，1988~1999 年，日本汽车工业中的机器人累计为 107326 台，占同期日本国内机器人市场发货总数的 22%，工业机器人销售量逐年增长一直持续到 1991 年，该年日本国内的机器人总销售量达 16166 台。

2. 日本太阳能产业

日本政府主要从以下几个方面来支持太阳能产业的发展：

第一，成立一个政府—企业合作型太阳能产业行会引导太阳能产业的健康成长。日本太阳能技术的研发主要还是在企业，可以说企业是太阳能技术发展的主要战场。但仅靠企业的技术优势是不够的，还需要政府的支持与引导。因此，日本为了在给予企业一定灵活度的同时又使太阳能行业健康发展，成立了一个由经产省牵头，夏普、三洋电机、东京电力等太阳电池生产企业及电力企业共同参与的太阳能产业行会，对太阳能产业的发展战略、产业政策等进行研究及宏观指导。

第二，政府补助金政策为太阳能产业发展提供资金帮助。日本政府早在“阳光计划”和“新阳光计划”中就提出对普通家庭安装太阳能发电系统给予政策补贴，补贴由中央政府补贴和地方政府补贴组成。中央政府按照每千瓦补贴 7 万日元的标准执行，地方政府则是由于财政状况的不同而不同。比如东京都武藏野市，如果安装功率 3 千瓦的太阳能发电系统，包括热水器在内，设备安装费 250 万日元左右，国家补助 21 万日元，东京市补助 30 万日元，武藏野市补助 27 万日元，共计补助 78 万日元，约占总安装成本的 1/3。

第三，电力公司回购家庭剩余电力。为了刺激民众采用太阳能发电的积极性，日本经济产业省决定，从 2009 年开始电力公司回购居民太阳能发电的剩余电量。2013~2023 年，1 千瓦时收购价由 24 日元提高至 50 日元。相关费用 2014 年 4 月起转嫁至家庭和企业的电费中去。普通家庭月负担额约 30 日元，实施第 10 年增加到最高每月每户 100 日元。

第四，金融、政策扶持太阳能电池企业。太阳能技术中电池技术是最为重要的，可以毫不夸张地说，太阳能产业是否迅速发展主要取决于太阳能电池。然而，太阳能电池技术的研发是漫长的，很多资本不愿意进入，因此就需要政府制定相关的金融政策给予扶持。例如，太阳电池面板的主原料硅基本全部依靠进口，为了保障硅的稳定供应，日本政策金融公库所属国际协力银行提供融资，日本贸易保险公司提供贸易保险，由政府承担太阳能电力相关企业部分风险。

第五，设立严格标准规范产业发展，打造绿色产业链。太阳能电池的回收也是一项重要的工作，这关系到太阳能产业是否是真正的绿色产业的问题。日本对太阳能电池生产企业严格规定，要求其必须有与工厂规模相配套的绿地面积及环保设施，使厂房与绿地面积比例适当。同时，设立专业的回收工厂，由政府和企业协力对废弃的太阳能电池板进行回收，实现硅材料的再循环利用。

三、日本推进战略性新兴产业高端化发展的主要举措

日本重视战略性新兴产业的高端化发展，通过建立科技发展战略、加强产业立法、加大科研投入等措施推动战略性新兴产业的高端化发展。

（一）建立科技发展战略和发展目标体系

日本制定“科学领先、技术救国”的方针，不断调整产业结构，积极推进知识密集型产业、战略性新兴产业的高端化发展。例如，2009 年日本制定了《技术战略 2009 年》，此后每年都制定年度的技术战略规划，加强对科研的引导和支持；为了确保能源安全、提高产业竞争力，制定引导新能源汽车产业发展的国家战略，促进新能源汽车的研究。

日本制定明确的战略性新兴产业发展目标体系。日本对战略性新兴产业政策的制定，以促进产业的长期发展和整体发展为原则，着眼于战略性新兴产业发展的全局，而不仅是从某个局部进行，这样的益处在于能够统一协调不同部门在战略性新兴产业发展中的相互关系，明确职责和权利，为产业长期发展奠定良好基础。

以能源产业的发展为例：早在 1965 年，日本政府就开始了电动汽车的研发，并将其列入国家项目。随后，日本政府推出环保技术开发项目，并使政府、企业和大学联合起来，共同克服在新能源开发方面遇到的难题。自 1971 年开始，政府在燃料电池方面的研发投入就超过 200 亿日元。1997 年，日本丰田率先推出了全球首款量产混合动力车普锐斯，截至 2015 年 7 月，其全球累计销量已超过 350 万辆。日本环境省于 2009 年公布《新能源汽车普及战略》，其在对 2020～2050 年的新能源汽车销量和保有量做出预测时称：2020 年和 2030 年 EV 和 PHEV 乘用车销量将分别达到 52 万辆和 90 万辆。2010 年发布的《新一代机动车战略 2010》明确指出要发展节能、高效的新能源汽车，继续保持电池技术的领先地位，并强调日本企业在未来制定动力电池国际标准时要起到主导作用，同时要在 2020 年前在全国建成 200 万个普通充电站、5000 个快速充电站。2013 年，日本发布“日本再兴战略”提出了重点投资、节能环保等领域。2016 年，日本经济产业省召集多位业内专家及车企代表召开研讨会，讨论未来五年电动汽车发展战略，并最终发布了《EV · PHV 路线图》。日本政府认为，2020 年电动汽车市场处于飞速发展阶段，2030 年会进入大规模普及阶段。日本政府为推动纯电动和插电式混合动力新能源车的发展，出台了积极的刺激措施。与目前我国政府主要采取推动式的、面向新能源汽车生产和研发单位发放补贴的方式不同，日本则进行拉动式的、面向消费市场发放补贴，降低新能源汽车的售价和基础设施建设的投资。主要包括两方面：一方面是购车补贴，日本政府相继推出一系列购车补贴优惠政策，例如政府购买“低公害车”补贴、混合动力车补贴、换购补贴等。另一方面是建设充电设施，为了消除消费者对当前电动汽车续驶里程有限问题的担忧，日本政府曾于2013年宣布拨款1005亿日元（约合人民币60亿元），用于补贴基础充电设施建设。

（二）制定权威性的产业指引

2010年6月，日本公布了“新成长战略”（New Growth Strategy），提出后危机时代是日本经济实现赶超的绝佳机会，要从利用国内要素和扩大对外开放两个方面刺激经济增长，重点培育基础设施相关产业、环保和能源产业、文化创意产业、尖端技术产业等五大战略性产业，实现经济增长模式向“需求引导型增长”转变。

集群化是世界各国新兴产业成长的明显趋势。日本政府积极支持各类产业创新主体集群化发展，推出了“产业集群计划”和“知识集群计划”，两个计划的核心目的均是改善创新主体的创新网络生态，帮助创新主体与集群内外的相关主体建立广泛的联系。

（三）以科技创新为产业发展核心，增强产业竞争力

1980年3月出台的《80年代通商产业政策构想》宣布把技术立国作为奋斗目标，通过创造性的技术开发，提高竞争能力和经济实力。20世纪90年代以后，日本以制造业的发展为基础，大力发展环保能源、电子信息技术、医药及生物技术、纳米技术与材料等一批新兴产业，提出了“环境能源技术创新计划”“低碳社会行动计划”“新经济成长战略”“海洋基本计划”。

2004年，日本制定了《新产业创新计划》，旨在推动燃料电池、信息家电、机器人、影视文化、医疗保健、环境能源、企业外包等新兴产业发展，提升产业竞争力。2005年日本出台了一系列政策，加大了对科研的支持力度。2009年，日本制定了《未来开拓战略》，重点扶持太阳能、新一代能源汽车、医疗保健、IT、农业、旅游及技术创新发展。

2013年，日本又制定了《产业竞争力强化法》，提出以规制、制度改革为中心的产业竞争力强化措施，规划指导新能源、机器人、新一代汽车、先进设备制造等产业的发展。日本依据积累的技术优势，在新能源领域掌握了大量核心技术，在对外设置产业壁垒的同时，大大促进了战略性新兴产业的高端化发展。

（四）制定促进新兴产业发展的财政政策和融资策略

日本的企业融资模式呈现出银行主导的形式，政府干预的色彩比较浓，形成了政府干预下的银行主导型企业融资模式。在日本战略性新兴产业的融资中，银行无疑占据了最重要的位置，其主要特征是很多企业的融资需求均由一个银行牵头组成的银行集团来满足，银行的长期贷款通常占绝大多数。例如，日本三大商业银行之一的三井住友银行（SMBC）专门建立了针对欧洲、中东、非洲地区（EMEA）可再生能源融资问题的追踪记录，保证资金的供给。据统计，2008 年三井住友银行和其他一些银行一起为建立在西班牙的太阳能发电企业集群融资 5.2 亿欧元，40%的电力企业于 2013 年建成，能为 153000 户家庭提供日常用电，每年减少 CO_2 排放量 185000 公吨。2008 年 6 月，三井住友银行为西班牙卡塞雷斯的太阳能光伏企业融资 2.1 亿欧元。日本银行体系对新能源和环保产业的金融支持不仅体现在融资上，在贷款利率方面也给予其特殊的优惠政策。在日本，具有节能环保和可再生能源开发性质的设备更新改造和技术开发项目都可以享受国家规定的特别利率。例如，2004 年日本中小企业节能贷款享受一级特别利率，规定的对象设备有 91 种，贷款限额 2.7 亿日元，还贷期为 15 年。此外，日本在 20 世纪 90 年代组建了自己的第二板市场（JASDA），成为日本风险性企业筹资的较大市场，对于促进战略性新兴产业的发展作用重大。

日本政府不仅在政策上对新能源产业、节能环保产业和新能源汽车产业给予大力支持，而且还对其进行直接投资。例如，2004 年，日本政府在新能源技术开发和推广上的直接投资分别为 689 亿日元和 924 亿日元，比例为 1∶1.34。到 2006 年，日本资源能源厅节能对策科仅对节能产业的资金投入就达 4.75 亿美元。除了政府直接投资，日本政府对新能源、环保、新型汽车产业还提供税收优惠和财政补贴的间接支持。例如，日本还实行了“绿色汽车税制”，对于高耗能的车型增税，对于低能耗车、低公害车减税，对电力汽车、混合动力汽车免税，并且以 2005 年车辆的尾气排放和燃油效率为基数，对排放减少而燃油效率提高的车型实行不同等级的减税政策，最高减免额度达 75%。近年来，日本政府加强了对新能源汽车产业的扶持力度。2009 年，日本政府对新能源汽车产业的财政投入达 3700 亿日元，重点补贴环保汽车的采购。

1. 财政补贴政策

日本对新能源汽车的财政补贴包括购车补贴、基础设施建设补贴、企业研究开发费用补贴。政府在预算中列出专项资金，对电动汽车、混合动力汽车等新能源汽车的购买给予价格补贴、按同等排量的汽油车的50%以内给予补贴。同时，制定“以旧换新”补贴刺激方案，“以旧换新”补贴力度约为“购买新车”的2.5倍。在电动汽车基础设计建设补贴方面，日本根据不同的建设主体和充电设备标准确定补贴标准，补贴率在1/2~2/3。在技术研发方面，日本非常重视对新能源汽车技术研发的支持，尤其是车用燃料电池技术的研发，对相关研究项目给予资金支持。

2. 税收优惠政策

税收减免等优惠政策是日本政府又一主要的政策手段。2001年税制改革以来，日本政府在保持税制中立的前提下，对新能源汽车及低公害、低排放汽车实行税收优惠政策，减免车辆购置税、重量税等，以引导社会消费方向。在低公害汽车（不含混合动力汽车）方面，2001~2003年实行购置税减2.7%的优惠税率。在混合动力汽车方面，2001~2003年实行购置税减征2.2%的优惠，同时按照节能程度的不同实行汽车税减征13%~50%的优惠政策。2009~2012年，对电动汽车、混合动力汽车、天然气汽车等被认定为新一代汽车的采买减征购置税、重量税，对低能耗、低排放汽车按照标准分别实行减征50%和75%的购置税、重量税。

3. 政府采购支持政策

日本政府非常重视政府部门在推动新能源汽车应用普及中的作用。2000年日本制定了《绿色采购法》，要求政府机关用车必须使用低污染、低耗能车。2001年出台的低公害车开发普及行动计划，要求政府部门率先采购新能源汽车，自2002年开始以后的三年内，中央政府采购公车必须严格执行绿色采购的基本方针，地方政府及社会公共团体也要制定计划，遵守绿色采购的基本方针。

第三节　德国推进战略性新兴产业高端化的主要经验与做法

一、德国战略性新兴产业发展现状

（一）德国战略性新兴产业发展基础好

德国工业高度发达，“德国制造”以质量好、科技含量高闻名世界，具有发展战略性新兴产业的天然优势。在新能源领域，2017 年德国可再生能源发电比重达 45.5%，同比增长了 57%。在光学领域，德国拥有欧洲较大的光子学产业，2017 年实现产值 310 亿欧元，占欧洲大陆产值的 41%以上，在全球光子学市场上占有约 6%的份额。德国发达的工业基础和先进的科学技术为战略性新兴产业的发展奠定了良好基础。

（二）德国战略性新兴产业发展进程快

德国政府采取的一系列措施在很大程度上推动了新兴产业的发展。2014 年，德国高科技产品出口额为 21460 亿美元，较 2000 年提高了 85.3%，占工业制成品出口总额的 16%。在新能源领域，2013 年德国风电产能较 2012 年同期增长 3%，达到 47.2 太瓦时；光伏发电量同比增长 6%，达到 29.7 太瓦时，太阳能发电量与光伏发电量满足了用电总需求的 4.9%，可再生能源发电量占到总用电量的 24.7%。在信息通信领域，德国信息通信产业的年产值增长较快，2016 年突破 1600 亿欧元大关，较 2013 年增长了 20%。

（三）德国战略性新兴产业目标定位高

在新能源领域，德国提出到 2020 年可再生能源发电量实现全国总消费的 30%，风电、生物质能发电和水电分别占到 15%、8%和 4%。在低碳领域，德国力图建设碳中和、能源高效的城市，通过新技术、新服务，实现低碳减排，促进可再生能源的使用，并将高效能源应用到建筑、交通等城市主体中，最终建立碳中和城市。在信息通信领域，德国致力于建设低耗能网络，提出信息领域低能耗计划，试图通过开发新的节能芯片、高效软件及高效计算机体系结构，实现市场化运作，以此降低信息通信领域的能源消耗。

二、德国战略性新兴产业高端化发展方向

（一）战略性产业重点发展方向

第一，坚持打造产业品牌。德国经济之所以能持续稳定健康发展，关键在于

德国坚持发展实体经济和生产性服务业，并能与时俱进，不断创新，走专业化、技术型道路，牢牢守住全球产业链中的高端，树立“德国制造”这块象征优质、高效和创新的金字招牌，保持产品的竞争力。德国制造业门类齐全，汽车、机械制造、化工医药和电子电气是德国传统的四大支柱产业，新能源和环保技术也是德国的优势产业。

第二，建立完善的基础设施和研究机构，培养高素质劳动力，为产业发展创造良好环境。德国是世界较大的化工产品出口国，是欧洲首选的化工投资地区，拥有完善的基础设施、研究机构和高素质劳动力。2015 年，全行业从业人员 43.7 万人，受高等教育程度很高。58 所大学的化工系、24 所大学的应用科学系及 68 所非大学化工研究机构开展化学研究，使德国化工制药业多年来保持研发优势。德国联邦统计局数据显示，2013 年德国化工医药产品出口 1054.7 亿欧元，比 2012 年增长 0.8%。

第三，德国战略性新兴产业的发展坚持以高产业附加值为根本方向。德国利用技术的溢出效应，发展上游价值链。德国政府通过制定规则，提供公平的条件和经营环境，促进跨领域产业的联合发展，如涵盖云计算、数字教育、智能服务等诸多行业的数字化经济以及为新一代制造业提供动力的“工业 4.0”，这类领域覆盖面大、辐射范围广，能够为价值链的升级提供动力支撑。

第四，坚持以低碳环保技术产业为发展方向。2008 年金融危机爆发以后，德国相继发布“低碳经济发展战略”“纳米创新计划”等新兴产业发展规划，并对各新兴产业的发展做出全面部署，引导新兴产业成长。2009 年 8 月德国颁布《国家电动汽车发展计划》，计划在 2020 年使德国拥有 100 万辆电动汽车。2010 年德国发布《德国 2020 高技术战略》，对未来高技术发展战略加以规划，确定了气候与能源、保健与营养、交通、安全和通信五大需求领域。

(二) 战略性产业重点发展领域

目前，德国具有发展优势的战略产业主要包括：一是高端制造业。高端制造业的显著特征是高技术、高附加值、低污染、低排放，具有较强的竞争优势。二是可再生能源产业。德国不仅把发展可再生能源作为确保能源安全、能源多元化供应和替代能源的重要战略选择，而且也视之为减少碳排放和节约化石类燃料引起的环境问题的重要措施。德国在太阳能、风能、生物质能、地热能、水力发电等开发利用方面居世界领先水平。三是电气电子产业。德国拥有世界技术领先的电子电气工业，其研发投入约占德国工业总研发投入的 1/5。四是环保产业。仅 2012 年德国环保产业的贸易额占世界环保产业贸易额的 15.4%，是德国的支柱产业之一，德国环保产业的发展，为德国的节能减排做出了巨大贡献。

1. 汽车和汽车配件工业

德国是世界汽车制造强国，德国高档汽车的全球市场占有率超过 70%。说起德国汽车，人们首先想到的是安全、舒适、节能、环保、美观、耐用。2013 年，德国汽车制造业销售额 3617 亿欧元，其中国外销售额 2346 亿欧元；轿车产量 1408 万辆，商用车 27 万辆。

德国汽车工业之所以能以较明显的优势领先于其他产业，长期保持德国第一产业地位，展现超群的实力和强劲的发展势头，其发展特点值得关注。德国汽车生产企业高度重视研发，使其核心竞争力不断提高。仅 2013 年，德国汽车工业的研发投入就高达 182.7 亿欧元，与 2012 年相比增长 5.2%。德国工业领域约 28%的研发人员从事汽车研发，而汽车工业近 1/9 的员工供职于研发部门。德国汽车工业平均每十天就有一项专利产生，每年获得的专利约为 3650 项，是名副其实的世界冠军。所有这些都确保了德国汽车工业在全球的技术领先优势，凸显了德国汽车工业在德国经济中的核心地位。德国主要的汽车制造商有大众汽车、戴姆勒、宝马、奥迪、保时捷、欧宝和曼（商用车）等整车企业和博世、大陆、采埃孚（ZF）、蒂森·克虏伯、西门子 VDO 等汽配企业。

2. 机械设备制造业

机械设备制造业是德国就业人数最多的行业。根据德国机械设备制造业联合会（VDMA）提供的数据，2013 年有 98.6 万人在该行业 6000 多家企业从业。该行业以中型企业为主，87%的企业员工人数不足 250 人。

德国机械设备制造业是典型的出口导向型产业，是世界领先的大机械设备出口国，75%的机械设备产品销往国外。2013 年德国机械设备出口额达 1490 亿欧元，约占世界机械设备出口总额的 15.9%，出口盈余 930 亿欧元。在机械设备业 32 个产品领域中，德国产品在 16 个领域领先，包括驱动技术机械、材料处理机械、农业机械、食品及包装机械、压缩气压及真空技术机械、精密仪器、加工机械、液压泵、液压设备、塑料及橡胶机械、印刷机械及造纸技术设备、纺织机械、测量机械、工业炉和冶金设备、木材加工机械、建筑机械及清洁机械设备。民用航空技术设备、阀门及管件、机床、电力消防器材和设备五个领域也居世界前列。德国知名的机械设备制造企业有蒂森克虏伯、西马克、海德堡印刷、海瑞克、福伊特、普茨迈斯特、通快等。

3. 化工制药业

德国是世界较大的化工产品出口国，是欧洲首选的化工投资地区，拥有完善的基础设施、研究机构和高素质劳动力。根据德国化学工业协会数据，2013 年德国化工制药业销售额 1887 亿欧元，增长 1.1%。其中国内销售总额 750 亿欧元，增长 1.4%；国外销售总额 1137 亿欧元，增长 0.8%。

德国也是欧洲化学制品和合成材料的消费市场。欧洲化学品年均消费 6740 亿欧元，其中德国占 1050 亿欧元；欧洲合成塑料年均消费 4520 万吨，德国消费量占 24%。德国原料生产商拥有数十年的专业经验，是产品高质量的保障。知名的德国化工制药企业有巴斯夫、拜耳、朗盛、汉高、赢创、默克、勃林格殷格翰等。德国的一批中小企业也和那些跨国公司一样积极开展工业生物技术领域的业务，尤其是在从可再生材料中获取化学制品方面。

4. 电子电气工业

德国拥有技术领先世界的电子电气工业。

德国电子电气工业技术革新每年约支出 150 亿欧元，约占该行业营业额的 10%，其中研发投入约 120 亿欧元，约占德国工业总研发投入的 20%。德国制造的电子元件一半以上用于出口，出口的 80%以上进入欧盟国家。

据德国电子电气行业总会数据，2013 年行业出口总额 1583 亿欧元，下降 1%；前五大出口国分别是美国、中国、法国、英国、奥地利，出口额分别为 132 亿欧元、131 亿欧元、115 亿欧元、84 亿欧元和 76 亿欧元。

德国电子元件的产品主要包括：半导体（集成电路、高保真分立元件）、电阻器、电容器、缩合器、感应器、无源及混合微电路、电子机械元件（连接器、开关）和印刷/混合电路板等。

德国电子元件业的发展在很大程度上依赖于德国汽车业的发展。汽车电子行业是德国电子元件的最大消费者，通信领域、电子数据处理和工业电子也是其主要用户，分别占 20%左右的销售份额。未来德国电子元件市场的发展主要依赖汽车业的发展及工业电子领域的发展。德国电子电气行业的知名企业有西门子、英飞凌、博世、捷德、库卡（KUKA）等。

5. 可再生能源产业

德国不仅把发展可再生能源作为确保能源安全、能源多元化供应和替代能源的重要战略选择，而且也视之为减少碳排放和节约化石类燃料引起的环境问题的重要措施。德国在太阳能、风能、生物质能、地热能、水力发电等开发利用方面居世界领先水平。2000~2010 年，德国可再生能源发电的比重从 5%上升到 18%。

2013 年，德国燃煤、燃气等火电比重为 61.2%；核能的发电比重为 15.4%，可再生能源的发电比重达 25.3%。德国的目标是到 2020 年，可再生能源发电比重至少达到 35%，而德国可再生能源协会认为，到 2020 年德国可再生能源发电可保证全国约一半的电力需求。德国决定在 2022 年前关闭所有的 17 座核电站，进而大幅推动可再生能源的发展。为保持和拓展该领域的强势地位，德国政府在 2013 年前斥资 120 亿欧元用于支持技术革新，其中大部分资金用在可再生能源开发、可再生原材料生产和能效提高方面。

三、德国推进战略性新兴产业高端化发展的主要举措

2008 年国际金融危机以后，为了刺激经济的持续增长，寻求新的发展出路，德国重新审视制造业，把重点定位在先进制造业等高端领域，努力提高新一轮经济增长动力，强化竞争优势，试图抢抓新一轮经济发展制空权。

（一）制定战略性新兴产业的战略与政策

2006 年，德国政府出台了《德国高技术战略》，确立了能源技术、信息与通信技术、航空航天技术等 17 个高技术创新领域，以确保自身在全球的竞争力和技术的领先地位。

2010 年 7 月，德国联邦政府通过《思想、创新、增长——德国 2020 高技术战略》，确定以气候能源、健康营养、交通、安全和通信五大需求领域开辟新兴市场，并从创业条件、中小企业、风险投资等方面入手，依靠研究、技术和创新，激发德国在经济上的巨大潜力。

2010 年，德国又推出了《德国高科技战略 2020》，挑选了气候和能源、健康和食品、交通工具、安全、通信五大领域作为“未来项目”（Future Project）重点支持。2011 年 11 月，德国政府提出“工业 4.0”战略，作为《德国高科技战略 2020》的一部分，强调价值链数字化以及价值链横向与纵向的融合，推进“信息—物理”融合系统在物联网和服务网络上的应用。

2014 年，德国政府发布《新高科技战略——为德国而创新》（*Dieneue Hightech—Strategie：Innovationen für Deutschland*）报告，主要目的是推动德国成为世界领先的创新国家。该战略更加凸显了跨行业特色，设置了新的主题和新的创新促

进工具。

2016 年，德国推出《数字战略 2025》，明确将工业 3D 打印作为重要研究方向。

2018 年，德国在《德国高科技战略 2025》中提出将发展数字安全领域，实施“全新的整体 IT 安全解决方案”，其中量子通信将发挥重要作用；在健康和护理领域实施“国家十年”抗癌计划，为“预防和个性化医疗”开发数字化解决方案；在可持续气候保护和能源领域大幅减少塑料使用对环境的污染。

（二）制定促进战略性新兴产业提升的财税政策

在扶持战略性新兴产业方面，德国通过政府补贴、拨款、减免税和公共采购等财税工具，引导产业合理发展。在促进可再生能源方面，德国政府在 2000 年出台了世界上第一部《可再生能源法》，规定政府根据运营的成本对新能源运营商提供补助。近年来，德国针对陆上风电场趋于饱和、海上风电技术落后、产业融资模式不完善等瓶颈问题，于 2008 年修订《可再生能源法》，通过强制电场定期更新设备、将海上风电强制入网价格提高近五欧分、延长补贴时间等措施，促进风电设备的更新和海上电场的发展。此外，税收政策也是德国推进能源战略的主要手段。例如，对传统化石能源除征收销售税之外还征收生态税，而对风能、太阳能等新能源则免征生态税；对不同能源产品和行业实行差别税率，对一些低回报的环保行业给予税收优惠。

（三）制定促进战略性新兴产业提升的金融政策

由于欧洲风险投资市场的集中度较低，所以欧盟许多国家采取信贷担保等方式为战略性新兴产业融资创造便利条件。德国政府为实现 2006 年提出的高技术战略，推出了“战略伙伴投资计划”，即动员科学界与经济界结成战略伙伴关系，共同开发新技术，以此推动经济界加大研发投入。2007 年 11 月，德国政府宣布再为高技术战略增加 65 亿欧元，经济界随之也增加了科技投入。到 2008 年，德国通过“战略伙伴计划”已经筹集了 30 亿欧元的私人资金用于研发。除了“战略伙伴计划”，政府还对生物、能源、材料等领域的 96 个创新联盟进行资助，使资本越来越多地流向新兴产业，政府在创新领域的公共和私人投资方面发挥了杠杆作用。

（四）制定促进战略性新兴产业提升的科技政策

德国致力于缩短科技成果转变为产品的周期，使科技与生产融为一体，直接为经济效益服务。2006 年，德国政府首次提出“高技术战略”，并投入 150 亿欧元，后来又追加 65 亿欧元的研发经费。2010 年通过的《德国高科技战略 2020》明确指出，只有依靠科技创新，才能突破发展瓶颈，激发经济增长潜力，决定到 2015 年，教育和科研投入占 GDP 的比重增加至 10%。

（五）制定战略性新兴产业的中小企业政策

德国 2006 年提出高技术战略后，致力于使经济界和科学界紧密结合，其中重要的一个方面就是改进了研究机构与中、小企业的合作。对中小企业的创新资助纳入新的“中小企业重要创新计划”中。政府为中小企业新型技术创新计划制定了资助计划，以推动中小企业尖端研究。2007 年，德国政府推出了鼓励公共研究机构与中小企业开展集约性研发合作的“科研奖”，启动了公益性研究机构的“科研奖金”。《德国高科技战略 2020》提出德国的发展需要提高中小企业研发参与的持续性，提高中型企业的创新能力，重点在于使中小企业之间以及企业与科技之间互联成网，继续推动中小企业在非特定技术领域内进行市场导向的创新，帮助创新型中小企业进行融资。

第八章 战略性新兴产业高端化的发展路径

2010 年，国务院颁布了《关于加快培育和发展战略性新兴产业的决定》，提出了七大战略性新兴产业：节能环保产业、新一代信息技术产业、生物产业、高端装备制造产业、新能源产业、新材料和新能源汽车产业，并对如何发展战略性新兴产业做出规定，明确以战略性新兴产业带动我国经济发展。此后，全国范围内掀起了一轮培育和发展战略性新兴产业的热潮，我们主要对这 7 个行业进行高端化发展路径阐述。

第一节　节能环保产业

节能环保产业是指为节约能源资源、发展循环经济、保护生态环境提供物质基础和技术保障的产业，是国家加快培育和发展的战略性新兴产业之一。节能环保产业涉及节能环保技术装备、产品和服务等方面，产业链长，关联度大，吸纳就业能力强，对经济增长拉动作用明显。加快发展节能环保产业，是调整经济结构、转变经济发展方式的内在要求，是推动节能减排，发展绿色经济和循环经济，建设资源节约型和环境友好型社会，积极应对气候变化，抢占未来竞争制高点的战略选择。

一、发展现状

（一）节能环保产业得到较大发展，已具有较大规模

随着中国经济的快速增长、人们环保意识的增强和环境保护工作力度的加大，中国环保产业取得了较大的发展。在国家和各级政府不断重视并持续增加投

入，以及伴随着工业发展产生了大量市场需求等因素的作用下，中国节能环保产业快速增长，2017 年节能环保产业的产值为 5. 8 万亿元，2018 年突破 7 万亿元。随着环保税、排污许可制度等政策法规的不断加码，我国节能环保产业的市场空间还将持续扩大，保守预计，2020 年节能环保产业的产值有望突破 8 万亿元。

我国的节能环保产业当前已经具备大规模迅猛发展的良好条件，主要表现为当前节能环保产业已经拥有一批成熟度高的常规节能环保技术及装备；一些关键和共性技术手段已经形成产业化态势，比如节能领域的高炉炉顶压差发电、纯低温余热发电，环保领域的污泥干化发电技术日渐成熟。

（二）节能环保产业具有巨大的市场潜能

就国内市场而言，我国节能环保产业的总产值呈现逐年升高趋势，该产业的就业人数逐步增多，技术节能潜力也大幅增加。就国际市场而言，联合国环境规划署预估全球环保产品与服务的市场需求将会持续增大。

（三）与节能环保产业发展相关的政策、法律法规不断完善

我国特别关注节能环保工作的落实，陆续出台了大量促进节能环保产业发展的政策措施和法律法规，同时还增加了资金方面的投入，使节能环保产业发展具备良好的外部环境。此外，与节能环保相关的国家与地方标准逐渐颁布落实，在规范节能环保产业发展方面发挥了不可替代的作用。

2018~2019 年，我国环保政策密集出台，环保力度进一步加大，环保政策措施由行政手段向法律的、行政的和经济的手段延伸，第三方治理污染的积极性和主动性被充分调动起来。同时，环保税、排污许可证等市场化手段陆续推出，政策红利逐步显现。

二、技术路径

（一）等离子体技术废水处理工艺

利用脉冲电晕法产生等离子体进行水处理的设备主要分为两大部分：高压脉

冲电源和反应器。高压脉冲电源用于产生等离子体；反应器则利用产生的活性物质以及产生的热、光、波等效应来净化水质。应用于水处理的高压脉冲电源的电压脉冲宽度要求在纳秒级。因为高压脉冲放电处理水要求电源系统具有陡前沿、窄脉冲的特点，这样才能稳定地生成低温等离子体，并得到强电场，进而达到节能的目的。水中高压脉冲放电电压的上升时间一般<100ns，脉冲宽度<700ns。通常高压电源不能在液相溶液中直接产生电晕放电，但在气相中却可以产生较大空间范围内的电晕放电。只要在气液相间的系统中实现气相电晕放电，就能形成等离子体与水中污染物接触的条件。为此，注入放电等离子体必须解决的问题是：创造一种与一定容积的液体之间有尽可能大的气液接触面积的反应条件。经过优化选择，我们选择的是水中气泡放电废水处理装置。水中气泡放电废水处理装置是含气泡液体流经外壳绝缘的高压电场，当双极性窄脉冲施于两极板时，将使每个小气泡放电，可以处理大流量的水。该工艺中，放电等离子体与水溶液的接触面积大，气液混合均匀。

等离子体电源采用脉冲电源供电，放电极直接置于水中。放电极是该装置的关键设备，其性能和参数将直接决定反应器内等离子体的状态，从而影响水处理的效果。为了持续稳定地生成和维持低温等离子体，高压脉冲必须具有脉冲前沿陡峭、脉冲宽度窄的特点，以得到强电场并达到节能的目的。该装置采用空载峰值 30kV、上升时间 100ns，满载峰值 25kV、30A、脉宽<300ns，脉冲频率 1～10kHz 可调的快脉冲电源。

脉冲电源液中的放电污水处理系统由等离子体发生与自由基注入系统、高效传质反应器、臭气净化等几部分组成，形成废水污染物降解、消毒灭菌和臭气净化的一体化。压缩空气通过微孔曝气器对废水进行曝气，提供高强度气液传质，在放电等离子体自由基作用下快速完成有机物的降解、消毒灭菌，水面逸散的废气被集气系统收集，经放电等离子体氧化除臭后净化排放。

（二）胺基溶剂全新气体处理技术

巴斯夫和埃克森美孚联合推出了一项全新气体处理技术。该技术基于巴斯夫和埃克森美孚新开发的专有胺基溶剂，能实现硫化氢的选择性脱除，同时最大限度地减少气体物料流中对二氧化碳的共吸收。巴斯夫和埃克森美孚共同开发出的胺基溶剂，可帮助炼油厂和天然气处理商在符合法规要求的同时，提高现有设备的产能并降低运营成本。相比传统胺基气体处理装置，新技术可缩小设备规模、减少初始资本性投资，有助于打破现有克劳斯尾气处理装置、酸气浓缩和高压酸气脱除装置的技术瓶颈。在克劳斯尾气处理装置中采用该技术，能够使产品中的硫化氢含量低于10ppmv，并减少二氧化碳的吸收，使装置符合未来的气体排放要求。胺基溶剂接受了多次中试装置测试，结果显示，OASEsulfexx的硫化氢选择性高于甲基二乙醇胺配方，甚至优于埃克森美孚的FLEXSORBSE及SEPlus溶剂。

（三）低碳经济技术

低碳经济是一种可持续发展的经济，通过研发新技术，推广使用各类工业节能产品，可以有效治理并促进温室气体的回收和再利用，持续减少温室气体的排放，促进经济的健康发展。一是发展高效节能技术和装备，包括锅炉窑炉、电机及拖动设备、余热余压利用装备、节能监测技术和装备，重点示范推广稀土永磁无铁芯电机、基于吸收式换热的新型热电联产集中供热技术等；二是发展高效节能产品，包括家用和商用电器、照明产品、建材产品和汽车等，重点研发和示范具有自主智能财产权的新型节能汽车及配套系统，重点推广能效等级为1级或2级的高效节能产品；三是发展节能服务产业，推动节能服务公司为用能单位提供节能诊断、设计、融资、改造、运行等“一条龙”服务，形成以节能效益分享方式回收投资的市场化节能服务模式；四是发展先进环保技术和装备，包括污水、垃圾处理，脱硫脱硝，高浓度有机废水治理，土壤修复等技术和监测设备，重点攻克膜生物反应器、反硝化除磷、湖泊蓝藻治理和污泥无害化处理等技术装备的制造和研发；五是发展环保产品，包括环保材料、环保药剂，重点研发和产业化示范膜材料、高性能防渗材料、脱硝催化剂、固废处理固化剂和稳定剂、持久性有机污染物替代产品等；六是发展环保服务，建立以资金融通和投入、工程设计和建设、设施运营和维护、技术咨询和人才培训等为主要内容的环保产业服务体系，加大污染治理设施特许经营实施力度。

节能是指尽可能减少能源消耗量，生产出同样数量、同样质量的产品；或者是以原来同样数量的能源消耗量，生产出比原来数量更多或数量相等质量更好的产品。环保产业是指在国民经济结构中，以防治环境污染、改善生态环境、保护自然资源为目的而进行的技术产品开发、商业流通、资源利用、信息服务、工程承包等活动的总称。它在美国被称为“环境产业”，在日本被称为“生态产业”或“生态商务”。

（四）把塑料垃圾高效转化为航油的新技术

美国华盛顿州立大学研究开发出一种可以将日常塑料垃圾转化为航空燃料的方法，从而实现塑料垃圾的资源化利用，变废为宝。研究人员将矿泉水瓶、奶瓶、塑料袋等聚乙烯材料制品碾磨成米粒大小的碎片，并将这些碎片置于催化剂活性炭之上。在管式反应器中以430℃～571℃的高温“烘烤”，这些碎片最终可转化成85%的航油和15%的柴油。研究人员认为，塑料中有很多氢原子，这是燃料的重要组成部分。但塑料很难降解，只有加入催化剂才能打断其化学键，使其转化为燃料。美国华盛顿州立大学副教授雷寒武对新华社记者说，利用这种方法可让500千克塑料转换为350千克燃料，其中300千克为航油，此外还能产生氢气、甲烷、乙烷和丙烷等可燃气体；使用该方法可以收集塑料中几乎所有的可用能源，且能源质量好，适合大规模生产。

（五）制作低成本和高性能太阳能转换材料的新方法

脱落过渡金属双卤族化物（TMD）纳米材料具有显著的可调半导体特性，所以其在超薄柔性器件（如光电探测器、传感器和太阳能转换光电电极）中的应用具有竞争力。瑞士洛桑联邦理工学院的 Rebekah A. Wells 设计了一种原型沉积系统，设置 TMD 纳米薄片（平均9纳米）厚度（50～500纳米）可自组装成宽达100毫米的大面积薄膜。

光电化学测试验证了获得光电流密度的 MoS2 纳米片薄膜的光电活性，碘化物氧化的光电流密度达到$40\mu Acm^{-2}$。此外，该测试还证明了 R2R 薄膜具有较强的耐用性。利用原型沉积系统可以制备大面积多个连续的 MoS2/WSe2 异质结纳米片状薄膜。这一成果是利用低成本、高性能光电器件大规模生产 2DTMD 薄膜的重要里程碑。

案例

大宗固体废弃物综合利用技术

2020年8月，张家港市大宗固体废弃物综合利用基地冶金尘泥资源化处理项目在张家港市永钢集团正式运行投产，为永钢集团循环经济产业发展增添了浓墨重彩的一笔，展现出永钢集团高质量发展的“永钢力量”和“永钢智慧”。冶金尘泥资源化处理项目是永钢集团发展循环经济的重要载体，也是张家港市大宗固废综合利用基地的重点项目，设计年处理冶金尘泥25万吨，日处理量650吨，处理种类有烧结机头灰、高炉布袋灰、炼钢除尘灰、电炉除尘灰以及炼钢污泥等，真正实现了“固废不出厂”的目标。

2018年起，永钢集团规划建设占地375亩的循环经济产业园，投资6.5亿元引入冶金尘泥资源化处理、建筑垃圾资源化综合利用、钢渣3D打印等项目，更高水平地发展循环经济，增添绿色发展动能。2019年，以永钢集团循环经济产业园为主体申报的张家港市大宗固体废弃物综合利用基地成功获得国家发展和改革委员会和工业和信息化部（以下简称“信息化”）批准，成为全国50个基地之一。

永钢集团为实现冶金尘泥无害化和铁锌固废资源化，消除氯离子、碱金属等有害物，回收利用铁、锌等有价资源，建设了含铁锌尘泥综合利用项目以及烧结电除尘灰、高炉布袋灰资源化综合利用项目。项目由宝武集团环境资源科技有限公司负责设计及供应核心设备，中国二十冶集团有限公司负责承建，总投资3.41亿元，占地95亩，包括含铁锌尘泥综合利用项目（也称“转底炉”）以及烧结电除尘灰、高炉布袋灰资源化综合利用项目（也称“水洗车间”），对含铁锌尘泥开展资源化再利用，真正做到了“物尽其用”。

第二节　新一代信息技术产业

新一代信息技术是我国确定的战略性新兴产业之一，新一代信息技术，主要包括5G信息技术、集成电路、量子科技、人工智能、云计算、大数据、物联网等。新一代信息技术，不只是指信息领域的一些分支技术如集成电路、计算机、无线通信等的纵向升级，还包括信息技术平台和产业的代际变迁。

一、发展现状

（一）产业规模不断扩大

2013 年，中国电子信息产业销售收入总规模达到 12.4 万亿元，同比增长 12.7%。其中，电子信息制造业的主营业务收入实现 9.3 万亿元，同比增长 10.4%；软件和信息技术服务业实现收入 3.1 万亿元，同比增长 24.6%。中国主导的 TD-LTE 技术开始规模商用，4G 产业快速发展，带动通信设备制造业主营业务收入同比增长 20.2%，较 2012 年提升 6.1 个百分点。2017 年，深圳新一代信息技术产业增加值为 4592.85 亿元，比上年增长 12.5%，增速跑赢同期的 GDP。深圳形成了深圳软件产业基地、深圳湾技术生态园、坂雪岗科技城等新一代信息技术产业园区，代表性本土企业包括华为、中兴、海能达等。

《“十三五”国家战略性新兴产业发展规划》提出，到 2020 年，战略性新兴产业增加值占国内生产总值的比重达到 15%，形成新一代信息技术、高端制造、生物、绿色低碳、数字创意五个产值规模 10 万亿元级的新支柱，并在更广领域形成大批跨界融合的新增长点，平均每年带动新增就业 100 万人以上。

（二）“数字经济”将成为新一代信息技术产业的创新引擎

过去，移动互联网的成熟发展为数字经济的蓬勃发展奠定了基础。未来，新一代信息技术产业的发展会使数字经济进入一个新的发展平台，即一个“云+数据+人工智能”结合的广义数字经济正在浮现：公共云变成基础设施，数据变成生产资料，人工智能变成新的创新引擎，物联网成为互联网智能化技术与实体经济的黏合剂。

通信技术的稳步发展、网络带宽速度的大幅度提升、智能终端设备的快速普及，造就了前所未有的移动信息化网络环境，未来的数字经济将更加开放、创新。因此，加快了数字基础设施建设，包括 5G 通信网络、高速宽带网络、IP 地址、域名等网络基础设施的建设，加快构建高速、移动、安全、泛在的新一代信息基础设施，形成万物互联、人机交互、天地一体的网络空间，迫在眉睫。近年来，我国数字技术发展迅猛，向生产生活领域和公共治理领域广泛渗透，数字经济蓬勃发展。

2019 年，我国数字经济的增加值达到 35.8 万亿元，占 GDP 比重超过 1/3，在国民经济中的地位进一步凸显。在新冠肺炎疫情常态化防控背景下，数字技术将构建新的产业生态，形成更强大的创新活力，成为经济发展的新引擎。

（三）人工智能将成为新一代信息技术产业的新战场

新一代的信息技术是以人工智能为代表的泛技术，人工智能已经变成全球高科技企业之间最重要的一个新战场，竞争将会非常激烈。在新一轮的竞争中，中国的挑战如何从以市场规模领先转变为技术领先。全球市场里有非常多的机遇，尤其是中国的互联网科技和人工智能，很有可能在“一带一路”国家获得巨大的成功。比如：支付宝在印度与 PayTM 合作两年发展了 2.3 亿用户；阿里巴巴正在帮助马来西亚构建电商、物流、移动支付、云平台四位一体的发展模式；中国的共享单车也在全球引发了一轮新的自行车共享浪潮。未来，中国在“一带一路”国家中的互联网商业模式输出是一个重大的机遇。

人工智能作为新一轮产业变革的核心驱动力，将进一步释放历次科技革命和产业变革积蓄的巨大能量，并创造新的强大引擎，重构生产、分配、交换、消费等经济活动各环节，形成从宏观到微观各领域的智能化新需求，催生新技术、新产品、新产业、新业态、新模式，引发经济结构重大变革，深刻改变人类生产生活方式和思维模式，实现社会生产力的整体跃升。

（四）产业经济载体向大工程与大平台升级迈进

在人工智能与物联网引领发展的背景下，同时产生了智能化技术的集聚爆发和各行各业的场景革命两个趋势。在人工智能芯片、物联网技术等方面，需要“产、学、研”联动的一体化“大工程”模式，而在智能化技术与各行各业融合方面，需要一种开放的平台模式做“场景化创新”。实体经济与互联网、大数据、人工智能融合，只有广义的公共云服务承载这个“大工程+大平台”模式，人工智能等新一代信息技术才能最终兑现它的价值。

二、技术路径

（一）人机互连、混合现实、大数据、人工智能等新兴技术

从互联网技术到物联网技术，从虚拟现实技术到增强现实技术，从网络计算技术到云计算技术，从机器学习技术到深度学习技术，构成了人机互连、混合现实、大数据、人工智能等新兴的技术领域。新兴的信息产业，在大数据、虚拟现实等技术的驱动下，对我们制造企业产生了深刻的影响，推动了实体经济转型升级。新一代信息技术分为六个方面，分别是下一代通信网络、物联网、三网融合、新型平板显示、高性能集成电路和以云计算为代表的高端软件。

（二）5G 信息技术

5G 的应用场景包括增强移动宽带、海量机器类通信和超高可靠的低时延通信三大方面，前者带来的高清语音、云游戏等改善了人们的生活，后两者引发的物联网和工业互联网变革则充分体现了 5G 的真正价值。5G 将是产业区块链应用爆发的关键推手，海量机器接入互联网，不仅能改变互联网的基础性结构，也将极大丰富数据要素资源。区块链将以其先进的技术特性，使物联网在数据确权、流转、分配、交易等方面的效率大幅度提升，这将推动 5G 和万物互联时代产业区块链应用的大规模爆发。

我国的 5G 技术研发试验分为关键技术验证、技术方案验证和系统方案验证三个阶段。据 IMT-2020（5G）推进组介绍，第一阶段的关键技术包括大规模天线、新型多址、新型多载波、高频段通信等七个无线关键技术。目前已充分验证了上述关键技术在支持 Gbps 用户体验速率、毫秒级端到端时延、每平方千米百万连接等多样化 5G 场景需求的技术可行性。5G 时代的终端将会从 PC、手机过渡到数以亿计的物。无论是手表、手环、眼镜、衣服等可穿戴设备，还是无人机、无人汽车等，万物都会接入网络，这将释放数十亿个智能互联设备及其所生成数据的潜力。

2020 年是我国 5G 规模商用的关键之年，年内建成超 60 万个 5G 基站，同时在个人信息消费、车联网、工业互联网、远程医疗、在线教育等领域实现更多创

新应用，推动5G成为拉动经济增长的新引擎。三大电信运营商之前公布的5G发展“成绩单”显示，5G网络建设正呈现全力加速状态。在新冠肺炎疫情的防控中，5G在支撑科学抗疫方面发挥了重要作用。浙江人民医院医师借助中国电信的5G网络，为新冠肺炎疑似患者开出了全国首张远程超声诊断书。中国联通的5G+医疗云平台、5G+热成像人体测温方案、5G巡检机器人等在疫情防控中得到了广泛应用。中国移动在疫情防控指挥部、定点医院、方舱医院、数百家隔离点等新建5G基站，为医疗救治、集中隔离提供了全方位的通信保障。5G从信息通信领域向工业、交通、能源、农业等垂直行业延伸，加快了传统产业数字化、网络化、智能化转型升级。以工业互联网为例，中国联通与上海商飞共同打造面向航空领域的5G全连接工厂，实现了30多个场景的5G应用。中国电信积累了近300个5G+工业互联网的案例，在中建钢构，中国电信5G创新应用使企业内部成本降低超过4000万元，新业务增长点每年带来1.6亿元经济效益。我国正进入5G商用突破关键期，5G融合应用逐渐步入示范推广阶段，业务探索从单一化业务向体系化应用场景转变，其与人工智能、大数据等新技术融合发展，将变革人民生产生活方式，支撑数字经济高质量发展，助力开启万物泛在互联、人机深度交互、智能引领变革的新征程。

（三）可穿戴AI仿生手

清华大学智能机器人研究中心聚焦将仿生手做得更小、更轻便，同时具有感知外界的能力。京东数科自主研发的可穿戴AI仿生手外形灵巧，综合运用了仿生学、机械电子、材料学、生物医学和信息技术，拥有15个灵活的关节，可在0.5秒之内快速准确地识别和响应肌电信号，识别准确率接近100%。在此基础上，仿生手可实现多关节协同控制与精细操作，也能通过内置智能感知模块和AI算法进行自动操作。

京东数科智能机器人业务部总经理姚秀军指出，机器人与AI是一对非常完美的CP，这两个技术的结合对仿生手的发展和应用有极大的推动作用。京东数科可穿戴仿生手基于AI技术，能帮助伤残人士叠衣服、拉拉链、开关门、喝水、握笔写字、点按手机、提箱子等，成为手臂残疾人士的“再生手”，使他们的日常生活更为便捷。此外，这款仿生手还可用于特种作业，代替人员进入易燃、易爆、剧毒、放射性等危险环境中执行精细化的操作任务，也可进行复杂物品的分拣、搬运、摆放等，大幅提升了特种作业工人的劳动效率。

（四）区块链技术

区块链技术作为一门新兴起的技术，凭借着分布式账本、非对称加密、共识机制、智能合约等核心技术广泛应用于多个行业，为行业提供技术支持。目前区块链应用较多的是在金融、物联网和物流、公共服务、数字版权、保险、公益等多个行业。区块链作为去中心化的核心安全技术，未来在银行、审计、物联、医疗、公证、版权、社交等领域有广泛的应用前景。大数据和云计算时代数据的集中程度较高，导致云端中心的操纵权力过高，数据集体泄露的危险性加大，且所有数据都经过云端，效率低、成本高。

案例

Conflux 树图区块链技术

2020 年 8 月 19 日，湖南湘江树图区块链创新中心暨区块链底层技术及应用湖南省重点实验室揭幕仪式在岳麓山大学科技城岳麓科创港举行。这标志着国际领先的 Conflux 树图区块链技术正式入驻岳麓山大学科技城，它将依托大学城的科研优势、创新优势、人才优势与平台优势，加快区块链这一新兴信息技术在湖南的布局，培养区块链技术及应用人才，推动湖南省、长沙市产业高质量发展。

Conflux 树图分布式区块链公链系统已拥有完全自主知识产权，以全球最领先的 3000~6000TPS 的高吞吐量，突破了完全去中心化区块链公链系统的性能技术瓶颈，打破了欧美国家计算机底层技术代码的垄断。Conflux 树图区块链创始人、湘江树图区域链研究院院长龙凡认为，突破性能瓶颈的区块链技术，将成为一项被广泛应用的突破性技术，像蒸汽机、电力、互联网那样，改变社会和经济的运行方式，成为数字经济时代的高速公路或基础设施，为一切数字化及可以被数字化的交易场景提供信任保证。

湘江树图区块链创新中心将联手湖南大学，利用其优秀的科研条件和人才资源，建立区块链底层技术及应用湖南省重点实验室，开展学术交流、技术攻关，培养区块链专业人才，同时致力于定义未来区块链技术标准，为实现政务和行业数据的可信交换、高效利用和协同管理提供数据规范支撑。

据了解，湖南湘江树图区块链创新中心还将聚焦区块链核心关键技术和通用软件技术，与孵化企业探索将具有自主知识产权的新一代开源分布式区块链技术应用于湖南社会经济的数字治理，为政府及各行各业搭建适用于不同场景的、"公有开放"的、高性能的公有链底层平台，建立和完善应用生态，为赋能湖南智能管理、智能制造、转型升级提供坚实的技术保障，在湖南构建起以湘江树图区块链创新中心为核心的区块链产业生态。

第三节　生物产业

生物产业指以生命科学理论和生物技术为基础，结合信息学、系统科学、工程控制等理论和技术手段，对生物体及其细胞、亚细胞和分子的组分、结构、功能与作用机理开展研究并制造产品，或改造动物、植物、微生物等并使其具有所期望的品质特性。生物产业是可以为社会提供生物商品和服务的行业的统称，包括生物医药（服务产业）、生物农业（资源产业）、生物能源、生物环保以及生物工业（生物制造产业），微生物工业为最早的生物工业。

一、发展现状

（一）全球主要国家都注重生物医药研发

大量资本及人力投入使全球生物医药技术不断突破，新品种药物不断诞生。2013~2018年，全球在研发新药年复合增速为8%，2018年比2017年增加了395种新药。全球新药研发主力军为美国、欧盟、日本、韩国，其中美国具有绝对优势，占新药上市的五成市场。2018年全球生物医药行业并购总体交易额达到了1630亿美元，较2017年1360亿美元增长了20%。

（二）我国生物医药产业规模持续增长

2012年国务院颁布的《生物产业发展规划》，显示出了我国对生物技术产业的重视。自“十一五”开始，生物技术产业在我国以年均大约30%的速度递增，2011年生物技术产业总产值达到2万亿元，2013~2015年，我国生物技术产业总产值的年均增速全部超过20%。2015年，我国生物技术产业的总产值占国内生产总值的实际比重比2010年翻了一番，预计2020年我国生物技术产业的总产值将会达到6万亿元，并成为我国的支柱型产业。经过数十年的模仿进口和产业升级，目前我国的生物医药产业已经处于黄金周期的起点，政策、技术、人才、资金的共振将产生前所未有的产业动能，推动生物医药产业加速发展，造就一批优秀的企业，走出国门、走向世界。

（三）生物医药产业集聚化发展

国家级高新技术产业开发区（以下简称国家级高新区）和国家级经济技术开发区（以下简称国家级经开区）成为中国生物医药产业发展的核心载体。中国生物技术发展中心所调研的国际级高新区和国家级经开区2017年的生物医药产业产值分别为1.2万亿元和0.2万亿元，占各园区产业总量的比例分别为22.5%和9.6%。

中关村国家自主创新示范区、上海张江高新区、武汉东湖高新区、苏州工业园和济南高新区位列国家生物医药产业园区综合竞争力榜单前五位；中关村国家自主创新示范区领跑全国生物医药产业园区（见表8-1）。

表8-1 2018年中国生物医药产业代表地区特点

产业集群	代表地区	特点
环渤海地区产业集群	北京	人才优势突出，拥有丰富的临床资源和大批新药筛选、安全评价、中试与质量控制等技术平台
	天津	科技支撑实力突出，聚集500多家从事生产和研发的相关机构，中药现代化居全国领先水平
	山东	中国生物制药产业大省，具有国内领先的新药研发和产业化资源优势
	河北	制造基地，聚集了一批在全国有影响力、有竞争力的制药企业

续表

产业集群	代表地区	特点
长三角区域产业集群	上海	聚集了世界前十强药企，研发密集、融资条件好，是中国研发和成果转化中心
	江苏	生物医药产业成长性好、较活跃的地区，已形成苏州、南京、泰州、连云港等一批生物医药研发制造基地
	浙江	杭州东部医药港小镇主要引进生物技术制药、生物医学工程等高端研发及生产项目，并形成了一个500亿级的生物医药产业集群
珠三角区域产业集群	广州	较早发展生物医药，在生物服务和生物技术应用等领域形成了优势和特色，聚集了一批龙头企业
	深圳	自主创新能力强，国际化环境好，跨国企业投资力度大，生物医疗设备产业优势突出

资料来源：笔者根据公开资料整理。

(四) 政策支持生物医药产业发展的力度不断加强

近年来，我国政府多次出台强有力政策，着重提高生物医药的创新能力和产业化水平，为其提供自主创新的沃土，多维度鼓励创新发展，加快药品医疗器械注册上市流程，实现相关领域国产化，同时培育一批具备核心自主竞争力的产品，提升国产创新能力（见表8-2和表8-3）。

表8-2 药品相关的重要政策汇总

时间	发布机构	相关政策条例	核心点
2015年7月22日	原CFDA	《关于开展药物临床试验数据自查核查工作的公告》	药品临床试验
2015年7月31日	原CFDA	《关于征求加快解决药品注册申请积压问题的若干政策意见的公告》	药品注册
2015年8月19日	国务院	《关于改革药品医疗器械审评审批制度的意见》	药品医疗器械审评审批
2015年12月1日	原CFDA	《关于化学药生物等效性试验实行备案管理的公告》	药品试验

续表

时间	发布机构	相关政策条例	核心点
2016年3月5日	国务院办公厅	《关于开展仿制药质量和疗效一致性评价的意见》	药品质量和疗效一致性
2016年3月9日	原CFDA	《关于发布化学药品注册分类改革工作方案的公告》	药品注册
2016年5月18日	原CFDA	《关于发布人体生物等效性试验豁免指导原则的通告》	临床试验
2016年5月19日	原CFDA	《关于发布仿制药质量和疗效一致性评价参比制剂备案与推荐程序的公告》	药品质量和疗效一致性
2016年7月27日	原CFDA	《关于发布临床试验数据管理工作技术指南的通告》	临床试验
2017年4月5日	原CFDA	《关于发布仿制药质量和疗效一致性评价品种分类指导意见的通告》	药品质量和疗效一致性
2017年5月11日	原CFDA	《关于鼓励药品医疗器械创新加快新药医疗器械上市审评审批的相关政策（征求意见稿）》	药品医疗器械审评审批
2017年8月29日	原CFDA	《关于发布已上市化学药品生产工艺变更研究技术指导原则的通告》	药品生产工艺
2017年10月8日	中共中央办公厅、国务院办公厅	《关于深化审评审批制度改革鼓励药品医疗器械创新的意见》	整体性政策
2017年10月13日	原CFDA、原国家卫生计划委员会	《关于药物临床试验机构开展人体生物等效性试验的公告》	药品临床试验
2018年4月3日	国务院办公厅	《关于改革完善仿制药供应保障及使用政策的意见》	仿制药供应
2018年4月23日	国务院关税税则委员会	《关于降低药品进口关税的公告》	药品进口关税
2018年6月20日	国家药品监督管理局	简化程序，加快境外创新药国内上市	境外创新药国内上市
2018年7月24日	国家药品监督管理局	《关于调整药物临床试验审评审批程序的公告》	药品临床试验

资料来源：笔者根据公开资料整理。

表 8–3　与药品医疗器械相关的重要文件

时间	部门	文件
2015 年 8 月	国务院	《关于改革药品医疗器械审评审批制度的意见》
2016 年 3 月	全国人民代表大会	《中华人民共和国国民经济和社会发展第十三个五年规划纲要》
2016 年 4 月	国务院	《深化医药卫生体制改革 2016 年重点工作任务的通知》
2016 年 7 月	国务院	《“十三五”国家科技创新规划》
2016 年 10 月	原 CFDA	《医疗器械优先审批程序》
2016 年 11 月	国务院	《“十三五”国家战略性新兴产业发展规划》
2017 年 5 月	原 CFDA	《关于鼓励药品医疗器械创新加快新药医疗器械上市审评审批的相关政策（征求意见稿）》
2017 年 6 月	科学技术部、国家卫生和计划委员会、国家体育总局、原国家食品药品监督管理总局、国家中医药管理局、中央军事委员会保障部（六部门联合印发）	《“十三五”卫生与健康科技创新专项规划》
2017 年 6 月	科学技术部	《“十三五”医疗器械科技创新专项规划》
2017 年 10 月	中共中央办公厅、国务院办公厅	《关于深化审评审批制度改革鼓励药品医疗器械创新的意见》

资料来源：笔者根据公开资料整理。

（五）生物知识产权保护发展迅速

近年来，我国在医药领域和医疗器械领域的有效专利数逐年提升。医药在我国积淀时间更早，有效专利数高于医疗器械，但是近年来医疗器械专利的申请数高于医药专利申请数，医疗器械专利池不断扩大。专利技术的积累是生物医药领域创新的源泉，是国内企业追赶国外企业的重要推动力，叠加政策支持、药品医疗器械审评审批加速，国内企业、国产品牌正迎来发展良机，进口替代在多领域进行，市场地位逐步形成。

（六）人才保障不断夯实

生物医药产业正成为各地聚焦发展的引领性产业，生物医药成为人才工作的核心领域，国内各地人才政策不断出现升级版，人才政策体系不断完善、人才政策不断细化、政策可操作性不断增强，对人才的补贴力度也在不断加大，其目的是增强人才制度系统的科学性、可操作性，各地人才政策在部分条款也特别体现生物医药领域的个性化特征。如成都高新区“金熊猫”计划，在“金熊猫”人才创业企业自主研发产品（服务）采购补贴支持条款中，对生物医药和生物医学工程产业领域做出了较为明确的规定。

（七）研发投入不断加大

上市公司研发投入是重要的自主创新来源，上市公司基于自身的需求，最大化资金利用，创造具有核心竞争力的产品。从 2013~2017 年的数据来看，上市公司研发投入整体呈现逐年提升的趋势，2017 年平均每个公司研发投入约 1.14 亿元，同比增长 24%，占公司营收的比例为 5.5%，逐年稳健增长。

二、技术路径

（一）突破新型复杂细胞

细胞松弛素是一大类真菌代谢的产物，其具有免疫调节、细胞毒性和杀线虫、抑制肿瘤细胞等广泛的活性，极具药物研究价值。中国科学院昆明植物研究所在复杂细胞松弛素 Asperchalasine A 的全合成研究上取得了重要进展。此前，人们已分离得到细胞松弛素家族的 300 多个成员。近年来，华中科技大学陆续分离得到如 Asperchalasines A-H 的系列细胞松弛素类多聚体。其中，结构最为复杂的是 Asperchalasine A，因在特定周期对肿瘤细胞株具有显著的抑制活性，且对正常细胞株几乎没有影响，因而具有潜在的药物研究价值。邓军团队盯紧这一学界难题，并完成了此类分子的首次不对称全合成。在研究中，他们利用分子间的复杂反应，制备了关键天然产物，随后利用仿生合成策略，实现了分子间立体选择性反应，最终实现了这类分子的首次全合成，研究成果已发表在国际化学期刊《德国应用化学》上。

新生物药物有望根除白血病干细胞。来自耶路撒冷希伯来大学医学院的 Yinon Ben-Neriah 教授和他的研究小组已经开发出一种新的生物药物，数据显示对患有急性白血病的实验小鼠的治愈率为 50%。在这项新研究中，Ben-Neriah 和他的团队开发的新药就像集束炸弹一样发挥作用。它同时攻击多个白血病蛋白质，使白血病细胞很难激活其他可以逃避治疗的蛋白质。此外，这种单分子药物还完成了三四种不同药物的工作，减少了癌症患者需要接受多种治疗的需要，从而规避了常规治疗的副作用。“仅服用了一剂新药，几乎所有实验小鼠的白血病症状都在一夜之间消失了，我们很高兴看到这种戏剧性的变化。”Ben-Neriah 教授说。

（二）植物酶技术

植物“入睡”有“开关”，两种酶起关键作用，日本东京工业大学研究人员在美国《国家科学院学报》上发表报告称，两种分别名为 TrxL2 和 2CP 的酶共同发挥了让植物“入睡”的“开关”作用。植物体内一些蛋白质在“醒来”时会被还原，这两种酶能让它们重新被氧化，从而让植物“入睡”。氧化还原反应的循环使植物在“睡”与“醒”之间循环。这项发现阐明了植物在夜间防止能量浪费的机制，给植物科学基础研究带来新突破，有望为今后设计环境适应型作物提供方法。

Nature 子刊 *Nature Genetics* 上刊发了一篇华人学者的论文，揭示了植物开花的奥秘。这篇论文由中国科学院分子植物科学卓越创新中心的杜嘉木课题组与美国威斯康星大学麦迪逊分校的钟雪花课题组合作完成。开花的决定权，仅由一个蛋白掌握，它好像一个开关，决定植物是否开花。研究人员发现的这个蛋白叫作 EBS。很早以前，植物学家们就知道，如果 EBS 缺失，植物就会早开花，表明它在通常情况下，起到了抑制植物过早开花的作用。为了研究这个蛋白的作用机理，研究人员先在植物中寻找其结合的对象，结果令他们吃惊——EBS 不但能结合表观遗传学上的抑制信号，还能结合表观遗传学上的激活信号。也就是说，通过结合不同的信号，EBS 能开启或关闭相关基因，影响开花的时间。

通过结构分析，研究人员发现当环境适合开花时，EBS 蛋白会“变形”，让自己能更好地激活开花相关基因。这种有趣的行为激起了研究人员的兴趣。要知道，EBS 蛋白无论在动物还是植物中，都非常普遍。这表明同样的“蛋白开关”在许多生物中可能都存在，而这是我们之前未足够重视的一个研究方向。这种蛋白开关为生物的发育提供了许多灵活性。未来，科学家们有望利用这个分子开关，进行更多的实际应用研究。如果我们能缩短植物的生长周期，提前完成收获季，那对于许多作物来说可能是非常重要的。

(三) 工业与环境生物技术

研究人员发现甲烷在室温条件下可被直接催化转化。经过长期研究，研究人员在二维催化材料和纳米限域催化的基础上，发现石墨烯限域的单原子铁中心可以在 25℃ 的条件下，直接将甲烷催化转化为高附加值的 C1 含氧化合物。据悉，该项工作由中国科学院大连化学物理研究所催化基础国家重点实验室邓德会研究员和包信和院士带领团队共同完成，相关成果全文发表于 Cell Press 旗下的 *Chem* 期刊上。该成果发表后受到了国内外学者的广泛关注，被业内认为是甲烷化学领域的重要突破。此后，他们又借助高分辨液体核磁共振波谱和自行研制的飞行时间质谱原位表征等手段，揭示出甲烷催化反应的过程和本质，该工作不仅为温和条件下甲烷转化高效催化剂的设计提供了新思路，也推动了甲烷催化转化领域的创新发展。

丙烯高效催化剂打破了国外垄断。天津大学能源化学工程巩金龙教授团队成功研发出高效铂基催化剂，不仅显著提高了丙烯生产效能，还有望彻底打破西方国家对丙烯工业的长期技术垄断。该研究成果发表在《科学》杂志子刊物《科学进展》上。“谁掌握了更高效的催化剂，谁就掌握了烯烃工业的未来。”据天津大学能源化学工程团队负责人巩金龙教授介绍，铂基催化剂已广泛应用于“丙烷脱氢法”生产丙烯，其原理是利用铂等金属对丙烯的“催化脱氢选择性”进行提取和生产。天津大学能源化学工程团队研发的“高效铂基催化剂”拥有两大全新优势：一是“更纯”，通过高温还原和酸洗去除助剂金属杂质，使催化剂形成纯铂覆盖的核壳表面；二是“更强”，通过改变表面铂的电子状态，提升铂原子催化性，从而为工业实践中大幅度提高丙烯生产效率创造了可能，对我国化工生产行业具有极大的促进作用。

案例

大型血管造影机（DSA）

唯迈医疗公司研发的大型血管造影机（DSA）因造型神似大写字母“C”而被俗称为“大 C”，2020 年 8 月 20 日，这个“大 C”继 2 月通过海外 IEC60601 第三版系列标准测试，获得 ISO13484、ISO13485 体系认证与 CE 认证之后，又拿到了国内注册证，标志着极光智能七轴平板 DSA 将投入市场。这是国产高端 DSA 医疗设备从 0 到 1 的突破，将打破国际品牌垄断，填补国内高端 DSA 的空白。

数字血管造影机（简称“DSA”）是介入治疗影像导航的重要支撑设备，但国内介入手术所用的 DSA 几乎完全依赖国外进口。自主创新研发的“极光”是一款拥有多项专利的创新 DSA 智能血管造影机，配有国际最高端第三代大口径平板探测器，与通用医疗 Discovery IGS 730、西门子 ARTIS pheno 系出同门，凭借大口径平板探测器，该设备完美支持心脏、神经及非血管类的导管（介入）治疗，适合用于多科室复合手术等。

“大 C”在介入治疗中担当大任，是基于其具备“3、4、5”的核心优势，即三大智能技术、四项贴心设计以及五大高端技术，凭借高清图像以及灵巧稳定的性能，保证了临床治疗的安全与手术效率。三大智能技术包括：5A 高清图像智能引擎优化、We-Dose 微剂量智能平台、We-Link 互联融合。四项贴心设计包括：Ultra-Smart 机架运动、超广扫描范围、触屏床旁微电脑控制、一键便捷操作。五大高端技术包括：液态金属球管，安全可靠；智能栅控，更低剂量；超 4K 大屏，高清显示；全向漂浮式导管床等。

“大 C”的优势还体现在 We-Dose 微剂量智能平台在提供优质图像的同时，还能大幅降低辐射剂量。做介入手术的医生常常被称为“铅衣卫士”，医生在床旁进行手术，射线对身体有极大的伤害。“大 C”融合多项新技术，包括主动性的防御、被动性的提示，还有一些智能预测算法，能综合地提供一个剂量降低方案。对于医生来说，这样的产品使用起来更安全、更放心。

第四节　高端装备制造产业

高端装备制造产业指装备制造业的高端领域，“高端”主要表现在三个方面：第一，技术含量高，表现为知识、技术密集，体现多学科和多领域高精尖技术的继承；第二，处于价值链高端，具有高附加值的特征；第三，在产业链占据核心部位，其发展水平决定产业链的整体竞争力。

一、发展现状

（一）全球各国高度重视高端装备制造业发展

世界各国都将发展高端装备产业的核心技术提升为国家发展战略，先后出台各类辅助政策措施，激励本国制造产业换代升级，以谋求在新一轮产业革命角逐中占据有利地位，确保其在全球价值链分工中占有一席之地。

发达国家积极推动新兴技术与装备制造业的融合发展，推动工业制造技术的高端化与智能化；通过重构制造业产业链条，让更多的高附加值生产制造环节回归本土，提高本国工业经济与竞争实力。当前，美国、德国、日本等制造业传统强国，已经切入到新一轮的工业革命中，引导生产方法与模式创新，以确保未来在全球产业体系与全球价值链分工体系中继续保持领导地位。例如，美国积极推动国家制造业创新网络建设，以技术创新的先发优势继续保持全球领先地位；德国积极制定高科技战略，确定了五大领域的关键技术和十大未来项目。

新兴国家通过国家政策大力推动先进制造业发展，积极抢占未来高端装备制造业的巨大市场，逐步进入价值链的核心层，冲击全球制造业传统格局。如巴西公布了工业强国计划，印度颁布了国家制造业政策等。

此外，泰国、印度尼西亚和越南等国家依靠资源、劳动力等比较优势，开始在中低端制造业上发力，以更低廉的成本参与劳动密集型制造产业。发达国家的再工业化和发展中国家的低成本制造竞争使全球高端制造产业结构的重组速度加快。

（二）高端装备制造业发展面临挑战

目前，我国已经成为制造业大国，但大而不强、产业结构不优、资本使用不佳等问题导致高端装备制造领域大部分核心技术被国外掌控。在高端装备领域，我国80%的集成电路芯片制造装备、40%的大型石化装备、70%的汽车制造关键设备及先进集约化农业装备仍然依靠进口。近几年，我国科技转化率不足15%，远低于发达国家40%~50%的水平。当前，我国装备制造业中的大部分细分产业在全球价值链中仍然处于中低端位置，尤其是关键材料和核心零部件仍受制于发达国家。但是，强大的制造业基础、高强度的研发投入、巨大的内部市场需求和不断的高科技人才供给，将促进我国在高端装备制造业逐渐实现量的积累和质的突破。

（三）高端装备制造业发展规模不断扩大

改革开放40多年来，我国制造业飞速发展，已经成为世界上工业体系较完备、工业产值与规模较大的国家。高端装备制造领域，我国智能制造装备、海洋工程装备、先进轨道交通装备、新能源汽车等新兴产业的发展已经取得显著成绩，高端装备制造业产值占装备制造业的比重超过10%，高端装备制造业已经成为我国国民经济的支柱产业。从未来趋势看，我国将逐步改变世界高端装备制造业格局，重塑世界高端装备产业链和价值链，成为一支重要的国际力量。在新一轮科技革命推动下，我国高端装备制造企业逐步进入高铁、航空航天、卫星通信、智能制造等高附加值产业环节，推动技术创新和产业变革，打破发达国家掌控的全球价值链固化状态。在世界高端装备制造产业格局重塑的过程中，中国企业成为一张亮丽的名片。

（四）高端装备制造业发展政策体系不断完善

我国高度重视高端装备制造产业的发展：早在2006年，国务院就出台《关于加快振兴装备制造业的若干意见》，提出发展一批有较强竞争力的大型装备制造企业集团，增强具有自主知识产权重大技术装备的制造能力，基本满足能源、交通、原材料等领域及国防建设的需要；2016年11月，国务院发布

《"十三五"国家战略性新兴产业发展规划》指出，重点发展航空航天装备、海洋工程装备、先进轨道交通装备等八大领域，力争到2020年，高端装备与新材料产业产值规模超过12万亿元；2017年11月，《海洋工程装备制造业持续健康发展行动计划（2017-2020年）》指出，到2020年力争步入海洋工程装备制造先进国家行列。

地方层面：各地加快出台各项高端装备制造产业发展政策。①京津冀地区。2017年12月，《北京市加快科技创新发展智能装备产业的指导意见》出台，指出到2020年智能制造等领域形成10家左右具有一定规模的系统解决方案供应商，打造全国高端装备产业创新示范区和系统解决方案策源地。②长三角地区。2017年2月，《上海促进高端装备制造业发展"十三五"规划》出台，提出到2020年产业保持平稳增长，装备制造业增速快于全市工业平均水平，装备制造业占全市工业总产值的比重达到40%左右。③珠三角地区。2018年6月，《深圳市发展和改革委员会关于组织实施深圳市高端装备制造产业2018年第一批扶持计划》指出精密制造、航空航天装备、轨道交通装备及系统为重点支持领域。④中西部地区。2017年1月，《湖北省智能制造装备"十三五"发展规划》提出到2020年湖北省智能制造装备产值力争达到2000亿元，加速建成国家级智能制造装备产业基地。

在国家和地方的大力支持下，高端装备制造产业得到快速发展。2018年，我国高端装备制造业销售收入约9.2万亿元，较2015年的6.4万亿元增长43.75%。

二、技术路径

（一）大飞机技术

中国在高端装备制造业领域的代表性企业有中国商飞、中国中车、中国石油装备制造、库卡机器人、格力智能装备等。在航空领域，中国尤其注重国产民航客机的交付情况，国产ARJ21飞机的交付速度越来越快，就是最好的证明。中国产的大飞机C919预计商用时间是2021年，这个时间离我们已经很近了。

(二) 智能电表技术

从机械电能表到电子电能表，再到现在的智能电表，电表的功能已完成了从解决最基础的精准计量、自动抄表需求，到实现对电网运行状态把脉监测的演进。当前，智能电表不仅是电力计费结算的法定器具，还是智能电网的重要传感器。智能电表的费控功能已臻于完善，智能电表的传感器功能还有很多可挖掘的价值。通过分析智能电表所采集的数据信息，不仅可看到电网的运行情况、设备的具体状态，还可了解电力用户的用电习惯，预测负荷变化，开展用户需求侧管理等。智能电表将成为电网实现数字化、智能化转型的基础。

下一阶段，智能电表技术的发展有以下几个方向：一是电表本身需满足计量原始数据的可追溯性与非计量功能兼故又相对分离等要求；二是向双芯、多芯化，电表操作系统远方在线升级，就地边缘计算和数据智能处理，M2M 协同，数据共享与安全兼故发展；三是通信和网络技术需革新升级。

当前已有许多企业研发出多种适应智能电表的通信和网络技术。例如，宽带载波、低功耗无线、蓝牙、“四网融合”通信等技术，其中有些产品已经投入市场。最终哪一种通信方式能占据主流，还有待市场检验。

(三) 油气电混合动力内河船舶技术

“新长江 26007”轮由长航集团所属上海长江轮船有限公司实施改造，是长航集团践行“共抓大保护，不搞大开发”长江经济带发展国家战略和“生态优先、绿色发展”理念，助力长江航运绿色高质量发展的一项重大创新举措。该轮于 2019 年 10 月启动改造工程，通过多方联合协同攻关，并克服了新冠肺炎疫情所带来的诸多困难，顺利完成了改造。

该船舶具有以下三个特点：一是安全可靠。“新长江 26007”轮采用双壳体、低温的 LNG 燃料罐，安全性能获得中国船级社产品证书认证。同时，燃气、燃油两套动力系统分隔为两个独立机舱，独立运行、独立控制，可智能切换。整套安保控制系统由中船重工研发，技术领先，确保 LNG 系统安全可靠。二是节能环保。在燃料使用上，LNG 与传统柴油相比，环保优势突出。实验测算显示，在相同能量功率输出下，天然气的氮氧化物减排 90%，硫氧化物和 PM2. 5 排放几乎减少 100%，船舶污染物排放大幅减少，彻底消除“冒黑烟”现象，LNG 动力已经成为船用绿色环保动力的首选。三是经济高效。该轮在不同的航行状况下使用不同的驱动模式，以最大程度确保航行的安全可靠性和经济性。正常运营时，仅需采用电力推进方式即可满足航行需求，较传统动力可减少10%的燃料使用；同时LNG价格比柴油更具优势，价格成本同比可下降25%~30%，经济性显著。

（四）物流机器人技术

在“工业4.0”理念的推动下，制造企业的生产方式向柔性、智能、精细转变，构建以智能制造为根本特征的新型制造体系迫在眉睫。生产物流的自动化和智能化成为提高企业生产效率、降低生产成本、提高设备利用率的重要手段，物流机器人在生产物流中扮演的角色也越来越重要。

物流机器人技术的发展面临三个机遇。一是技术突破和技术融合带来的重大机遇。随着新技术的突破和融合，当代机器人被赋予了人工智能、大数据网络、感知系统等一体的高技术，并不断向其他领域拓展和延伸，这是未来机器人发展的希望。二是制造模式变革带来的机遇。全球正在进入一个新的智能制造时代，全球行业产能过剩开始迈向根据市场需求的个性化定制，批量、刚需、大规模的制造模式将退出舞台，生产要素将发生巨大变化。三是中国机器人产业正处在一个调整和升级的时期，从过去追求数量的发展向智能化、柔性化高端发展，机器人企业迎来洗牌和再生关键节点。

当然，物流机器人技术的发展也面临严峻的考验，我国物流机器人该如何迎接挑战呢？一是关键核心技术需要进一步提升。围绕市场和产业发展需求，加强机器人关键零部件和高端产品的技术和质量公关。二是以标准化推动行业规范发展。鉴于当前物流机器人领域无序竞争严重、发展不规范的现状，亟须建立健全统一的机器人产业标准体系。三是产业链融合共生。对于物流机器人未来的发展，目前行业内呼声最高的举措莫过于产业链融合共生。四是加快推进高技能人才队伍建设。加大机器人领域高技能人才的教育培训力度，培养从系统集成、安装调试、操作维护到运行管理的多层次、多类型的应用型人才。

案例

拉普拉斯的高端装备制造

深圳市拉普拉斯能源技术有限公司（以下简称拉普拉斯）于2016年5月在深圳创建，致力于半导体、光伏、航空航天等领域所需高端装备的研发、生产和销售。公司拥有多名海归博士及欧美设备专家，主要产品包括扩散设备、镀膜设备等。由于其产品出色的实力，公司于2019年获得连城数控投资。据悉，拉普拉斯无锡项目总投资10亿元，将建成年产500台（套）半导体、光伏制造装备的生产基地，产能为深圳基地现产能的5倍。

拉普拉斯拥有大量发明专利，填补了国内光伏制造高端装备领域的多项空白，短短数年崛起成为行业重要的中坚力量。业内专家认为，拉普拉斯将推动国产高端半导体装备实现超越和领先。

2020年光伏进入景气周期，连城数控加紧扩产，无锡是公司此轮扩产的战略要地。2020年3月，连城数控凯克斯半导体装备项目在无锡举办了开工奠基仪式，产品主要是长晶炉。

同时，连城数控参股的上海釜川在无锡投建的高端装备（半导体、光伏）研发制造项目也已开始紧锣密鼓地研发和生产，该公司主要的产品是半导体清洗设备。

此外，由连城数控和海归专家团队联合发起成立的艾华科技也落户无锡。该项目专注于半导体薄膜外延生长技术装备的开发、设计、生产和服务，主要服务于新能源、半导体和纳米加工等工业应用方向的高端装备研发项目。

连城数控致力于发展成为全球领先的光伏与半导体设备供应商，目前在辽宁大连、江苏无锡和美国纽约州的罗切斯特等地设有工程技术研发中心，专注于为半导体和光伏产业链的客户提供晶体生长、切磨加工、光伏电池工艺等制造设备和数字化智能工厂整体解决方案，产品拥有国际先进水平的技术优势。

第五节　新能源产业

新能源产业主要源于新能源的发现和应用。新能源指刚开始开发利用或正在积极研究、有待推广的能源，如太阳能、地热能、风能、海洋能、生物质能和核聚变能等。新能源产业是衡量一个国家和地区高新技术发展水平的重要依据，也是新一轮国际竞争的战略制高点，世界发达国家和地区都把发展新能源作为顺应科技潮流、推进产业结构调整的重要举措。

一、发展现状

（一）新能源产业建设规模不断壮大

目前，中国已经成为全球新能源利用规模最大的国家。截至 2018 年底，中国新能源发电装机达到 4.17 亿千瓦，约占总装机容量的 22%。新能源发电 0.9 万亿千瓦时，约占全社会发电量的 13%。其中，风电装机容量 1.84 亿千瓦，累计装机和新增装机连续九年位居世界第一；光伏发电装机容量增加至 1.75 亿千瓦，连续四年位居世界第一；生物质发电装机 1781 万千瓦，规模居全球第二；核电装机 4466 万千瓦。2017 年底，中国地源热泵装机容量达 2 万兆瓦，位居世界第一。水热型地热能利用以年均 10% 的速度持续增长，已连续多年居世界首位，关键技术进步显著。经过多年发展，新能源领域科技创新能力和技术装备自主化水平显著提升。

（二）新能源产业保持稳步发展态势

从近几年中国新能源产业的发展趋势看，中央企业和地方国有企业在风电、核电、太阳能、生物质能等领域加大了投资，如东部沿海地区的核电站项目、西北地区的风电项目和太阳能光伏产业基地的建设等，主要由大型国有企业推动和实施。整体看，大型国有企业在新能源领域的投资力度不断加大。

风电开发“稳中有进”，分散式风电和海上风电稳步发展。尽管在政策调整下，国内光伏新增装机量有所下滑，但受益于海外市场增长，我国光伏产业规模稳步扩大，技术创新不断推进，出口增速不断提升。

当前，能源转型成为全球发展趋势，我国新能源正处于实现跨越式发展的基础期和转向“平价”的关键期。2019 年，我国以风电、光伏为代表的新能源产业继续保持平稳有序发展，依靠技术进步降本增效，不断向平价上网目标迈进。但也要看到，我国风电、光伏等新能源在向主力能源发展的过程中，仍面临着电网消纳空间限制、电网协同稳定性不足和其他传统能源竞争以及电力体制改革有待突破等问题。2003~2019 年，中国新能源投资金额和投资数量呈上升趋势。其中，2017 年中国新能源投资数量最多，达 39 笔；2019 年投资金额最高，达 1248528.5 亿元。

（三）新能源产业技术进步迅速

风电装备制造技术已经达到了世界先进水平。现阶段大型风电机组整体上处在发展阶段，但是很多技术研究已经达到了国际一流水平，主要设备制造基本上实现了系列化、标准化。低风速、高海拔风电技术取得突破性进展。海上风电整机和关键零部件设计制造技术水平逐渐成熟，海上风电装备基本具备国产化能力。国内中小型风电的技术中“低风速启动、低风速发电、变桨距、多重保护”等一系列技术得到国际市场认可，处于国际领先地位。光伏发电技术世界领先。经过多年发展，我国光伏电池技术创新能力显著提升，光伏转换效率不断提高，规模化光伏开发利用取得重要进展。晶体硅太阳能电池产业技术在国际市场具有很强的竞争力，除个别高效电池生产用等离子体增强型化学气相沉积（Plasma Enhanced Chemical Vapor Deposition，PECVD）、硼扩散等设备外，光伏制造的整套生产线均已实现国产化。生物质能利用技术日趋成熟。生物质成型燃料压缩转换技术达到国际先进水平；生物质沼气工程转向规模化与高值化开发利用；生物质直燃锅炉、垃圾焚烧锅炉、汽轮发电机组、秸秆燃料成型机等主要设备均已实现国产化，并且出口国际市场。地热能勘探技术不断成熟。热泵技术快速发展，形成适合中国国情的大型地源热泵、高温热泵和多功能热泵系统，主要技术与装备已基本实现国产化。地热尾水回灌技术取得一定进展，岩溶型热储的尾水同层密闭回灌技术较为成熟。

(四) 新能源行业发展融资有压力

新能源企业一般是中小型民营企业，在我国境内融资存在困难。首先，银行不愿意贷款给规模小、前景不明的企业；其次，中国的风投或私募基金难以对某个行业进行长期深入的研究，不了解企业技术成熟度等关键性问题，对投资新能源持观望态度；最后，中国市场变数相对较多，市盈率等关键数据难以准确计算。

银行的不良贷款很大一部分来自于新能源领域。这些不良贷款的记录直接影响了银行对新能源企业和项目放款的态度，新能源行业的融资前景堪忧。

二、技术路径

(一) 核电领域数字化射线检测技术

计算机射线成像检测技术（CR 检测技术）在中核集团秦山第二核电厂 308 大修中成功应用，顺利完成了常规岛近百道管道焊缝的射线检查工作，填补了核电领域数字化射线检测技术应用空白，为核电领域无损检测的数字化技术变革提供了强有力的支撑，对推动核电领域数字化射线技术的应用发展具有重大意义。

射线检测技术作为常规无损检测方法之一，以胶片成像的应用最为广泛。传统的射线胶片需经过布片、曝光、洗片、烘片等过程，工序烦琐、检测周期长、胶片不可复用、底片存档条件严格，且洗片产生的废液也需要妥善处理。为保护环境、优化成本、提高效率，秦山核电技术支持处协同合作单位组建 CR 检测技术开发团队，历时两年，编制完成多份技术文件，经过方案审批、试验、试拍、成果验收后，成功实践 CR 检测技术应用。

实践表明，CR 检测技术相较于传统胶片射线技术具有适用性强、成本大幅优化等优势，借助软件的图像处理功能，缺陷更易于被识别和评定，图像质量接近传统胶片射线技术的水平，满足标准要求，且具有较高的检测灵敏度，还可实现远程评片，为发现焊缝缺陷、确定维修方案提供了重要技术支持，也为底片数据化管理打下坚实基础。

（二）浮式海上风电技术

浮式海上风电作为一种能够开发更深、更远海上风资源的技术，有助于扩大对海上风资源的利用范围，突破水深对立柱式海上风电施工带来的限制，同时也能有效降低施工对海洋环境的负面影响。在中国农机工业协会风力机械分会副秘书长年方清看来，漂浮式风电的发展动力主要来自于发展需要、资源禀赋、政策激励等多个方面。我国漂浮式海上风电技术的研究已开展多年，目前行业内也呈现出越来越多的企业开展研究的局面。立足于国际市场，着眼于五年之后，当能源转型、应对气候变化，或者需要建设“能源岛”时，积极布局浮式风电的企业就会拥有良好的发展先机。

（三）新动能氢能及燃料电池技术

新动能氢能及燃料电池技术正成为全球能源技术革命的重要方向，日本、美国、欧洲、韩国等国家都将其作为未来能源战略的重要组成部分。在此背景下，“山东氢能及燃料电池产业发展战略研究”作为战略引领类课题，被纳入第二十二届中国科协年会10项重点选题中。在氢能及燃料电池汽车产业领域，山东省已初步建立从关键材料、燃料电池电堆、燃料电池发动机到整车的研发、生产体系，摸索出一套科学高效的示范运营模式。今后，山东省将加快培育壮大氢能及燃料电池产业，使其成为新旧动能转换的先行产业、创新引领的先导行业、经济发展的优势产业。

（四）太阳能光伏产业技术

从整个太阳能产业链来看，太阳能是没有污染、低耗能的，只有上游生产环节是有污染和非低碳的，但其可控。随着多晶硅技术进步，低能耗还原、冷氢化、高效提纯等关键技术环节的效率进一步提高，副产物综合利用率进一步增强。光伏产业主要有两大技术路线：晶硅电池和薄膜电池。晶硅太阳能电池是目前发展较成熟、商业化程度较高的产品，市场占有率达90%以上。薄膜电池的技术还在初期发展阶段。

我国光伏电池制造产业快速发展，已经形成了包含硅材料、器件、生产设备、应用系统等较为完整的产业链，光伏电池转换效率不断提高，制造能力迅速扩大。无论是装备制造还是配套的辅料制造，国产化进程都在加速。在光伏产业链中，有实际产能的多晶硅生产商有 20~30 家，硅片企业 60 多家，电池企业 60 多家，组件企业 330 多家。到 2010 年底，国内已经有海外上市的光伏产品制造公司 16 家，国内上市的光伏产品制造公司 16 家，行业年产值超过 3000 亿元，进出口额 220 亿美元，就业人数近百万人。

我国多晶硅产业技术与国际先进水平的差距在缩小。少数企业还实现了四氯化硅闭环工艺，使综合能耗和生产成本大大降低，并彻底解决了四氯化硅的排放和环境污染问题。截至 2012 年底，两家多晶硅生产商的能耗与成本接近国外同行先进水平，多晶硅能耗水平达到每千克耗电 40 千瓦时，成本下降到每千克 20 美元以下。2011 年，国内多晶硅产能接近 16 万吨，产量在 8 万吨左右，自给率虽然还不到 50%，但是完全依赖进口的局面有了很大的改观。光伏设备制造业逐渐形成规模，为产业发展提供了强大的支撑。在晶体硅太阳能电池生产线的十几种主要设备中，八种以上国产设备已在国内生产线中占据主导地位。其中单晶炉、扩散炉、等离子刻蚀机、清洗制绒设备、组件层压机、太阳模拟仪等已达到或接近国际先进水平，性价比优势十分明显。多晶硅铸锭炉、多线切割机等设备的制造技术取得重大进步，打破了国外产品的垄断，有些设备开始出口，如扩散炉、层压机等。

我国已经掌握了产业链的各个环节中的关键技术，并在不断地创新和发展，如电池技术、多晶硅制造技术等，多晶硅电池的平均出厂效率达到 16%。尚德电力的冥王星技术将单晶硅太阳电池的有效面积转化效率提高到了 18.8%，多晶硅达到 17.2%。英利集体、天合光能、阿特斯太阳能、晶澳太阳能、韩华集团、南京中电等国际化公司也都持有自己的专有技术，电池的转换效率均达到世界一流水平，平均每瓦太阳能电池的高纯硅材料的用量从世界平均水平 9 克下降到 6 克，大大降低了制造成本，使我国光伏组件在世界上具有很强的价格竞争力。

2018 年，规模化生产的多晶黑硅电池的平均转换效率达到 19.2%，使用 PERC 电池技术的单晶和多晶黑硅电池的平均转换效率提升至 21.8%和 20.3%，较 2017 年分别提升 0.5 个和 0.3 个百分点，N 型 PERT 单晶电池的平均转换效率已经达到 21.5%。双面 N 型 PERT 电池和异质结（HJT）电池已进入量产，并且会成为未来发展的主要方向之一。在单晶硅领域，2017 年我国已全面取代砂浆切片技术。金刚线切割在多晶领域的应用需要解决铸锭过程中形成的碳化硅硬质点和电池工艺的制绒技术问题。2018 年多晶硅片切片基本从砂浆切向金刚线切转换，2019 年基本全面被取代。

通过技术革新和精益生产，浙江奔一电气有限公司在直流元器件领域的制造技术已达世界先进水平，正在不断加大“走出去”的步伐，深度融入“一带一路”沿线市场。在技术研发和自主创新方面，其是业内较先达到使用类别 PV2 标准的企业，已取得多项发明专利和资质认证，硕果颇丰，特别是组串式逆变器专用的直流开关是国产中唯一拥有 UL 认证的直流开关产品。此外，奔一还与海外有实力的企业强强联合，根据不同市场特性，通过优势互补，开发适合各国当地发展、市场需求的产品及服务，获得了多国战略合作伙伴的高度认可。

案例

秸秆资源的新能源利用

东北地区作为中国的大粮仓，秸秆资源丰富，但焚烧秸秆会带来环境污染。目前，中国北方清洁能源企业积极将秸秆利用与能源政策紧密结合，探索秸秆利用新路。从现实看，以秸秆生物质成型燃料高效燃烧做热源，投资少、见效快，燃料来源有保障，也符合国家政策导向。该公司与吉林大学、东北电力大学等高校开展战略合作，建设生物质智能供热产学研实验室，突破了秸秆利用技术难关，该公司也成为吉林省首例粮食烘干系统改燃成功的企业。该公司每年可消纳约 60 万吨秸秆，但这只是起步阶段，如果后期推广得好，将有成倍的增长。

一家公司做得再大也难以覆盖中国北方这个大市场。多家公司表示愿意出售技术，带动更多企业加入进来，这样才能真正将秸秆大规模利用起来。随着新能源的广泛应用，大量的资金、企业、人才向新环保新能源领域汇集，形成了新型材料层出不穷、新技术不断面世的良好局面。

第六节　新材料产业

“新材料产业”包括新材料及其相关产品和技术装备，具体涵盖新材料本身形成的产业；新材料技术及其装备制造业；传统材料技术提升的产业等。与传统材料相比，新材料产业具有技术高度密集，研究与开发投入高，产品的附加值高，生产与市场的国际性强，以及应用范围广、发展前景好等特点，其研发水平及产业化规模已成为衡量一个国家经济社会发展水平、科技进步程度和国防实力的重要因素，世界各国特别是发达国家都十分重视新材料产业的发展。

一、发展现状

（一）产业规模与市场占有率不断扩大

进入 21 世纪以来，中国新材料产业规模不断扩大。2017 年我国新材料产业规模为 3.1 万亿元，其中，特种金属功能材料占比约 32%，高端金属结构材料占比约 19%，先进高分子材料占比约 24%，新型无机非金属材料占比约 13%，高性能纤维及复合材料占比约 9%，前沿新材料占比约 3%。方大炭素公司碳素制品的综合生产能力达 23 万吨，是优质碳素制品生产企业。株洲时代新材料科技股份有限公司以高分子材料研究及工程化推广应用为核心，2018 年完成销售收入 120 亿元。贵研铂业股份有限公司 2018 年营业收入 170 亿元，实现净利润 1.5 亿元。2018 年新材料产业实现产值 3.9 万亿元人民币，2011~2018 年，复合增长率超过 25%。稀土功能材料、先进电池材料、光伏材料、超硬材料、特种不锈钢、先进玻璃纤维及其复合材料等产能居世界前列。半导体照明形成了比较完整的研发与产业体系，2018 年产业规模超过 7300 亿元。稀土磁性材料、稀土储氢材料的产量约占全球的 80%，其中，稀土磁性材料 2018 年的产量达 15.6 万吨。

（二）研发能力与水平进一步提升

我国已建成门类齐全的材料研发和生产体系，2018 年科技论文和发明专利均位居世界前列。近年来，通过产学研用结合，一批核心技术取得了实质性突破，许多重要的新材料技术指标大幅提升，部分研究成果在相关领域得到推广应用。偏硼酸钡（BBO）、三硼酸锂（LBO）和氟硼铍酸钾（KBBF）等非线性光学晶体研究居国际领先水平并实现了商品化。太阳能电池关键材料技术指标达到了国际先进水平，光伏发电成本降低到 1 元/千瓦时以下。300 毫米硅片可满足 28 纳米技术节点的集成电路要求，并已成功拉制 450 毫米硅单晶。T300 级和 T700 级碳纤维实现了稳定生产，已应用于航空航天装备，T800 级和 M60J 碳纤维关键技术取得突破，正在开展工程化研究。石墨烯、过渡金属硫化物等二维材料研究方兴未艾，相关材料实现了初步应用。

（三）产业区域集聚态势初步形成

近年来，我国各级政府积极推动新材料产业基地建设，产业聚集发展的良好态势初步形成。长三角地区在电子信息、航空航天、新能源、新型化工等方面形成了明显的区域特色。粤港澳地区生物医用材料、新型显示材料、改性工程塑料、先进陶瓷材料等产业的集中度高，发展迅猛。京津冀地区的技术创新推动作用明显，在半导体硅材料、石墨烯材料等多个领域具有较强优势。此外，江西、内蒙古的稀土新材料，云南和贵州的稀贵金属新材料，安徽的新型化工材料和新型建材，浙江宁波的钕铁硼永磁材料，江苏徐州、河南洛阳的多晶硅材料，江苏苏州的纳米材料以及福建的锂离子电池及材料也都形成了各自的区域发展特色。

（四）应用示范和支撑重大工程的作用日益显现

新材料产业是建设重大工程、巩固国防军工、构建节能环保社会的重要技术支撑和基础保障。国家部委及各级政府组织实施了“节能产品惠民”“十城万盏”“十城千辆”“金太阳”“互联网+”等重大应用示范工程，并出台了相关支持政策。随着全社会绿色、低碳、节能环保意识的提高，新材料趋向高性能、低能耗，不断满足资源节约、环境友好的要求，对节能减排起到了重要作用。以先进有色金属、特殊钢、高温合金为代表的高性能结构材料和碳纤维及其复合材料支撑了当今高技术的发展，在高速铁路、大飞机、载人航天、探月工程、超高压电力输送、超超临界燃煤发电机组、深海油气开发等重大工程中做出了重要贡献。

(五) 产业发展的政策环境持续优化

我国对产业发展政策及体制改革的力度不断加强。“十三五”期间，我国政府相继发布了战略性新兴产业发展规划和相关科技发展专项规划。工信部、国家发改委、科技部和财政部联合出台了《关于加快新材料产业创新发展的指导意见》，对先进基础材料、关键战略材料和前沿新材料的发展进行了部署。国务院印发了《“十三五”国家科技创新规划》，在先进结构材料技术、先进功能材料技术和变革性的材料研发模式与绿色制造新技术等方面规划了发展重点。近年来，国家和地方在政策、资金等方面持续增强对新材料产业的支持力度，例如工信部率先成立了国家动力电池等多个创新中心；山东省开展新旧动能转换，与天津大学成立了稀土催化研究院，形成学术、科技和产业强强联合的格局。产业政策环境的不断优化，使新材料成为“工业强基”的重要支柱和制造业高质量发展的坚实基础。

二、技术路径

(一) 形状记忆聚合物复合材料技术

质轻、价廉、变形大、易编程、弹性模量可调的形状记忆聚合物（Shape Memory Polymer，SMP）在过去的三十年得到了广泛的研究与发展。目前，已经开发出了形状记忆聚氨酯、形状记忆环氧树脂、形状记忆氰酸酯树脂、形状记忆聚酰亚胺等几种 SMP 材料。除了开发新品种的 SMP，SMP 及其复合材料在建材、纺织品、航空航天、电子、医疗器械、机器人、信息、生活日用品等领域的应用研究也得到了科研学者的广泛关注。

近年来，随着科学技术和制造业水平的发展与提高，SMP 独特的形状记忆效应和可调谐弹性模量为基于 SMP 的柔性光/电子器件（SMPFEDs）的研究和应用开辟了新的领域。SMP 及其复合材料的新功能和新特性赋予了柔性光/电子器件更多的功能，从而出现了一些新的应用。中国形状记忆聚合物复合材料处于全球领先水平，新材料意味着新性能、新工艺和新产品，人类社会每一次技术革命往往都跟材料科技的进步有关。

碳纤维复合材料“跟跑”世界先进水平。据 C919 材料提供方、中国航天科工集团有限公司、航天海鹰（镇江）特种材料有限公司负责人介绍，目前 C919 后机身后段、后机身前段、副翼、垂尾，采用的都是复合材料。中国大飞机目前还属于“跟跑”阶段，复合材料的使用占比为 20%。中俄合作研制的 C929 飞机，复合材料的使用比例达到 50%，中国将与国际先进水平处于“并跑”阶段。

飞机减重是一个永恒的主题，复合材料的使用是重要环节之一。近年来，我国在碳纤维复合材料上取得了突飞猛进的发展，但与国外相比，我们还有很大的进步空间。中国的复合材料生产技术总体上处于第二代水平，国外大约在第三代水平。目前中国正在突破第三代关键技术，但还未实现应用。另外，我们在复合材料制造的成本和质量上跟国际先进水平还有差距。一个好材料的应用除了材料本身，还跟设计有关系。复合材料设计和金属材料设计完全不一样，金属材料设计就是结构设计，它不涉及材料工艺，复合材料的运用既涉及结构，也涉及工艺，是结构设计和工艺设计的统一，目前我们这方面的人才还比较欠缺。

记忆复合材料，温度一升高材料就变形，可使太空中太阳能帆板自动展开。同样在太空，利用材料的记忆功能，温度变化可使手机盖展开和缩紧；使用复合记忆材料，未来甚至可能生产出可折叠的飞机——这是靠高分子材料本身的功能来实现的，在一定温、光、电条件激励下，材料可以靠自身的记忆呈现某种形态。据了解，利用智能形状记忆聚合物的主动变形特性，设计研制出的空间展开铰链，具有主动变形、自锁定、成本低、可大尺寸成型等特点。基于形状记忆聚合物复合材料的柔性太阳能电池板在 2016 年进行了空间展开，是该材料在国内首次实现空间应用，也是国际上首次高轨应用。这项技术已经开始酝酿小规模产业化开发，未来在生物医学的心血管支架及外骨固定上将会有广泛的市场开发前景。

多孔磷酸钙陶瓷给股骨头患者带来了福音。“组织诱导性生物材料”与人的生命健康息息相关。若股骨头损伤或接近坏死，不用换上昂贵的金属股骨头，只需植入一块“多孔磷酸钙陶瓷”就能让血液流通及恢复营养供应，“引诱”断骨或受损的股骨头自动生长直至康复，而所用的陶瓷可以在体内逐渐被吸收，最后彻底消失。而以往医生只能往断骨处植入金属、高分子等材料，腐蚀、排异等情况无法避免，体内会一直有块“异物”，往往需要二次手术。骨诱导性人工骨生物材料具有独家性，是中国人的骄傲。在这方面，中国在世界上具有领先水平。

通过产学研合作，这一技术目前已经实现磷酸钙生物陶瓷骨修复体系列产品规模化制备。应用这一技术，上海贝奥路生物材料有限公司与广州东南大学联合开发出一整套“陶瓷棒微创治疗股骨头无菌技术”，已获得国家科技发明奖。据公司负责人介绍，目前这一技术的临床应用已经有1000多例，有效率达到80%，通过不断分析总结临床实践，有望进一步提高治疗效果。

（二）航天新型高性能材料技术

1. 高性能轻质金属合金

目前国外大力发展的高性能轻质金属合金主要包括第三代铝锂合金、高强镁合金、低成本钛合金、耐高温合金等。

第三代铝锂合金。2013年，加拿大肯联公司推出的AirWare系列第三代铝锂合金已应用于空中客车公司的A350、庞巴迪公司的C系列飞机以及F-16、F-18等军用飞机。美国航空界将这种新材料称为“超级合金”，其被美刊评为2013年航空十三个重大事件之一。今后铝锂合金的发展还要增加铝锂合金的韧性、塑形和强度；降低铝锂合金的结构质量；改善铝锂合金的各向异性。

高强镁合金。德国科学技术协会牵头，启动了由德国克劳斯塔大学和汉诺威大学负责组织实施的欧洲最大的镁合金与镁合金压铸项目“SFB390”，项目金额超过5300万欧元，主要目标是研究镁合金在结构件中的应用。加拿大联邦政府及魁北克省与海德鲁公司共同投资1140万加元成立了一个新的镁合金研究中心，其宗旨在于通过优化设计工艺及材质，获得具有优良性能的镁合金压铸零部件，从而进一步拓宽镁合金的应用领域。通过时效强化与形变强化可以提高合金的强度和韧性，美国科学家的研究结果表明，通过挤压与热处理复合处理后的ZK60镁合金的强度及断裂韧性均得到极大的提高。当前国外变形镁合金的室温屈服强度最高达到300MPa，延伸率达到5%。质量轻是镁合金在航空航天中应用的最主要因素，随着镁合金研究的继续开展，其在航空航天中的应用将会越来越普遍。

低成本钛合金。国外积极研制新型低成本钛合金，美国Allegheny技术公司用铁元素代替钒元素和富氧技术，研制了新配方Ti-4Al-2.5V-1.5Fe-0.25O钛合金，其性能类似于Ti-6Al-4V合金，具有优良的冷成型和热加工性能，但价格却比航空航天用的 Ti-6Al-4V 合金约低 20%。钛合金作为发动机材料虽有巨大优势，但也同样面临极大挑战：钛合金的性能在高温条件下还不达标且钛合金的价格过高。

耐高温合金。高温合金是指以铁、镍、钴为基体材料，能在高温和应力作用下长期工作的特定金属材料。与纯金属及合金材料相比，金属间化合物具有极好的耐高温和耐磨性能。为此，近年来国外针对金属间化合物的成分设计、工艺流程开发以及应用开展了大量研究，以用其替代传统的镍基高温合金、镍基单晶合金等。其中 Ti-Al 合金发展最为迅速，富铌 Y-TiAl 合金已发展到第三代，塑性和韧性都有很大提高，已在航空发动机叶片中得到大量应用。

2. 复合材料

复合材料具有比强度高、加工成型方便、抗腐蚀能力强等特点，用其取代传统的钢、铝合金等材料制造武器装备结构件，可以在保证武器装备性能的同时，大大减轻装备的质量。目前国外大力发展的航天高性能复合材料主要包括树脂基复合材料、铝基复合材料和陶瓷基复合材料等。

树脂基复合材料是以聚合物为基体、纤维为增强体复合而成。目前，树脂基复合材料的用量已经成为衡量航空航天技术发展的重要标志。美国战斧巡航导弹采用了大量复合材料，如头锥采用了 Kevlar/聚酰亚胺，雷达天线罩、进气道采用了玻璃纤维/环氧树脂，进气道整流罩采用了碳纤维/聚酰亚胺，尾翼采用了玻璃纤维/环氧树脂、Kevlar/环氧树脂，尾锥使用了玻璃粗纱/环氧树脂等。美国“侏儒”小型地对地洲际弹道导弹三级发动机燃烧室壳体由碳纤维/环氧树脂缠绕制作；三叉戟（D-5）第一、第二级固体发动机壳体采用碳/环氧制作，其性能较 Kevlar/环氧提高 30%。

铝基复合材料。碳化硅/铝基复合材料的强度在碳化硅纤维含量较低时也远比超硬铝高。由于成本较铍材低得多，还可以替代铍材用作惯性器件，已被用于美国某导弹惯性制导系统和惯性测量单元。美国哈勃太空望远镜的高增益天线杆结构采用 P100 超高模量碳纤维（40vol%）增韧的 6061 铝基复合材料，采用扩散黏接工艺制造，确保了太空机动飞行时天线的方位，同时由于 6061 铝基复合材料具有良好的导电性能，从而提高了波导功能，保障了航天器和天线反射器之间的电信号传输，整个部件比碳/环氧材料轻 63%。

陶瓷基复合材料。陶瓷基复合材料以优异的耐高温性能、高温力学性能等成为热结构材料的候选，在导弹领域有着极好的应用前景。美国、法国等国家开展了深入研究，针对长期飞行和工作的导弹设计了带有冷却结构的 C/SiC 复合材料夹层结构，并研制出带主动冷却结构的超燃冲压发动机燃烧室。目前，法国航空航天研究院已用纤维缠绕法生产出直径 150mm、长度 100mm 的筒形件及其他复杂形状构件。据称，这种新材料制造成熟度已达到四级。复合材料经过多年发展，配套技术已经趋于成熟，但还需加强以下方面的工作：研发新型低成本轻量化复合材料；发展智能化复合材料制备技术；推进微纳米复合材料技术的发展。

(三) 特种功能材料

为满足载人飞船的返回舱、重复使用的运载器（如航天飞机）、洲际导弹等再入大气层时的防热与隔热要求，以及保障低轨道航天器的空间防护，国外航天领域积极研发和应用特种功能材料。

高温合金材料。高温合金材料是航空航天发动机部件的重要材料。传统高温合金的使用已经接近其温度上限，无法通过调整成分比例来进一步提高使用温度，只能求助于新型工艺途径。美国 NASA 马歇尔空间飞行中心研发出弥散强化的钼—铼合金，采用真空等离子喷涂技术制造耐高温部件。与其他同等的非弥散强化的钼—铼合金相比，研发出的弥散强化合金的高温性能得到提高。

多层隔热材料。美国 NASA 戈达德航天中心开发出了用于微流星体防护的气凝胶基多层隔热材料。这种材料是将超低密度、高疏水性、纤维增强气凝胶材料（2.5~3.8cm 厚的气凝胶层）集成到多层隔热材料上，形成一体化的隔热材料。气凝胶层具有高的抗压强度，可抵抗高速冲击，多层隔热材料具有非常有效的隔热性能，两者集合在一起，具有卓越的热性能和显著的坚固性，从而实现了真正的微流星体防护。

热防护材料。近年来，法国空客防务与航天公司（ADS）完成了欧洲 ExoMars 任务所需的两个热防护罩的建造。该舱拥有前后两个热防护罩，其中前热防护罩直径为 2.4m，质量为 80kg，由覆盖 90 片防热瓦的碳夹层结构组成，在进入大气层阶段将承受 1850℃以上的高温；后热防护罩质量仅为 20kg，由固定在碳结构上的 12 种不同型号的 93 片防热瓦构成，并包含一个下降阶段展开的降落伞。该公司曾成功研制“惠更斯”探测器所用的热防护罩，目前正在研究下一代热防护材料和系统，用于外星球或空间站的样品返回。

（四）石墨烯材料

波兰 DCD 公司 2012 年开发出世界首款石墨烯处理器，电子在处理器中的运动速度接近光速，功耗比同类硅产品降低 90%。这项新突破将对高速集成电路、高性能计算机、军用雷达等发展产生重要推动作用。2013 年，美国西北大学研发出高导电性石墨烯柔性电极，可用于生产大幅面、可折叠精密显示设备。应用该技术制造的军用电子地图等显示设备更加轻质、便携。2015 年，美国莱斯大学的研究人员采用“激光诱导石墨烯”（LIG）的方法生产柔性电容器。上述材料可望应用于航天电子系统中。

韩国三星电子通过应用高结晶石墨烯的合成新方法，发明了新型“高度结晶石墨烯编码的”硅阴极材料，大幅提升了锂离子电池的电容量。该材料可望应用于航天武器装备的超级电容和电池中。

澳大利亚 2012 年研发的石墨烯壳体材料的质量较普通钢壳体减轻 83%，而屈服强度提升 12 倍。另外，石墨烯可用于制作超强耐腐涂层。美国布法罗大学同年研发出石墨烯涂料，钢材涂覆该材料后可浸泡在浓盐水中一个月不生锈。上述材料可应用于航天武器装备的防护材料中。

2013 年，美国洛马公司大力推进石墨烯海水净化系统研究，并在 2013 年底完成样机测试。该系统的水净化速度比反渗透薄膜快数百倍。该技术一旦发展成熟并应用于航母、潜艇等大型海上作战平台，可大幅减少平台淡水携带量，增加燃油及武器装备装载量，增强平台海上持续作战能力。

2011 年，意大利萨皮恩扎大学通过实验证明石墨烯材料比传统吸波材料的吸波频带更宽、吸收能力更强。此外，近年国外重点关注石墨烯复合材料热传导特性的应用，美国防先期研究计划局于 2012 年完成石墨烯高分子聚合物为集成电路处理器芯片散热的实验，散热性能（热导率）比传统散热材料提高了 22 倍。

（五）超材料

公认的超材料定义是：人工合理设计内部结构，从而使其具有常规材料不具备的超常物理性能的材料。2012 年，俄罗斯和丹麦研究人员使用掺杂铝的氧化锌制备了在近红外波段隐身的新型铝：氧化锌/氧化铝材料。在声波隐身方面，2014 年，美国杜克大学研制出世界首个三维“隐身斗篷”，可以让声波轻易地绕过，这必将对隐身飞行器的开发产生巨大的推动作用。

在雷达罩中引入超材料覆层，可以不改变雷达罩外形，促使电磁波只能在垂直方向附近的小角度内传播，其他方向的传播被限制。2008 年，法国科学家设计了一种开口环共振器结构的超材料雷达罩，操作频率为 2.17MHz，增益提高了 3.4dB，方向性提高了 2.9dB。2012 年，美国国防部通过中小企业技术转移项目资助纳米声学有限公司开展有关 E-2 预警机大型雷达罩材料的研究，目的是利用超材料技术解决 E-2 原天线罩存在的结构肋条导致天线图产生偏差的问题，取得了较好的效果。

2012 年，印度国家技术研究所采用左右手结合的传输线型超材料设计了椭圆形零阶谐振天线，目的是解决零阶谐振天线工作频带带宽比较窄的问题。2014 年 4 月，BAE 系统公司和伦敦大学玛丽女王学院联合研制出一种可用于新型天线透镜的新型复合材料，可使电磁波通过平面天线透镜聚焦，并具有良好的带宽性能。该突破解决了传统材料工作波段窄的问题，可以用于制造嵌入蒙皮的天线，从而提高隐身能力，甚至使飞机、舰艇、无线电和卫星等天线设计产生变革。

案例

高阻燃新材料产品的突破

为建造安全、环保和节能的新型冷库，烟台市顺达聚氨酯有限公司自主研发了顺达高阻燃 B1 级产品，该产品离火自熄，并在表面形成致密碳层，能很好地阻断火焰传播，成功为冷库杜绝消防隐患。

顺达新型高抗压聚氨酯产品抗压强度可达 350~500 千帕，冷库地面每平方米最高可承压五吨货物不变形，满足高架冷库的地面承重需求，且产品尺寸稳定使用寿命长。

顺达新型聚氨酯氰凝产品，防潮隔汽性能优异，能与不同基材完美黏接且强度高，可加厚喷涂，应用于不同施工环境，同时喷涂施工不堵枪，表干时间短，施工效率高，在提升冷库防潮隔汽质量的同时降低施工综合成本。

顺达聚氨酯新型环保产品，245fa 泡沫整体性能优于 141B 等泡沫产品，其泡沫细腻均匀、气味小、VOC 低，而且泡沫尺寸稳定性好，发方高，抗压缩强度高，单枪喷涂厚度 8~10 厘米不收缩、不烧心，生产效率高，总成本低。

顺达聚氨酯将领先的高阻燃、高抗压、高隔汽、新型环保发泡剂聚氨酯保温产品应用于冷库硬泡聚氨酯保温功能系统交付解决方案，该方案以聚氨酯保温新材料为核心，对冷库地面、墙面、顶棚、柱体、管道、冷库门进行聚氨酯喷涂或灌注保温，辅以冷库温度监测系统，打造全方位、多层次、性能稳定、一站式交付的冷库保温功能系统交付解决方案，为您的新型冷库实现绿色、节能、安全的运营目标保驾护航。

烟台市顺达聚氨酯有限公司是一家专注于聚氨酯领域研发、生产和销售的国际化公司，致力于成为全球领先的聚氨酯综合服务商。经过 20 多年的发展，依托不断创新的核心材料技术、领先的保温工程技术和完善的施工管理，为全球客户提供更具有竞争力的聚氨酯产品和保温系统解决方案。

第七节　新能源汽车产业

新能源汽车产业是从事新能源汽车生产与应用的行业。新能源汽车是指除汽油、柴油发动机之外所有其他能源汽车，被认为能减少空气污染和缓解能源短缺。在当今提倡全球环保的背景下，新能源汽车产业必将成为未来汽车产业发展的导向与目标。新能源产业未来将成为汽车的发展方向。

一、发展现状

（一）新能源汽车销量稳步增长

2017 年 4 月 25 日，工信部、国家发改委、科技部联合印发了《汽车产业中长期发展规划》（以下简称《规划》），旨在落实建设制造强国的战略部署，推动汽车强国建设。《规划》的核心是要做大做强中国品牌汽车，培育具有国际竞争力的企业集团。同时，《规划》提出到 2020 年，国内新能源车年产销达到 200 万辆。数据显示，2016 年，我国新能源汽车的销量为 50.7 万辆，同比增幅达

53%。虽然增长迅速，但仍未能完成原定的 70 万辆销量目标。如果以 2016 年 50.7 万辆的销量为基础，按每年 50%的增速增长，到 2020 年新能源汽车销量可达到 257 万辆。但是，随着补贴渐退，要实现新能源汽车年产销 200 万辆压力不小。未来我国新能源汽车的增速将会放缓，预计到 2022 年，我国新能源汽车销量有望超过 300 万辆。

（二）上游动力电池行业集中度提升

从 2016~2018 年动力电池出货量及装机量的差距来看，比例有逐渐缩小趋势。2016 年国内动力电池产能不足，且年度冲量现象明显。2017 年补贴政策大幅调整，过程中产业链的消化、调整周期较长，导致过程中的库存、电池替换比例高。2018 年政策及补贴门槛进一步提高，产业链冲量、以账期获取订单的比例下行，使产业链的配置比例逐渐良性。受新能源汽车产量同比高增长带动，上游动力电池出货量及装机量将形成良性的比例关系，继续保持高增长态势。2018 年中国动力电池出货量为 65GWh，同比增长 46%。同时，当前国内动力电池市场还呈现出一些新特点：一是动力电池企业数量骤减，行业集中度快速提升。中国汽车工业协会数据显示，新能源汽车数量从 2017 年的 135 家减少至 90 家，动力电池上游、设备等环节也出现分化加剧现象。其中，比亚迪和宁德时代在动力电池的市场份额分别为 44%、21%，二者的市场份额远超其他动力电池企业，格局较好。二是动力电池领域加快新技术革新，打造产业核心竞争力。具体体现在：电芯及模组尺寸向 VDA 集中，做大尺寸成为提高电池能量密度的重要手段；高克容量材料（高镍三元材料、硅碳负极等）被批量使用；三元动力电池出货量比例超过磷酸铁锂电池，达 65%。三是电池行业也即将进入洗牌期。上游原材料价格近年来上涨给电池企业带来一定压力，而下游车企面临补贴退坡要求电池企业降低配套价格。此外，从 2016 年开始，工信部明确将新能源汽车和动力锂电池企业目录挂钩。现在距离补贴完全退坡的时间越来越近，国际电池巨头纷纷投向中国市场，动力电池产业的竞争进一步加剧，中小企业将加速被淘汰。

（三）下游充电桩保障不断完善

截至 2019 年上半年，国内的充电桩保有量已经达到 100.2 万台，这一数字同比增长了 69.3%。同时，国内一些企业建设的公共充电桩也已经超过了 41

万台。

分省市来看，公共充电基础设施建设区域仍较为集中，北京、上海、江苏、广东、山东、浙江、河北、安徽、天津、湖北TOP10地区建设的公共充电基础设施占比达75.3%。

从充电量来看，2019年6月，全国充电总电量约4.06亿千瓦时，较上月增加4.7千万千瓦时。全国充电电量主要集中在广东、江苏、陕西、四川、山东、福建、湖北、浙江、北京、上海、湖南、河南、山西、安徽等省份，电量流向主要以公交车为主，乘用车占比同样较高，环卫物流车、出租车等其他类型车辆占比较小。

充电运营商方面，截止到2019年6月，全国充电运营企业所运营充电桩数量超过1万台的共有7家。这7家运营商占总量的89.8%，其余的运营商占总量的10.2%。充电运营商集中度高。

（四）新能源汽车“走出去”步伐发展迅速

2019年以来，新能源汽车出口表现较强。2019年1~5月，我国新能源汽车出口额增长了78.5%，平均价格增长了50.4%。虽然目前我国出口的新能源车平均单价不高，但数量已达到一定规模，且在汽车出口总量中所占比例越来越高，未来出口潜力巨大。这或许成为我国汽车产业新的增长点，改变我国汽车出口长期不足的局面。同时，我国新能源车企也正加快“走出去”的步伐，比亚迪、北汽、海马新能源、众泰汽车等车企，已经对海外市场，尤其是“一带一路”沿线国家展开布局。未来，随着“一带一路”的推进，电池等技术的成熟、产业链经验的积累，以及在海外市场品牌的树立，我国新能源汽车“走出去”步伐将加快。

二、技术路径

（一）新热泵技术

Electric Cars Report报道，现代起亚推出最新的热泵技术，该技术应用于现代起亚所有最新款电动车型上，可以在低温条件下，最大程度地保障电动车的续航。现代起亚热泵技术是一项领先的热量管理技术，它能够利用废热，在不影响电动车续航的前提下，为车内供暖。该技术最早于2014年问世，应用在起亚秀尔纯电动版汽车上，由压缩机、蒸发机和冷凝器三部分组成。它能够捕捉到由车辆电子元件释放的热量，循环利用这些热量为车内供暖。经过不断地优化提升，最新的热泵技术已经不仅可以从电子元件（如电机、车载充电器、逆变器）中获取能量，还可以从电池组件、慢充中捕捉热能。热泵使用这些组件释放的热能将冷凝剂从液态转化为气态。先通过压缩机产生高压气体，再进入冷凝器将气体转回液态，这一过程产生的额外热能被热泵回收用于车内供暖。通过减小电池的负荷，热泵降低了车内暖风的能量消耗，最大程度上保存了电动车的续航里程。

现代起亚继续改进热泵技术，以求更高效地捕捉能量。2014年推出后，该技术不断改良提升，并一直在挪威进行极寒天气测试。挪威冬季最低温达到-35℃，使工程师们得出了尽可能多地利用废热提高热泵效率的方法，确保热泵在极寒天气下也能正常发挥作用。

（二）锂动力电池技术

虽然我国已掌握了新能源汽车整车设计、系统集成等技术，产业链初步形成，部分零部件技术与国际水平相当，如目前磷酸铁锂动力电池单体的能量密度由每公斤90瓦时提高至每公斤140瓦时。但是我们缺乏混合动力技术的很多关键零部件，与国外相比还有一定的差距，产品成熟度有待提高。同时，自主掌握的核心技术还有待进一步扩充。如动力电池的充电速度、寿命、安全、百公里加速指标，汽车机身轻量化设计等都还需要投入大量的人力物力，来缩短与国际相关企业的差距。

磷酸铁锂电池，一直是中国新能源汽车行业动力电池的技术路线之一，除了比三元电池安全，更重要的是能够降成本。国内磷酸铁锂电池的成本为0.65元/瓦时，远低于三元电池的0.85元/瓦时，采用磷酸铁锂电池的确能够使成本下降。在-30℃时，宁德时代采用CTP技术的磷酸铁锂电池，容量保持率在88.4%，要高于三元523的80%和三元811的78%，能量保持率也基本相当。国内北汽新能源的EU5、蔚来汽车的ES6、哪吒汽车N01以及威马汽车，都将采用宁德时代的CTP技术。比亚迪重磅推出了刀片电池，将磷酸铁锂电池重新推到动力电池聚光灯下。

（三）氢燃料电动车

氢燃料电池车通过氢气与氧气发生化学反应从而产生电能，利用化学能发电装置驱动车辆。它在本质上其实是一种以压缩氢气作为燃料的增程式电动车。但是和如今常见的燃油增程式电动车不同，它的排放物只有纯净的水，能够做到真正的无温室气体排放。与纯电动车相比，它补充燃料的过程也十分方便，和燃油车加油的过程耗时相差无几，更没有纯电动车充电耗时长的不便之处。这使它成为了很多国家追逐的技术新方向。氢燃料电池车对充能基础设施的需求较高，只能在加氢站充能，如果加氢站没有成大规模分布，那么人们出行就成了难题。根据中国氢能联盟发布的《中国氢能源及燃料电池产业白皮书》，截至 2018 年底，中国已建成加氢站 23 座，占全球加氢站的比例约为 6. 23%。2013 年，广东合即得成立，致力于氢能转化技术、水基能源技术的开发和应用，其开发研制出的水氢动力模块 AH7500（水氢机）在电动车上测试成功。水氢动力模块是采用催化重整及纯化多项技术从醇水中获得高纯氢，通过质子膜系统产生电、热等多种能源。搭载该模块的水氢汽车使用的氢气是即产即用，只要原料箱中有充足的水氢原料（甲醇水）即可保证水氢汽车的续航能力。它可有效缓解充电基础设施覆盖不足的问题，还可以减少充电设施的投入。水氢机经过多年的研发，技术逐步趋向成熟，特别是在汽车领域的应用空前飞速，受到各界的广泛关注和政策的大力支持。氢燃料电池车凭借自身的清洁优势，有望成为未来的一个发展方向。

（四）方向盘换挡技术

设计方向盘换挡是对车辆内饰尤其是换挡杆的革新。这样的设计是行业当中少有的，是自身技术的一种体现。这样的设计推动了科技的发展，甚至是为车辆智能化和集成化打下了基础。通过不同的手势和其他操作方式对车辆进行操控，使车辆操作更加便捷，方便了驾驶员，提高了驾驶安全性。

（五）极寒启动技术

2020 年 1 月 19 日，由北京理工大学牵头、北汽新能源和北汽福田参与的“面向冬奥环境的纯电动汽车关键技术开发及示范应用”项目在中汽协牙克石试验场再次进行极寒环境下的车辆测试。该项目研究主要为提升低温环境下纯电动汽车的整体性能，优化整车在低温环境下的安全控制策略，提升纯电动汽车在低温环境下的能量效率，并彻底解决纯电动汽车在严寒环境中的用车瓶颈。本次极寒测试的成功，标志着中国新能源汽车在全气候电池、低温增焓空调、全气候整车控制三项核心关键技术方面处于世界领先水平，为新能源汽车突破严寒禁区奠定了坚实的技术基础。未来新能源汽车将无惧严寒，保持与常温状态下几乎相同的续驶里程。北汽新能源技术研发团队积极探索、逐个突破，最终研发出一系列极寒技术，出色地解决了超低温环境下新能源汽车普遍的续航和充放电问题。

首先，考虑到普通用户在冬季夜晚低温环境下将新能源汽车停放 8~12 小时的使用状态，北汽新能源研发出电池保温技术。这项技术通过保温隔热材料切断了电池与外部环境的热量交换以及电池内部的热量传导，大幅降低了电芯的热量丧失速度。如此一来，电池系统在-10℃低温环境下，经过一夜“冷冻”，第二天启动时，依然可以保持在相对适宜的工作温度之内，改善了电池容量、放电功率的特性。

其次，北汽新能源通过对电芯特性的精确研究和基于大数据的分析，开发了智能充电保温技术。车辆连接到充电桩充电时，系统会先行判断电池系统的温度，当温度低于适宜温度时，充电桩的电流会先给电池预热，加热到适宜温度时再进行充电。这样电池可在最大限度下将电充满，并满足车辆驾驶条件。电池充满电后，若车辆还与充电桩连接，系统也会实时监测电池温度，若电池温度过低，会使用充电桩的电量为电池加热。

再次，针对车辆在低温环境下行驶比普通环境下散热快的痛点，北汽新能源研发团队进一步开发了独家速加热技术。在低温环境下久置的车辆，能够以 2℃/min 的速度对电池系统进行升温，确保电池在适宜的温度区间工作。通过这样的方式，电池系统得到了更高的充电效率和低温续航里程，预计达到常温续航里程的 90%，从而也将进一步提高动力电池循环寿命。该技术未来将运用到北汽新能源的新产品上。

最后，北汽新能源开发的智能回收与超低温热泵空调技术，也为冬季续驶里程提升做出了重要贡献。极寒测试的成功充分证明了超低温动力电池系统在极端低温环境下的可靠性和稳定性，巩固了北汽集团在纯电动车研发的领先地位，展示了中国新能源汽车行业在技术开发研究上的突破和进展。依托其技术开发及实践思路，北汽新能源汽车还将行至更远，为新能源汽车在全球的普及和车型的丰富做出贡献。

（六）双模技术

2018年，第三代双模技术（DM3.0）搭载宋Pro DM及其他王朝车型。第三代双模技术并不仅限于一种动力架构，它按电机位置来区分（BSG电机位于P0，前驱动电机位于P3、后驱动电机位于P4），共呈现三种不同的动力架构，分别为：P0+P3（前驱）、P0+P4（双擎四驱）、P0+P3+P4（三擎四驱），可外插电。第三代双模技术（DM3.0）在保留上代优势的同时，加入全新的高功率、高电压的P0/BSG电机，电压360~518V。比亚迪DM3.0的工作模式有以下几种：

EV模式：车辆可以仅依靠电池组提供的电力驱动电机，此时发动机、BSG电机等均不参与工作，完全不消耗燃油。纯电续航最高达100km，日常可当纯电动汽车使用。适用于城市路况上下班通勤，百公里电费只有同级别燃油车的1/6。

HEV串联模式："增程混动模式"，适合SOC较低时在市区走走停停的路况，可有效实现车辆增程。发动机带动BSG电机高效发电，驱动电机驱动车辆。

HEV并联模式：车辆识别出司机有强动力输出的需求时，发动机、前后双电机同时发力，全新一代唐DM可实现最大功率441kW，最大扭矩950N·m超强动力，0~100千米加速仅4.3秒。

HEV高速模式：发动机作为主力输出，BSG电机充电，提升综合能效。

能量回收模式：车辆低负载时，系统会提高发动机转速到经济油耗区，多余能量会通过发电机回收转换成电能。在制动、减速等工况时，利用发动机富余功率和减速、制动时轮端扭矩进行回馈发电。

案例

新能源汽车的动力电池突破

中国汽车工业协会最新数据显示，2020年7月，新能源汽车产销同比结束下降趋势，增长幅度明显。随着技术、市场的不断发展，新能源汽车领域也成为中外企业进行新一轮合资的热点。同时，"新合资"在合资合作的方式和内容上也不断取得突破。

梅赛德斯-奔驰与宁德时代宣布深化在动力电池技术领域的合作。双方将共同开发高新电池技术，支持梅赛德斯-奔驰车型阵容的大规模电动化。双方签订的协议内容涵盖了各领域的动力电池技术，包括宁德时代为奔驰乘用车产品提供电芯及模组，为轻型商务车产品提供整体电池系统等。不只是奔驰，丰田汽车和一汽、东风、北汽、广汽等企业也合资成立了“联合燃料电池系统研发（北京）有限公司”，主攻商用车燃料电池系统研发。大众汽车在与江淮汽车成立合资公司生产新能源汽车产品的基础上，又参股了国内动力电池企业国轩高科，占总股本的26.47%，成为国轩高科第一大股东。除了这些在整车和动力电池领域的合作，在新能源汽车零部件等产业链相关领域的其他合作更加广泛。

参考文献

[1] Acs Z. J., Andretsch D. B., Carlson P. B. The Missing Link: The Knowledge Filter and Entrepreneurship in Endogenous Growth [R]. Economic Policy Research Center, 2004.

[2] Agarwal Rajshree, Gort Michael. The Evolution of Markets and Entry, Exit and Survivalof Firms [J]. Review of Economics and Statistics, 1996 (3): 489-498.

[3] Agostino M., Giunta A., Nugent J. B., et al. The Importance of Being a Capable Supplier: Italian Industrial Firms in Global Value Chains [J]. International Small Business Journal , 2015, 33 (7): 708-730.

[4] Akamatsu Knamae. A Theory of Unbalanced Growth in the world Economy [J]. Weltwirtschaftliches Archiv, 1961 (7): 196-215.

[5] Albert O. Hirschman. The Strategy of Economic Development [M]. New Haven: Yale University Press, 1958.

[6] Alessandra C., Stoneman P. Financial Constraints to Innovation in the UK: Evidence from CIS2 and CIS3 [J]. Oxford Economic Papers, 2008 (4): 711-730.

[7] Alexander Gerschenkro. Economic Backwardness in Historical Perspective [M]. Belknap Press of Harvard University Press, 1962.

[8] Alwyn Young. Learning by Doing and Dynamic Effect of International Trade [J]. The Quarterly Journal of Economy, 1991 (5): 369-405.

[9] A. Rai, P. Paviou, G. Im, S. Da. IT Capability Profiles and Communications for Cocreating Relational Value: Evidence from the Logistics Industry [J]. MIS Quarterly, 2012 (1): 233-262.

[10] Audretsch D. B., Lehmann E. E. Mansfield's Missing Link: The Impact of Knowledge Spillovers on Firm Growth [J]. Journal of Technology Transfer, 2005 (2): 11-17.

[11] Baldwin, Robert E. The Case Against Infant Industry Protection [J].

Journal of Political Economy, 1969, 77 (3): 295-305.

[12] Barro R. J., Sala-I-Martin X. Convergence [J]. Journal of Political Economy, 1992, 100 (2): 223-251.

[13] Baumol W. J. The Free Market Innovation Machine Analyzing the Growth Miracle of Capitalism [M]. Boston: Princeton University Press, 2004.

[14] Benjamin M., Nadine M. Is Financial Support for Private R&D always Justified? A Discussion Based on the Literature on Growth [J]. Journal of Economic Surveys, 2015 (7): 479-505.

[15] Bleaney M., Vargas L. C. Real Exchange Rates, Valuation Effects and Growth in Emerging Markets [J]. Open Economies Review, 2009 (5): 631-643.

[16] Bradford D. J., Lawrenee H. S. Equipment Investment and Economic Growth [J]. The Quarterly Journal of Economics, 1991 (2): 445-502.

[17] Breton, Albert. The Economic Theory of Representative Government Chicago [M]. Transaction Pub, 2007.

[18] Buch-Hansen, Hubert, Wigger, Angela. Revisiting 50 Years of Market-Making: The Neo-liberal Transformation of European Competition Policy [J]. Review of International Political Economy, 2010 (1): 20-44.

[19] Bush V. Science: The Endless Frontier [M]. Washington. D. C: US Government Printing Office, 1945.

[20] Caballero R. J., Farhi E., Gourinchas P. An Equilibrium Model of Global Imbalances andLow Interest Rates [J]. American Economic Review, 2008 (1): 358-393.

[21] Caballero R. J. Macroeconomics After the Crisis: Time to Deal with the Pretense-of-knowledge Syndrome [J]. Journal of Economic Perspectives, 2010 (4): 85-102.

[22] Calderini M., Garrone P. Liberalization, Industry Turmoil and the Balance of R&D activities [J]. Information Economics and Policy, 2001 (13): 199-230.

[23] Carlota Perez. Technological Revolutions and Financial Capital [M]. Edward Elgar Publishing, 2003.

[24] Carlota Perez. Technological Revolutions and Techno-economic Paradigms [J]. Cambridge Journal of Economics, 2010, 34 (1): 1-26.

[25] Carlota Perez. The Double Bubble at Turn of the Century: Technological

Roots and Structural Implications [J]. Cambridge Journal of Economics, 2009, 33 (4): 779-805.

[26] Caroline Lanciano-Morandat, Eric Verdier. Higher Education Systems and Industrial Innovation [J]. The European Journal of Social Science Research, 2006 (19): 33-41.

[27] Carter C. F. Science in industry policy for progress [M]. New York: Oxford University Press, 1959.

[28] Caves D. W., Christensen L. R., Diewert W. E. Multilateral Comparison of Output, Input and Productivity Using Superlative Index Numbers [J]. Economic Journal, 1982 (a95): 73-86.

[29] Caves D. W., Christensen L. R., Diewert W. E. The Economic Theory of Indexnumbers Andthe Measurement of Input, Output and Productivity [J]. Econometrica, 1982 (b50): 1393-1414.

[30] Caves Richard. Industrial Organization and New Findings on the Turnover and Mobilityof Firms [J]. Journal of Economic Literature, 1998 (12): 1947-1982.

[31] Cell: 新生物药物有望根除白血病干细胞 [EB/OL]. 中国生物技术信息网, http: //www. biotech. org. cn/information/155714, 2018-08-29.

[32] C. Freeman. The National System of Innovation in Historical Perspective [J]. Cambridge Journal of Economic, 1995 (19): 78-82.

[33] Charnes A., Cooper W. W., Rhodes E. Measuring the Efficiency of Decision Making Units [J]. European Journal of Operational Research, 1978 (2): 429 - 444.

[34] Chen L, De lombaerde P. China Moving Up the Value Chain: What Can be Learned From the Asian NICs [J]. International Area Studies Review , 2013, 16 (4): 407-430.

[35] Christensen C. M., Roth E. A., Anthony S. D. Seeing What ' s Next: Using Theories of Innovation to Predict Industry Change [M]. New York: Harvard Business School Press, 2004.

[36] Christine Oughton. Competitiveness Policy in the 1990s [J]. The Economic Journal. 1997, 107 (444)

[37] Chris Wrigley. A Companion to Early Twentieth - Century Britain [M]. Wiley-Blackwell, 2003: 250-251.

[38] Coe D, Helpman E. International R&D Spillovers [J]. European Economic

Review, 1995 (5): 859-887.

[39] Cumming D. Government Policytowards Entrepreneurial Finance: InnovationInvestment Funds [J]. Journal of Business Venturing, 2007, 22 (2): 193-235.

[40] Daniel L. J. Leveraging Bioindustry Knowledge: Clusters of Globally Competitive Knowledge and Innovation [J]. International Journal of Globalization and Small Business, 2012 (4): 221-241.

[41] Dani Rodrik. Industrial Policy for the Twenty - first Century, One Economics, Many Recipes: Globalization, Institutions and Economic Growth [M]. Boston: Princeton University Press, 2007.

[42] Dinlersoz E., MacMillan G. The Industry Life Cycle of the Size Distribution of Firms [J]. Review of Economic Dynamics, 2009 (12): 648-667.

[43] Duysters G., Hagedoorn J. Technological Convergence in the IT Industry: The Role of Strategic Technology Alliances and Technological Competencies [J]. International Journal of the Economics of Business, 1998 (3): 355-368.

[44] Edward J. B., Brian R. H., Philip Manidis. Inducing Hi-Tech: Principles of Designing support systems for the Formation and Attraction of Advanced Technology Firms [J]. International Journal of Technology Management, 1987 (2): 337-351.

[45] Fare R., Grosskopf S., Norris M. Productivity Growth, Technical Progress and Efficiency Change in Industrialized Countries [J]. American Economic Eview , 1994, 84 (1): 66-83.

[46] Fare R., Grosskopf S., Russell R. Index numbers: Essays in Honer of Steen Malmquist [M]. Boston: Kluwer Academic Publisher, 1998.

[47] Feldman Maryann, Lendel Iryna. The Geographic Context of Emerging Industries [C]. Organizations of Science and Innovation, 2009.

[48] F. Malerba. Innovation and the Evolution of Industries [J]. Journal of Evolutionary Economics, 2006 (16): 3-23.

[49] Forbes D. P., Kirsch A. D. The Study of Emerging Industries: Recognizing and Responding to Some Central Problems [J]. Journal of Business Venturing, 2011 (9): 589-602.

[50] Forrester J. W. System dynamics and the lessons of 35 years [R]. Sloan School of Management. MIT: Systemic Basis of Policy Making in the 1990s, 1991: 1-35.

[51] Foster R. N. Innovation: The Attacker's Advantage [M]. New York: Summit Books, 1986.

[52] Färe, Rolf, Grosskoff, Shawna. Lindgren, Björn and Roos, Pontus. Productivity changes in Swedish Pharmacies 1980 - 1989: A Nonparametric Malmquist Approach [J]. Journal of Productivity Analysis, 1992 (3): 85-101.

[53] Fuente A., Marin J. Innovation, Bank Monitoring and Endogenous Financial Development [J]. Journal of Monetary Economics, 1996 (2): 269-301.

[54] Fukui Y. A More Powerful Method for Triangulation Input-output matrices and the Similarity of Production Structures [J]. Econometrica, 1986 (54): 1425-1433.

[55] Garud W., Alfred Karne. Design patent map: An Innovative Measure Forcorporative Design Strategies [J]. Engineering Management Journal, 2007 (19): 14-30.

[56] Gassmann O. Opening Up the Innovation′ Process: Towards An Agenda [J]. R&D Management, 2006 (3): 18-27.

[57] George A. E., Brad R. W. Emerging Industries: Looking Beyond the Usual Suspects [R], 2007.

[58] Gereffi G. International Trade and Industrial Upgrading in the Apparel Commodity Chain [J]. Journal of International Economies, 1999 (48): 37-70.

[59] Giovanni Dosi. Technological Paradigms and Technological Trajectories: A suggested Interpretation of the Determinants and Directions of Technical Change [J]. Research Policy, 1982 (3): 147-162.

[60] Glass A., Saggi K. International Technology Transfer and the Technology Gap [J]. Development Economic, 1998 (2): 369-398.

[61] Gort Michael, Klepper Steven. Time Paths in the Diffusion of Product Innovation [J]. The Economic Journal, 1982 (9): 630-653.

[62] Guellec D., Pottelsberghe B. The Impact of Public R&D Expenditure on Business R&D [C]. Paris: DSTI Working Paper, 2000.

[63] Guellec, Pottelsberghe. Competitive Advantage in SMES [C]. Organizing for Innovation and Change, 2003.

[64] 5G时代越来越近. 我国完成5G关键技术性能测试 [EB/OL]. 新一代信息技术网, http: //www. chinangit. com/show. asp? typeid = 2&sortid = 52&id = 181, 2018-08-23.

[65] Hale Yilnaz, H Jodlbauer, at al. Off Shore Ability Along the Value Chain: A Task-based Approach [J]. Modeling Value, Contributions to Management Science, 2012 (4): 69-82.

[66] Hall R. E. Why does the Economy Fall to Pieces after A Financial Crisis [J]. Journal of Economic Perspectives, 2010 (4): 3-20.

[67] Hamil Ton-Hart N., Stringer C. Upgrading and Exploitation in The Fishing Industry: Contributions of Value Chain Analysis [J]. Marine Policy, 2016 (63): 166-171.

[68] Harrod R. F. AnEssay in Dynamic Theory [J]. Economic Journal, 1939, 49 (193).

[69] Hill E., Brennan J. A Methodology for Identifying the Drivers of Industrial Clusters: The Foundation of Regional Competitive Advantage [J]. Economic Development Quarterly, 2000 (1): 65-96.

[70] Hirschman A. O. The Strategy of Economic Development [M]. New Haven: Yale University Press, 1958.

[71] Holman, Sleuwaegen. Innovation Expenditures and the Role of Government Belgium [J]. Research Policy, 1988 (17): 117-129.

[72] Jai S. M. Industrial Policy and Economic Development: Korea's Experience [J]. Journal of Economic Issues, 2007 (1): 77-92.

[73] James B. Research, Technological Change and Financial Liberalization in South Korea [J]. Journal of Macroeconomics, 2010 (32): 457-468.

[74] J. C. Stamp. The Report of the Macmillan Committee [J]. The Economic Journal, 1931, 41 (163): 424-435.

[75] John Humphrey, Hubert Schmitza. How does Insertion in Global Value Chains Affect Upgrading in Industrial Clusters [J]. Regional Studies, 2002 (9): 1017-1027.

[76] Joseph A., Giacalone. Analyzing an Emerging Industry, Viatucal Transactions and the Secondary Market for Life Insurance Polities [J]. Business Review, 2001 (27).

[77] Joseph A. Schumpeter. The Creative Response in Economic History [J]. The Journal of Economic History, 1947 (11): 149-159.

[78] Joseph Schumpeter. The Theory of Economic Development [M]. New York: Magdeburger Allee, 2003.

[79] Joyce P., Nabar M. Sudden Stops, Banking Crises and Investment Collapses in Emerging Markets [J]. Journal of Development Economics, 2009 (2): 314-322.

[80] Kauffman J. R. Mapping the Multitier Impacts on the Growth of IT Industries in India: A Combined Scale-and-scope Externalities Perspective [J]. Information Technology for Development, 2008 (3): 45-51.

[81] Keller W. International Technology Diffusion [J]. Journal of Economic Literature, 2004 (10): 752-782.

[82] Kim L. Imitation to Innovation: The Dynamics of Korea' s Technological Learning [M]. Boston: Harvard Business School Press, 1997.

[83] Kim S. Expansion of Markets and the Geographic Distribution of Economic Activities: The Trends in U. S. Regional Manufacturing Structure 1860-1987 [J]. Quarterly Journal of Economics, 1995 (4): 881-908.

[84] King R. G., Levine R. Finance and Growth: Schumper Might Be Right [J]. Quarterly Journal of Economics, 1993 (108): 717-738.

[85] Kojima, Kiyoshi. The "Flying Geese" Model of Asian Economic Development: Origin, Theoretical Extensions, and Regional Policy Implications [J]. Journal of Asian Economics, 2000 (4): 375-401.

[86] Kokko A, Blomstrm M. Policies to Encourage Inflows of Technology through Foreign Multinationals [J]. World Development, 1995 (3): 459-468.

[87] Krugman, Paul. A Model of Innovation, Technology Transfer, and the World Distribution of Income [J]. Journal of Political Economy, 1979, 87 (2): 57-59、253-266.

[88] Krugman P. Development, Geography and Economic Theory [M]. Cambridge: MIT Press, 1995.

[89] Krugman P. Increasing Returns and Economic Geography [J]. Journal of Political Economy, 1991 (99): 483-499.

[90] Lange D., Boivie S., Henderson A. The Parenting Paradox: How Multi-business Diversifiers Endorse Disruptive Technologies while Their Corporate Children Struggle [J]. Academy of Management Journal, 2009 (2): 179-198.

[91] Lee A. H. I., Kang H. Y., Hsu C. F., et al. AGreen Supplier Selection Model for High-Tech Industry [J]. Expert Systems with Applications, 2009, 36 (4): 7917-7927.

[92] Lee K, Lim C. Technological Regimes, Catching-up and Leap Frogging: Findings from Korea Industries [J]. Research Policy, 2001 (3): 459-483.

[93] Leo Baas. Industrial Symbiosis in the Rotterdam Harbour and Industry Complex: Reflections on the Interconnection of the Techno-sphere with the Social System [J]. Business Strategy and the Environment, 2008 (5): 330-340.

[94] Leontiet, Wassily, Strout. Multiregional Imput-Output Analysis in Tibor Barnaed, Structural Interdependence and Economic Development [M]. New York: St. Martin's Press, 1963.

[95] Levine R. Stock markets, growth, and tax policy [J]. The Journal of Finance, 1991 (4): 1445-1465.

[96] Luigi B., Fabio S., Alessandro S. Banks and Innovation: Micro-econometric Evidence on Italian Firms [J]. Journal of Financial Economics, 2008 (2): 197-217.

[97] Mansfield E., Romelo A. Technology Transfer to Overseas Subsidiaries by US-base Firms [J]. Quarterly Journal of Economics, 1980 (6): 737-750.

[98] Marco Da Rin, Thomas Hellmann. Banks as Catalysts for Industrialization [J]. Journal of Financial Intermediation, 2002 (4): 366-397.

[99] Matti Projola. The New Economy: Facts, Impacts and Policies [J]. Review of Economics and Statistics, 2002 (14): 21-26.

[100] Mckinnon, R. I. Money and Capital in Economic Development [M]. Washington D. C.: Brookings Institution, 1973.

[101] Mendoza, E. G. Financial Globalization Financial Crises and Contagion [J]. Journal of Monetary Economics, 2010 (1): 24-39.

[102] Meng Bo, Qu Chao. Application of the Input-Output Decomposition Technique to China's Regional Economics [C]. The 16th International Input-Output Conference, 2007 (1): 1-11.

[103] Michael Porter. Clusters and the New Economics of Competition [J]. Harvard Business Review, 1998, 76 (6): 77-90.

[104] Michael Porter. Location, Completion and Economic Development: Location Cluster in Global Economy [J]. Economic Development Quarterly, 2000 (14): 15-20.

[105] Michael Porter. The Competitive Advantage of Nations [M]. New York: Free Press, 1990.

[106] M. J. Farrell. The Measurement of Productive Efficiency [J]. Journal of

the Royal Statistical Society. Series A (General), 1957, 120 (3): 253-290.

[107] Myers Stewart C., Nicholas S., Maljuf. Corporate Financing and Investment Decisions When Firms Have Information That Investors Do Not Have [J]. Journal of Financial Economics, 1984 (13): 187-221.

[108] Myers Stewart C. The Capital Structure Puzzle [J]. Journal of Finance, 1984, 39 (3): 575-592.

[109] Nelson R. National System of Innovation: A Comparative Study [M]. Oxford: Oxford University Press, 1993.

[110] Nelson Winter. Growth Theory from an Evolutionary Perspective Differential Productivity Puzzle [J]. American Economic Reviews, 1975 (65): 338-344.

[111] Nemet G. F. Demand-pull, Technology-push, and Government-led Incentives for Non-incremental Technical Change [J]. Research Policy, 2009 (38): 700-709.

[112] Nicola Cetorelli, Michele Gambera. Banking Market Structure, Financial Dependence and Growth: International Evidence from Industry Data [J]. The Journal of Finance, 2001 (2): 617-648.

[113] Nicole Pohl. Industrial Revitalization in Japan: The Role of the Government vs the Market [J]. Asian Business & Management, 2005 (4): 45-65.

[114] OECD. Frascati Manual: Proposed Standard Practice for Surveys on Research and Experimental Development [M]. Paris: OECD, 2002.

[115] Olsen J. A. Input-Output Models, Directed Graphs and Flows in Networks [J]. Economic Modeling, 1992 (9): 365-384.

[116] Osaka T. Regional Economic Development: Case Studies in the US and Comparative Finland [C]. IEEE International Engineering Management Conference, UK Cambridge, 2002.

[117] Ozawa, Terutomo. The Hidden Side of the Flying-geese Catch-up Model: Japan's Digital Institutional Setup and A Deepening Financial Morass [J]. Journal of Asian Economics, 2001 (4): 471-491.

[118] Paul M, Romer. Increasing Returns and Long-Run Growth [J]. Journal of Political Economy, 1986, 94 (5): 1002-2037.

[119] Rajan R., Zingales L. Financial Dependence and Growth [J]. American Economic Review, 1998 (88): 561-575.

[120] Ramachandran V. Contractual Arrangement for The Transfer of Technology: Evidence from India in the 1970's [J]. Development Policy Review, 1994 (3): 301-317.

[121] Raymond Vernon. International Investment and International Trade in the Product Cycle [J]. The Quarterly Journal of Economics, 1966 (2): 190-207.

[122] Ricard Hausmann, Rani Rodrik. Doomed to Choose: Industrial Policy as Predicament [R]. 2009.

[123] Richardson H. W. The State of Regional Economics [J]. International Regional Science Review, 1978 (3): 1-48.

[124] Rioja F., Valev N. Does One Size Fit All: A Reexamination of the Finance and Growth Relationship [J]. Journal of Development Economics, 2004 (2): 429-447.

[125] Robert J. Barro. Determinants of Economic Growth-A Cross-Country Empirical Study [M]. The MIT Press, 1998.

[126] Romer P. Endogenous Technological Change [J]. Journal of Political Economy, 1990 (5): 71-102.

[127] Ronald M. E., Blair P. D. Input-Output Analysis: Foundations and Extensions [M]. UK: Cambridge University Press, 1985.

[128] Rostow W. W. The Past Quarter Century as Economic History and the Tasks of International: Economic Organization [J]. The Journal of-Economic History, 1970 (1): 152-157.

[129] Saaty T. L. New Concepts and Applications of AHP in the Internet Era [J]. Journal of Multi-Criteria Decision Analysis, 2012 (1): 1-2.

[130] Saaty T. L., Vargas L. G. An Innovative Orders-of-Magnitude Approach to AHP-Based Multicriteria Decision Making: Prioritizing Divergent Intangible Humane Acts [M]. Springer US, New York: 2013.

[131] Santos F., Eisenhardt K. Constructing Markets and Shaping Boundaries: Entrepreneurial Power in Nascent Fields [J]. Academy of Management Journal, 2009 (7): 643-671.

[132] Schmenner R. W. Making Business Location Decisions [M]. Englewood Cliffs, NJ: Prentice Hall, 1982.

[133] Schumpeter Joseph. The Theory of Economic Development [M]. Cam-

bridge, MA: Harvard University Press, 1921.

[134] Shaw. Financial Deepening in Economic Development [M]. Oxford University Press, 1973.

[135] Simon Kuznets. Model Economic Growth: Rate Structure and Spread [M]. New Haven and London, Yale University Press, 1966.

[136] Solow R. Contribution to the Theory of Economic Growth [J]. Quarterly Journal of Economics, 1986 (8): 33-35.

[137] Solow R. M. Technical Change and the Aggregate Production Function [J]. Reviewof Economics and Statistics, 1957, 39 (3): 312-320.

[138] Spencer J. W., Murtha T. P., Lenway S. A. How Governments Matter to New Industry Creation [J]. Academy of Management Review, 2005 (2): 321-337.

[139] Srinivas Talluri. Data Envelopment Analysis: Modelsand Extensions [J]. Decision Line, 2000 (5): 8-11.

[140] Staffan Jacobsson, Anna Bergek. Innovation System Analyses and SustainabilityTransitions: Contributions and Suggestions for Research [J]. Environmental Innovation andSocietal Transitions, 2011 (7): 41-57.

[141] Sterman J. D. Business Dynamics: Systems Thinking and Modeling for A ComplexWorld [M]. New York: McGraw Hill, 2000.

[142] Steven Casper. Institutional adaptiveness, Technology Policy, and the Diffusion of NewBusiness Models: The Case of German biotechnology [J]. Organization Studies, 2000 (5): 887-891.

[143] Steven Klepper, Elizabeth Graddy. The Evolution of New Industries and the Determinants of Market Structure [J]. Rand Journal of Economics, 1990 (1): 27-44.

[144] Steven Klepper. Firm Survival and the Evolution of Oligopoly [J]. Journal ofEconomies, 2002 (1): 37-61.

[145] Sturgeon T. J. Modular production Networks: A New American Model of Industrial Organization [J]. Industrial and Corporate Change, 2002, 11 (3): 451-496.

[146] Sutton John. Gibrat's Legacy [J]. Journal of Economic Literature, 1997 (3): 40-59.

[147] Tamazawa Lppei. On Pacific Economic Integration [J]. Economic Journal,

1992 (102): 1519-1529.

[148] Teece D. J. Technology Transfer by Multinational Firms: The Resource Cost of Transferring Technological Know-how [J]. Economic Journal, 1977 (6): 242-261.

[149] United States Congress. American Recovery and Reinvestment Act of 2009 [P]. 2009.

[150] Utterback J. M., Abernathy W. J. A Dynamics Model of Products and ProcessInnovation [J]. Omega, 1975 (12): 639-656.

[151] 艾青, 周雪. 孵化器_加速器及科技产业园比较研究 [J]. 科技创业, 2012 (8): 10-11.

[152] [奥地利] 鲁道夫·希法亭. 金融资本 [M]. 北京: 商务印书馆, 1994.

[153] 巴尼. 获得与保持竞争优势 [M]. 王俊杰等译. 北京: 清华大学出版社, 2003.

[154] 白千文. 战略性新兴产业研究述析 [J]. 现代经济探讨, 2011 (11): 37-41.

[155] 比亚迪 DM (DualMode) 双模技术和工作模式 [EB/OL]. 维科网, https://nev.ofweek.com/2019-09/ART-71002-11000-30405320.html, 2019-09-02.

[156] 丙烯高效催化剂打破国外垄断 [EB/OL]. 中国生物技术信息网, http://www.biotech.org.cn/information/155496, 2018-08-13.

[157] 蔡防. 人口转变、人口红利与刘易斯转折点 [J]. 经济研究, 2010 (4): 4-13.

[158] 蔡红艳, 阎庆民. 产业结构调整与金融发展——来自中国的跨行业调查研究 [J]. 管理世界, 2004 (10): 79-84.

[159] 曹江宁. 中国战略性新兴产业发展评价与路径选择研究——基于全球经济视角 [D]. 河北大学博士学位论文, 2015.

[160] 曹琦. 金力永磁拟定增募资 7.18 亿元顺应新能源汽车大潮积极扩产 [EB/OL]. http://d.drcnet.com.cn/eDRCnet.common.web/DocDetail.aspx?chnid=4805&leafid=18547&docid=5854026&uid=271301&version=emerging, 2020-05-12.

[161] 曹小兵. 产业技术创新战略联盟协同创新机制研究 [C]. 团体标准研

究与实践论文集，2016.

［162］晁媛媛. 在孵企业与孵化平台价值互动模式探索——以甘肃融创立方加速器为例［J］. 商讯，2020（3）：108，110.

［163］陈才. 区域经济地理学［M］. 北京：科学出版社，2001.

［164］陈大雄. 高新技术产业评价及发展研究［D］. 中南大学博士学位论文，2004.

［165］陈刚. 新兴产业形成与发展的机理探析［J］. 理论导刊，2004（2）：40-42.

［166］陈纪文. 关于我国发展新能源产业的思考［J］. 生产力研究，2011（9）：140-141.

［167］陈建勋. 中国新材料产业成长与发展路径研究［M］. 上海：上海人民出版社，2009.

［168］陈建勋. 中国新材料产业技术进步对产出增长贡献的分析［J］. 上海经济研究，2009（6）：19-27.

［169］陈锦其，徐明华. 实验室经济及其对发展战略性新兴产业的启示［J］. 科学管理研究，2012（5）：61-64.

［170］陈劲，王飞绒. 创新政策：多国比较与发展框架［M］. 杭州：浙江大学出版社，2006.

［171］陈柳钦. 关于我国发展战略性新兴产业的几点思考［J］. 四川行政学院学报，2011（1）：83-88.

［172］陈柳钦. 国内外新能源产业发展动态［J］. 河北经贸大学学报，2011（5）：5-13.

［173］陈柳钦. 战略性新兴产业自主创新问题研究［J］. 中国地质大学学报（社会科学版），2011（3）：56-61.

［174］陈伟. 日本新能源产业发展及其与中国的比较［J］. 中国人口·资源与环境，2010（6）：103-110.

［175］陈文锋，刘薇. 战略性新兴产业发展的国际经验与我国的对策［J］. 经济纵横，2010（9）：63-66.

［176］陈宪. 疫情后战略性新兴产业将加速引领转型升级［EB/OL］. http：//finance. sina. com. cn/chanjing/cyxw/2020-03-06/doc-iimxyqvz8170197. shtml，2020-03-05.

［177］陈秀珍. 战略性新兴产业的发展条件［M］. 北京：中国经济出版

社，2013.

[178] 陈彦玲. “十四五”时期广东重点发展高科技产业的选择建议 [J]. 广东经济，2020 (1)：14-25.

[179] 陈莹莹. 全国首个支付宝“数字生活城市”落地湖州 [EB/OL]. http：//d. drcnet. com. cn/eDRCnet. common. web/DocDetail. aspx? chnid = 6172&leafid = 24468&docid = 5821045&uid = 271901&version = emerging，2020-04-26.

[180] 程贵孙，张雍，芮明杰. 国有与民营企业发展战略性新兴产业相对效率研究——基于 2005-2011 年上市公司数据的实证分析 [J]. 当代财经，2013 (10)：96-105.

[181] 程贵孙，张雍. 战略性新兴产业民营上市公司生产率变动及影响因素 [J]. 东南大学学报 (哲学社会科学版)，2015 (5)：79-86.

[182] 程新章，吴勇刚. 中国发展战略性新兴产业的政策选择——主流经济学和演化经济学的比较分析 [J]. 江苏社会科学，2011 (1)：90-100.

[183] 程郁，王胜光. 培育战略性新兴产业的政策选择——风能产业国际政策经验的比较与借鉴 [J]. 中国科技论坛，2011 (3)：146-152.

[184] 池程等. 新冠肺炎疫情对我国新型基础设施发展影响分析 [EB/OL]. http：//www. cww. net. cn/article? id = 466856，2020-03-13.

[185] 丛亚平. 将海洋油气装备业列入国家新兴产业 [N]. 经济参考报，2010-03-09.

[186] 大城“食”事，看上海如何智慧监管 [EB/OL]. 网易新闻，http：//news. 163. com/18/0122/16/D8P4I0T800014AEE. html，2018-01-22.

[187] 戴琳. 基于产业集群的天津市战略性新兴产业发展的研究 [J]. 经济视野，2013 (2)：315-316.

[188] 戴维·罗默. 高级宏观经济学 [M]. 上海：上海财经大学出版社，2003.

[189] 德州市生态环境局. 德州科学精准防治 VOCs 污染 [N]. 中国环境报，2020-08-20.

[190] 邓保生. 促进战略性新兴产业发展的税收优惠政策分析与优化 [J]. 税务研究，2011 (5)：68-70.

[191] 邓聚龙. 灰色系统基本方法 [M]. 武汉：华中科技大学出版社，2005.

[192] 邓可斌，丁重. 中国创造性破坏缺乏的理论成因及实证检验 [J]. 经济学家，2010 (7)：60-68.

［193］邓龙安. 战略性新兴产业关键核心技术自主创新理论综述［J］. 经济研究导刊, 2011（7）: 196-197, 211.

［194］邓小平. 邓小平文选: 第3卷［M］. 北京: 人民出版社, 1993.

［195］董爱军. 信息产业链创新的模式研究［D］. 武汉理工大学博士学位论文, 2011.

［196］杜栋, 庞庆华, 吴炎. 现代综合评价方法与案例精选［M］. 北京: 清华大学出版社, 2008.

［197］杜振华, 茶洪旺, 姜梦静. 让高端装备制造业成为河北产业新高地［N］. 中国经济导报, 2015-08-12.

［198］段世德, 徐璇. 科技金融支撑战略性新兴产业发展研究［J］. 科技进步与对策, 2011（14）: 66-69.

［199］段小华. 战略性新兴产业的投入方式、组织形式与政策手段［J］. 改革, 2011（2）: 89-94.

［200］段一群, 李东, 李廉水. 中国装备制造业的金融支持效应分析［J］. 科学学研究, 2009（3）: 388-392.

［201］多恩布什·费希尔·斯塔兹. 宏观经济学［M］. 北京: 中国人民大学出版社, 2000.

［202］恩格斯. 集权与自由［M］. 马克思恩格斯全集（第41卷）, 中共中央马克思、恩格斯、列宁、斯大林著作编译局译, 北京: 人民出版社, 1982.

［203］樊自甫, 程姣姣. 新冠肺炎疫情下的数字经济发展机遇与对策研究［J］. 重庆邮电大学学报（社会科学版）, 2020（3）: 91-101.

［204］范柏乃, 段忠贤, 江蕾. 创新政策研究述评与展望［J］. 软科学, 2012（11）: 43-47.

［205］范柏乃, 郑启军, 段忠贤. 自主创新政策的演进: 理论分析与浙江经验［J］. 中共浙江省委党校学报, 2013（4）: 12-18.

［206］范德成, 刘希宋. 产业投资结构与产业结构的关系分析［J］. 学术交流, 2003（1）: 68-71.

［207］范恒山. 加快发展数字创意产业培育壮大新动能［J］. 宏观经济管理, 2017（10）: 9-11.

［208］范红忠. 有效需求规模假说、研发投入与国家自主创新能力［J］. 经济研究, 2007（3）: 33-44.

［209］范剑平, 郝彦菲. 新能源产业有望成为经济新增长点［J］. 财经界,

2011（3）：50-53.

[210] 范鹏飞，焦裕乘，黄卫东. 物联网业务形态研究 [J]. 中国软科学，2011（6）：31-36.

[211] 方大春. 后发优势理论与后发优势转化 [J]. 生产力研究，2008（17）：21-23.

[212] 方家喜. 各国厉兵秣马角逐新工业革命 [N]. 经济参考报，2012-06-19.

[213] 方针. 国产 DSA 实现由 0 到 1 新突破 [EB/OL]. http：//d. drcnet. com. cn/eDRCnet. common. web/DocDetail. aspx? chnid = 4801&leafid = 18534&docid=5943876&uid=270901&version=emerging，2020-08-21.

[214] 冯长根. 选择培育战略性新兴产业的几点建议 [J]. 科技导报，2010（9）：19-21.

[215] 冯春林. 中国战略性新兴产业的市场培育对策研究 [J]. 改革与战略，2011（8）：125-128.

[216] 冯赫. 关于战略性新兴产业发展的若干思考 [J]. 经济研究参考，2010（43）：62-68.

[217] 福建省"十三五"战略性新兴产业发展专项规划（2016 年 4 月）[EB/OL]. http：//www. fujian. gov. cn/zc/zxwj/szfbgtwj/201605/t20160510_1180593. htm.

[218] 付红波，李玉洁等. 加拿大生物科技及产业发展现状及特点 [J]. 中国生物工程杂志，2010（5）：149-152.

[219] 付冶，孟庆红. 关于工业产业布局理论发展的评述 [J]. 企业导报，2010（2）：98-100.

[220] 傅家骥. 技术创新学 [M]. 北京：清华大学出版社，1998.

[221] 傅明明. 基于系统动力学的港口——区域经济系统研究 [D]. 大连海事大学博士学位论文，2010.

[222] 傅艳. 产融结合之路通向何方：中国产业与金融结合的有效性研究 [M]. 北京：人民出版社，2003.

[223] 高常水. 战略性新兴产业创新平台研究——以"核高基"产业为例 [D]. 天津大学博士学位论文，2011.

[224] 高骞，吴也白. 上海高质量发展战略路径研究 [J]. 科学发展，2019（3）：5-15.

[225] 高友才，向倩. 我国战略性新兴产业的选择与发展对策 [J]. 经济管

理，2010（11）：68-73.

［226］高云华，吴曙霞等. 印度生物技术产业成功的关键因素分析［J］. 中国药事，2008（2）：161-164.

［227］龚恩华. 促进战略性新兴产业发展的税收政策研究［J］. 经济研究导刊，2011（32）：100-104.

［228］共话动力电池产业未来发展构建新能源汽车产业生态圈［EB/OL］. 战略性产业数据库，http：//d. drcnet. com. cn/eDRCnet. common. web/DocDetail. aspx？chnid=4805&leafid=18547&docid=5943411&uid=271301&version=emerging，2020-08-20.

［229］谷依露. 我国太阳能产业发展现状与发展路径研究［J］. 发展研究，2011（5）：71-73.

［230］顾海峰. 战略性新兴产业培育、升级与金融支持［J］. 改革，2011（2）：29-34.

［231］顾海峰. 战略性新兴产业培育与发展的金融支持［J］. 开放导报，2012（4）：71-74.

［232］管清友. 石油的逻辑：国际油价波动机制与中国能源安全［M］. 北京：清华大学出版社，2010.

［233］广西科技进步贡献率提升至54.92%引领社会经济高质量发展［EB/OL］. 战略性产业数据库，http：//d. drcnet. com. cn/eDRCnet. common. web/DocDetail. aspx？chnid = 6173&leafid = 24471&docid = 5945095&uid = 272001&version = emerging，2020-08-24.

［234］桂黄宝. 战略性新兴产业成长动力机制分析——以我国新能源汽车为例［J］. 科学管理研究，2012（4）：48-51.

［235］郭朝先. 疫情对我国电子信息制造业发展的影响及应对［J］. 统一战线学研究，2020（3）：76-81.

［236］郭辉勤. 新兴产业亟待政府干预［J］. 经营与管理，2004（7）：9-10.

［237］郭佳. 中国北方清洁新能源企业聚焦秸秆利用新技术不断面世［EB/OL］. http：//d. drcnet. com. cn/eDRCnet. common. web/DocDetail. aspx？chnid = 4803&leafid = 18540&docid = 5943006&uid = 271101&version = emerging，2020-08-20.

［238］郭克莎. 总量问题还是结构问题？——产业结构偏差对我国经济增长的制约及调整思路［J］. 经济研究，1999（9）：15-21.

[239] 郭连强. 衰退产业调整的国际比较与启示 [J]. 经济纵横, 2004 (9): 53-56.

[240] 郭倩. 电信央企跑出 5G "加速度" [EB/OL]. http: //d. drcnet. com. cn/eDRCnet. common. web/DocDetail. aspx? docid = 5868672&leafid = 18530&chnId = 4800&version = emerging, 2020-06-10.

[241] 郭淑娟, 常京萍. 战略性新兴产业知识产权质押融资模式运作及其政策配置 [J]. 中国科技论坛, 2012 (1): 120-125.

[242] 郭熙保, 胡汉昌. 技术模仿还是制度模仿——评杨小凯、林毅夫关于后发优势与劣势之争 [J]. 学术月刊, 2004 (4): 29-36.

[243] 郭晓丹, 何文韬, 肖兴志. 战略性新兴产业的政府补贴、额外行为与研发活动变动 [J]. 宏观经济研究, 2011 (11): 63-70.

[244] 郭晓丹, 何文韬. 战略性新兴产业规模、竞争力提升与"保护性空间"设定 [J]. 改革, 2012 (2): 34-41.

[245] 郭晓丹, 宋维佳. 战略性新兴产业的进入时机选择: 领军还是跟进 [J]. 中国工业经济, 2011 (5): 119-129.

[246] 国家统计局. 第三次全国经济普查主要数据公报 [EB/OL]. http: //www. china. com. cn/zhibo/zhuanti/ch - xinwen/2014 - 12/16/content _ 34329842. htm, 2014-12-16.

[247] 国内首艘油气电混合动力内河船舶启航 [EB/OL]. 战略性产业数据库, http: //d. drcnet. com. cn/eDRCnet. common. web/DocDetail. aspx? chnid = 4802&leafid = 18537&docid = 5873755&uid = 271001&version = emerging, 2020-06-25.

[248] 韩凤晶, 石春生. 新兴产业企业动态核心能力构成因素的实证分析——基于中国高端装备制造业上市公司的数据 [J]. 中国软科学, 2010 (12): 166-175.

[249] 韩国拟加大战略性新兴产业技术研发投入 [EB/OL]. 中国新闻网, http: //www. gywb. cn/content/2016-01/27/content_4556787. htm, 2016-01-27.

[250] 韩辉. 新冠肺炎疫情对我国战略性新兴产业发展影响浅析 [EB/OL]. http: //www. ceconline. com/news/ma/8800104375/01/, 2020-03-20.

[251] 韩霞, 朱克实. 我国战略性新兴产业发展的政策取向分析 [J]. 经济问题, 2014 (3): 1-5.

[252] 杭州市战略性新兴产业发展情况分析 [EB/OL]. 新浪财经, https: //

finance. sina. com. cn/stock/relnews/hk/2019-11-19/doc-iihnzahi1957113. shtml? dv=2&source=cj，2019-11-19.

［253］航天新型高性能材料大汇总及最新研究进展［EB/OL］. 成都新材料研究院，http：//www. cdxcl. org/news_details. html? id=3722，2018-05-10.

［254］郝晓明. 新型二维层状材料家族再“添丁”［EB/OL］. http：//d. drcnet. com. cn/eDRCnet. common. web/DocDetail. aspx? chnid = 4804&leafid = 18544&docid=5943848&uid=271201&version=emerging，2020-08-21.

［255］何光军. 广东如何抢占未来经济制高点［J］. 广东经济，2014（4）：42-49.

［256］何砚，郑又源. 风险投资支撑战略性新兴产业发展对策研究——以北京市为例［J］. 中国市场，2018（8）：46-47.

［257］贺正楚，吴艳. 战略性新兴产业的评价与选择［J］. 科学学研究，2011（5）：678-683.

［258］赫尔普曼，克鲁格曼. 市场结构与对外贸易［M］. 尹翔硕译. 上海：上海人民出版社，2008.

［259］赫希曼. 经济发展战略［M］. 潘照东等译. 北京：经济科学出版社，1991.

［260］洪丽云，何恒，汪东等. 国际新冠肺炎疫情暴发对浙江省产业链的冲击预警及若干建议［J］. 中国工程咨询，2020（5）：18-22.

［261］胡海峰，胡吉亚. 美日德战略性新兴产业融资机制比较分析及对中国的启示［J］. 经济理论与经济管理，2011（8）：62-74.

［262］胡静. 战略性新兴产业集聚发展的演化机制研究［D］. 武汉理工大学博士学位论文，2017.

［263］胡荣涛，张许颖，苏明吾. 产业结构调整中的地区利益与博奕行为分析［J］. 经济评论，2002（4）：99-102.

［264］胡璇，张宏远. 江苏省战略性新兴产业竞争力研究［J］. 科技管理研究，2019（7）：107-114.

［265］华人研究登上 Nature 子刊：植物开花的分子开关找到了？［EB/OL］. 中国生物技术信息网，http：//www. biotech. org. cn/information/155476，2018-08-19.

［266］华仁杰，张之浩. 基于区块链技术的可信金融安全运维解决方案［EB/OL］. http：//m. elecfans. com/article/1108931. html，2019-11-11.

[267] 黄斌，鲁旭. 产业高端化的几个重要评价指标及国际参照 [J]. 科技进步与对策，2014 (12)：124-129.

[268] 黄庆华. 战略性新兴产业的背景、政策演进与个案例证 [J]. 改革，2011 (9)：31-40.

[269] 黄晓普，郑自立. 后金融危机时期我国新材料产业的困境与对策 [J]. 求索，2012 (10)：51-52.

[270] 黄幸婷，杨煜. 后危机时代战略性新兴产业发展研究——基于核心技术联盟知识创造过程的视角 [J]. 中国科技论坛，2010 (8)：36-80.

[271] 黄永春，郑江淮，谭洪波，杨以文. 后发地区发展战略性新兴产业的时机选择与赶超路径——以平板显示技术的赶超实践为例 [J]. 科学学研究，2012 (7)：1031-1038.

[272] 霍国庆. 战略性新兴产业的研究现状与理论问题分析 [J]. 山西大学学报（哲学社会科学版），2012 (3)：229-239.

[273] 极寒技术取得重大突破！新能源汽车零下 30 度正常运行！[EB/OL]. 维科网，https：//nev. ofweek. com/2020-01/ART-71000-8300-30426243. html，2020-01-21.

[274] 加快推进产业高端化、规模化、集群化发展 [EB/OL]. 中国金融新闻网，https：//www. financialnews. com. cn/qy/qyjj/201907/t20190710_163621. html，2019-07-10.

[275] 江苏发布知识产权密集型产业统计报告 [EB/OL]. 搜狐网，http：//www. sohu. com/a/124355507_114731，2017-01-15.

[276] 姜秉国，韩立民. 海洋战略性新兴产业的概念内涵与发展趋势分析 [J]. 太平洋学报，2011 (5)：7.

[277] 姜达洋，张宏武. 现代西方经济学界关于产业政策的有效性的讨论 [J]. 经济经纬，2009 (1)：30-33.

[278] 姜大鹏，顾新. 我国战略性新兴产业的现状分析 [J]. 科技进步与对策，2010 (17)：65-70.

[279] 姜江. 培育和发展我国战略性新兴产业：理论与实践 [M]. 北京：中国财政经济出版社，2014.

[280] 姜江. 世界战略性新兴产业发展的动态与趋势 [J]. 中国科技产业，2010 (7)：22-24.

[281] 金成地信集团. 全球战略性新兴产业发展展望 [EB/OL]. https：//

baijiahao. baidu. com/s? id=1629694227572389245，2019-04-02.

［282］金善女，邢会. 韩国的产业政策调整及其对我国的启示［J］. 经济论坛，2005（11）：4-5.

［283］金雪军，杨晓兰. 基于演化范式的技术创新政策理论［J］. 科研管理，2005（2）：55-60.

［284］靳茂勤. 我国战略性新兴产业国际合作模式初探［J］. 亚太经济，2011（6）：110-115.

［285］剧锦文，战略性新兴产业的发展“变量”：政府与市场分工［J］. 改革，2011（3）：31-37.

［286］孔维臻，郭明晶，陈萌，陈宁. 基于模糊的浅层地热能适宜性分区评价方法研究［J］. 中国矿业，2013（2）：107-110.

［287］寇蔻. 从《国家工业战略 2030》看德国当下产业政策的成败得失［EB/OL］. https：//www. thepaper. cn/newsDetail_forward_4889116，2019-11-08.

［288］库兹涅茨. 各国的经济增长：总产值和生产结构［M］. 北京：商务印书馆，1985.

［289］库兹涅茨. 现代经济增长：速度结构与扩展［M］. 北京：经济学院出版社，1989.

［290］来亚红. 对战略性新兴产业几个关键问题的探讨［J］. 中国产业，2011（6）：46-46.

［291］黎春秋，熊勇清. 传统产业优化升级模式研究：基于战略性新兴产业培育外部效应的分析［J］. 中国科技论坛，2011（5）：32-37.

［292］李碧浩，卞佳颖. 基于范式的节能环保市场比较研究［J］. 中国环保产业，2012（4）：34-38.

［293］李波. 培育和发展我国战略性新兴产业的税收政策建议［J］. 中国财政，2010（22）：33-34.

［294］李勃昕. 中国战略性新兴产业发展研究［D］. 西北大学博士学位论文，2013.

［295］李博洋. 我国节能环保产业发展回顾与展望［J］. 中国科技投资，2011（2）：23-26.

［296］李春林等. 区域产业竞争力的理论与实证研究［M］. 北京：冶金工业出版社，2005.

[297] 李凡，李娜，刘沛罡. 中印技术创新政策演进比较研究：基于目标、工具和执行的定量分析 [J]. 科学学与科学技术管理，2015（10）：23-31.

[298] 李刚. 基于熵值修正组合赋权的科技评价模型及实证 [J]. 软科学，2010（5）：31-35.

[299] 李何. 中国生物技术产业的现状与发展趋势探微 [J]. 农村经济与科技，2018（24）：112-113.

[300] 李华东. 技术创新与战略性新兴产业发展 [J]. 中共浙江省委党校学报，2012（4）：93-97.

[301] 李嘉图. 政治经济学及税负原理 [M]. 北京：商务印书馆，1962.

[302] 李金华. 中国战略性新兴产业发展的若干思辨 [J]. 财经问题研究，2011（5）：3-10.

[303] 李靖华，常晓然. 我国流通产业创新政策协同研究 [J]. 商业经济与管理，2014（9）：5-16.

[304] 李靖华，郭耀煌. 国外产业生命周期理论的演变 [J]. 人文杂志，2001（6）：62-67.

[305] 李莉. 基于特征视角的战略性新兴产业人力资源开发 [J]. 重庆理工大学学报（社会科学版），2013（10）：38-41.

[306] 李莉. 新时期战略性新兴产业人力资源培养机制——以福建新一代信息技术产业为例 [J]. 辽宁工程技术大学学报，2014（3）：246-248.

[307] 李莉. 战略性新兴产业集群发展与人才孵化双螺旋模型研究 [J]. 中国人力资源开发，2014（18）：62-66.

[308] 李莉. 战略性新兴产业：人才体系与孵化机制构建 [J]. 发展研究，2014（1）：104-108.

[309] 李孟刚. 产业安全理论研究 [M]. 北京：经济科学出版社，2010.

[310] 李明中. 区域产业核心竞争力研究 [D]. 武汉：武汉理工大学，2003.

[311] 李朴民. 关于加快培育战略性新兴产业的思考 [J]. 中国经贸导刊，2010（8）：10-11.

[312] 李朴民. 如何培育战略性新兴产业 [J]. 中国科技产业，2010（7）：23-25.

[313] 李其庆编译. 法国学者勒努阿谈市场与市场经济的效益和局限 [J]. 国外理论动态，1992（41）.

[314] 李姝. 中国战略性新兴产业发展思路与对策 [J]. 宏观经济研究，2012

(2)：50-55.

[315] 李伟铭，黎春燕. 高技术产业发展与政策研究——培育竞争优势[M]. 北京：科学出版社，2011.

[316] 李向阳. 国际金融危机与国际贸易、国际金融秩序的发展方向 [J]. 经济研究，2009 (11)：47-54.

[317] 李晓华，吕铁. 战略性新兴产业的特征与政策导向研究 [J]. 宏观经济研究，2010 (9)：20-26.

[318] 李晓，张建平. 东亚产业关联的研究方法与现状各国际国家间投入产出模型的综述 [J]. 经济研究，2010 (4)：147-160.

[319] 李彦宏，路漫. 中国新能源产业的新机遇 [J]. 中国经贸，2011 (11)：72-73.

[320] 李艳. 基于马克思分工理论的微笑曲线研究 [D]. 曲阜师范大学硕士学位论文，2017.

[321] 李燕. 战略性新兴产业的空间分布特征及集聚动力机制研究 [J]. 统计与决策，2015 (20)：130-135.

[322] 李扬，沈志渔. 战略性新兴产业集群的创新发展规律研究 [J]. 经济与管理研究，2010 (10)：29-34.

[323] 李志勇. 新能源汽车领域“新合资”取得突破 [EB/OL]. http：//d. drcnet. com. cn/eDRCnet. common. web/DocDetail. aspx? chnid = 4805&leafid = 18547&docid = 5941292&uid = 271301&version = emerging，2020-08-19.

[324] 里程碑！一种可大制作低成本和高性能太阳能转换材料的新方法 [EB/OL]. 安徽成人继续教育网，http：//www. ahcredu. com/xljy/tj/29472. html，2019-11-23.

[325] 链式整合+园区支撑+集群带动+协同发展！战略性新兴产业集群发展有了“山东路径” [EB/OL]. 新浪山东，http：//sd. sina. com. cn/news/2020-03-13/detail-iimxyqwa0182920. shtml，2020-03-13.

[326] 梁军. 自主发展还是被俘获：发展战略性新兴产业的抉择 [J]. 天津社会科学，2011 (3)：76-82.

[327] 梁茹，凌江怀等. 战略性新兴产业金融支持研究 [M]. 北京：科学出版社，2012.

[328] 梁威，廖进球. 江西战略性新兴产业竞争力分析及提升对策研究 [J]. 江西财经大学学报，2015 (3)：73-83.

[329] 梁威. 战略性新兴产业与传统产业协调发展研究 [D]. 江西财经大学博士学位论文，2016.

[330] 林风霞. 推动中国装备制造业从传统向高端跃升的思考 [J]. 中州学刊，2011 (6)：48-51.

[331] 林浩然. 疫情启示录：中国 AI 和 5G 等新基建的崛起与 AI 芯片企业的机遇 [J]. 中国集成电路，2020 (Z2)：16-17，43.

[332] 林学军. 战略性新兴产业的发展与形成模式研究 [J]. 中国软科学，2012 (2)：26-34.

[333] 林毅夫. 新时代中国发展理念解读 [J]. 行政管理改革，2018 (1)：19-21.

[334] 刘宝亮. 7 大新兴产业引领中国未来经济增长 [N]. 中国经济导报，2010-10-21 (B01).

[335] 刘澄，顾强，董瑞青. 产业政策在战略性新兴产业发展中的作用 [J]. 经济社会体制比较，2011 (1)：196-203.

[336] 刘凤朝，孙玉涛. 我国科技政策向创新政策演变的过程、趋势与建议：基于我国 289 项创新政策的实证分析 [J]. 中国软科学，2007 (5)：34-42.

[337] 刘桂云. 短视频+直播图书营销的新机遇 [EB/OL]. http://d.drcnet.com.cn/eDRCnet.common.web/DocDetail.aspx?chnid=6172&leafid=24468&docid=5940135&uid=271901&version=emerging，2020-08-18.

[338] 刘红梅. 区域主导产业研究综述 [J]. 科学学与科学技术管理，2004 (12)：93-94.

[339] 刘洪昌. 战略性新兴产业高端化发展的产业培育模式及路径 [J]. 企业经济，2015 (1)：140-144.

[340] 刘洪昌. 中国战略性新兴产业的选择原则及培育政策取向研究 [J]. 科学学与科学技术管理，2011 (3)：87-92.

[341] 刘辉峰. 自主创新与我国战略性新兴产业发展的"机会窗口" [J]. 中国科技论坛，2011 (9)：27-31.

[342] 刘吉昀. 核能在我国的战略地位及可持续发展初探 [J]. 中国电力教育，2013 (5)：211-212.

[343] 刘家庆. 促进战略性新兴产业发展的财政政策研究——以甘肃省为例 [J]. 财政研究，2011 (4)：31-34.

[344] 刘金科. 新时期促进战略性新兴产业发展的财税政策思考 [J]. 经济

研究参考，2010（71）：21-23.

［345］刘立群. 德国产业结构变动的绿色化趋势［J］. 德国研究，1999（3）：15-17.

［346］刘曼红，张兵. 促进中小企业科技成果转化［N］. 光明日报，2005-02-17.

［347］刘娜. 中企动力推出数字化营销新模式［N/OL］. 北京商报网，2020-08-21.

［348］刘思峰，党耀国，方志耕等. 灰色系统理论及其应用［M］. 北京：科学出版社，2004.

［349］刘斯康，王水嫩. 用产业集群理论来规划新的产业布局［J］. 当代财经，2003（7）：118-119.

［350］刘铁，王九云. 区域战略性新兴产业选择过度趋同问题分析［J］. 中国软科学，2012（2）：115-127.

［351］刘伟. 工业化进程中的产业结构研究［M］. 北京：中国人民大学出版社，1995.

［352］刘险峰. 战略性新兴产业发展中的需求激励政策研究［J］. 中国财政，2011（13）：54-57.

［353］刘易斯. 二元经济论［M］. 北京：北京经济学院出版社，1989.

［354］刘勇. 区域经济发展与地区主导产业［M］. 北京：商务印书馆，2006.

［355］刘振亚. 计量经济学教程［M］. 北京：中国人民大学出版社，1997.

［356］刘志彪. 战略性新兴产业的高端化：基于"链"的经济分析［J］. 产业经济研究，2012（3）：9-17.

［357］刘志阳，程海狮. 战略性新兴产业的集群培育与网络特征［J］. 改革，2010（5）：36-42.

［358］刘志阳等. 战略性新兴产业的集群培育与网络特征［J］. 改革，2010（5）：36-42.

［359］刘志阳等. 战略性新兴产业的集群特征、培育模式与政策取向［J］. 重庆社会科学，2011（3）：49-55.

［360］刘志阳，施祖留. 我国战略新兴产业自主创新问题与对策研究［J］. 福建论坛（人文社会科学版），2010（8）：10-16.

［361］刘志阳，苏东水. 战略性新兴产业集群与第三类金融中心的协同演进机理［J］. 学术月刊，2010（12）：68-75.

[362] 柳卸林，何郁冰. 从科技投入到产业创新 [M]. 北京：科学出版社，2014.

[363] 卢晶. 战略性新兴产业创新政策的研究综述 [J]. 经济研究导刊，2020 (7)：25-26.

[364] 卢卡斯. 经济理论周期研究 [M]. 北京：商务印书馆，2000.

[365] 卢梦匀. 新三板游戏公司上半年业绩分化云游戏、产品出海成主要盈利点 [EB/OL]. http://d.drcnet.com.cn/eDRCnet.common.web/DocDetail.aspx?chnid=6172&leafid=24468&docid=5943635&uid=271901&version=emerging，2020-08-21.

[366] 陆国庆，王舟，王春宇. 中国战略性新兴产业政府创新补贴的绩效研究 [J]. 经济研究，2014 (7)：44-55.

[367] 陆立军，于斌斌. 传统产业与战略性新兴产业的融合演化及政府行为：理论与实证 [J]. 中国软科学，2012 (5)：28-39.

[368] 陆添超，康凯. 熵值法和层次分析法在权重确定中的应用 [J]. 电脑编程技巧与维护，2009 (22)：19-20.

[369] 陆燕荪. 高端装备制造产业是振兴装备制造业的突破口 [J]. 商务周刊，2010 (19)：81-82.

[370] 吕静韦. 战略性新兴产业发展动力机制及创新模式研究 [D]. 河北工业大学博士学位论文，2017.

[371] 吕岩威，孙慧. 中国战略性新兴产业技术效率及其影响因素研究 [J]. 数量经济技术经济研究，2014 (1)：128-143.

[372] 吕岩威，孙慧. 中国战略性新兴产业技术效率及其影响因素研究——基于18个大类行业面板数据的分析 [J]. 科学学与科学技术管理，2013 (11)：137-146.

[373] 栾春娟. 战略性新兴产业共性技术测度指标研究 [J]. 科学学与科学技术管理，2012 (2)：11-16.

[374] 罗辉道，项保华. 资源概念与分类研究 [J]. 科研管理，2005 (7)：99-104.

[375] 罗斯托. 从起飞进入持续增长的经济学 [M]. 成都：四川人民出版社，1988.

[376] 罗斯托. 经济成长的阶段 [M]. 国际关系研究所编译室译. 北京：商务印书馆，1962.

［377］罗贞礼. 新材料产业的阶段演进与低碳经济的耦合效应［J］. 重庆社会科学，2011（5）：47-53.

［378］马珩，李东. 长三角制造业高级化测度及其影响因素分析［J］. 科学学研究，2012（10）：1509-1517.

［379］马克思. 马克思恩格斯全集（第 23 卷）［M］. 北京：人民出版社，1972.

［380］马克思. 资本论（第 2 卷）［M］. 北京：人民出版社，1975.

［381］马楠. 中国战略性新兴产业协同创新系统演化机理研究——以中国新能源汽车产业为例［D］. 福州大学博士学位论文，2016.

［382］迈克尔·波特. 国家竞争优势［M］. 北京：中信出版社，2012.

［383］迈克尔·波特，竹内弘高. 日本的竞争战略［M］. 东京：钻石出版社，2001.

［384］［美］艾伯特·赫希曼. 经济发展战略［M］. 北京：经济科学出版社，1991.

［385］［美］杰弗里·摩尔. 龙卷风暴［M］. 钱睿译. 北京：机械工业出版社，2008.

［386］［美］罗拉·D. 安生迪森. 鹿死谁手——高技术产业的贸易冲突（中译本）［M］. 北京：中国经济出版社，1996.

［387］［美］约瑟夫·熊彼特. 经济发展理论——对于利润、资本、信贷、利息和经济周期的考察［M］. 何畏，易家详译. 北京：商务印书馆，1991.

［388］米尔顿·弗里德曼. 弗里德曼文萃［M］. 北京：首都经济贸易大学出版社，2001.

［389］米青，杨延军，于欢. 加快新一代信息技术产业发展的策略研究［J］. 科技风，2011（21）：31.

［390］南昌打造千亿轨道交通产业园可行性报告通过专家评审［EB/OL］. 战略性产业数据库，http：//d. drcnet. com. cn/eDRCnet. common. web/DocDetail. aspx？chnid = 4802&leafid = 18537&docid = 5943428&uid = 271001&version = emerging，2020-08-20.

［391］2019 年福建战略性新兴产业增长迅速［EB/OL］. 台海网，http：//www. taihainet. com/news/fujian/gcdt/2020-01-11/2345842. html，2020-01-11.

［392］2019 年上半年节能环保产业发展现状及节能环保行业发展趋势分析［EB/OL］. 中国产业信息网，http：//www. chyxx. com/industry/201911/801299.

html, 2019-11-04.

[393] 2019年上海每万人口发明专利拥有量53.54件全国第二 [EB/OL]. https://www.360kuai.com/pc/900cc14ccbbadc7fe?cota=3&kuai_so=1&sign=360_57c3bbd1&refer_scene=so_1, 2020-04-28.

[394] 2018年中国新一代信息技术行业发展现状和市场前景 [EB/OL]. 快资讯, https://www.360kuai.com/pc/9d6d6672c74db1add?cota=4&kuai_so=1&tj_url=so_rec&sign=360_57c3bbd1&refer_scene=so_1, 2019-12-09.

[395] 2019年中美新兴产业竞争态势：高端装备制造产业 [EB/OL]. 中国控制工程网, http://i4.cechina.cn/19/0411/10/20190411100312.htm, 2019-04-11.

[396] 牛治富. 科学技术的重大突破与创新是跨越式发展的前提和基础 [J]. 西藏发展论坛, 2001 (4): 23-28.

[397] 欧阳峣, 生延超. 战略性新兴产业研究述评 [J]. 湖南社会科学, 2010 (5): 111-115.

[398] 前瞻产业研究院. 数字创意产业园区发展背景及现状解析 [EB/OL]. https://www.sohu.com/a/298005681_473133, 2019-02-27.

[399] 钱纳里. 工业化和经济增长的比较研究 [M]. 上海: 上海三联书店, 1993.

[400] 乔地. 国内首款腺病毒载体新冠疫苗开展规模化生产研究 [EB/OL]. http://d.drcnet.com.cn/eDRCnet.common.web/DocDetail.aspx?chnid=4801&leafid=18534&docid=5943109&uid=270901&version=emerging, 2020-08-20.

[401] 乔芳丽, 杨军等. 辽宁战略性新兴产业选择评价研究 [J]. 沈阳工业大学学报, 2010 (3): 268-273.

[402] 乔玉婷, 曾立. 战略性新兴产业的军民融合式发展模式研究 [J]. 预测, 2011 (5): 1-5.

[403] 桥本寿郎. 日本经济论——世纪体系和日本经济 [M]. 上海: 上海财经大学出版社, 1997.

[404] 秦志勇. 新能源汽车产业发展问题浅析 [J]. 经济研究导刊, 2012 (3): 220-221.

[405] 人力资源和社会保障事业发展"十二五"规划纲要 [EB/OL]. 中央人民政府网, http://www.gov.cn/gongbao/content/2012/content_2041883, htm. 2012-12-26.

[406] 任保全，任优生. 长三角战略性新兴产业发展的演变趋势及增长质量研究 [J]. 现代经济探讨，2016 (9)：77-82.

[407] 任保全，王亮亮. 战略性新兴产业高端化了么？[J]. 数量经济技术经济研究，2014 (3)：38-55.

[408] 任春华. 我国发展高端装备制造业存在的问题、成因与关键环节 [J]. 学术交流，2012 (5)：60-63.

[409] [日] 南亮进. 日本的经济发展 [M]. 毕志恒，关权译. 北京：经济管理出版社，1992.

[410] 阮晓琴. 发力高端半导体设备连城数控扩产落子无锡 [EB/OL]. http：//d. drcnet. com. cn/eDRCnet. common. web/DocDetail. aspx？chnid = 4802&leafid = 18537&docid = 5943787&uid = 271001&version = emerging，2020-08-21.

[411] 山东发力氢能及燃料电池产业. 助推工业经济高质量发展 [EB/OL]. 战略性新兴产业数据库，http：//d. drcnet. com. cn/eDRCnet. common. web/DocDetail. aspx？chnid = 4803&leafid = 18540&docid = 5850176&uid = 271101&version = emerging，2020-05-25.

[412] 上海将在人工智能等重点领域和区域大力引进高端和关键人才 [EB/OL]. 汇通财经，https：//www. fx678. com/C/20190215/201902152021491441. html，2019-02-15.

[413] 上海市人工智能产业政策汇总 [EB/OL]. 前瞻产业研究院，https：//f. qianzhan. com/chanyeguihua/detail/191106-47c16601. html，2019-11-06.

[414] 申曙光. 关注：政府对风险投资的经济激励政策 [N]. 人民日报. 华南新闻，2001-04-24 (4).

[415] 石奇，孔群喜. 实施基于比较优势要素和比较优势环节的新式产业政策 [J]. 中国工业经济，2012 (12)：70-82.

[416] 实现甲烷在室温条件下直接催化转化落后 [EB/OL]. 中国生物技术信息网，http：//www. biotech. org. cn/information/155730，2018-08-30.

[417] 史菁. 基于财政政策的我国新一代信息技术产业发展研究 [J]. 中国集体经济，2012 (12)：29-30.

[418] 树图区块链技术正式入驻岳麓山大学科技城 [EB/OL]. 战略性产业数据库，http：//d. drcnet. com. cn/eDRCnet. common. web/DocDetail. aspx？chnid = 4800&leafid = 18530&docid = 5942980&uid = 270801&version = emerging，2020-08-20.

［419］顺达聚氨酯自主研发 B1 级冷库聚氨酯产品［EB/OL］. 战略性产业数据库，http：//d. drcnet. com. cn/eDRCnet. common. web/DocDetail. aspx? chnid = 4804&leafid = 18544&docid = 5944006&uid = 271201&version = emerging，2020 - 08 - 21.

［420］宋春艳，郭勇. 产业哲学视野下战略性新兴产业发展的问题与对策［J］. 科学管理研究，2012（2）：1-4.

［421］宋河发，万劲波，任中保. 我国战略性新兴产业内涵特征、产业选择与发展政策研究科技促进发展［J］. 2010（9）：8-12.

［422］苏东水. 产业经济学（第三版）［M］. 北京：高等教育出版社，2010.

［423］孙棣华，刘卫宁. 基于相对熵的决策属性均衡性评价模型系统工程［J］. 理论与实践，2001（6）：83-95.

［424］孙国民. 警惕战略性新兴产业发展的误区［J］. 中国经济问题，2013（3）：45-50.

［425］孙江超. 中国战略性新兴产业高端化发展的政策选择［J］. 广西社会科学，2019（4）：62-67.

［426］孙景新. 我国高端装备制造企业的技术研发投入及其效益分析［D］. 中国海洋大学硕士学位论文，2012.

［427］孙军，高彦彦. 产业结构演变的逻辑及其比较优势——基于传统产业升级与战略性新兴产业互动的视角［J］. 经济学动态，2012（7）：70-76.

［428］孙利娟，邢小军，周德群. 熵值赋权法的改进［J］. 统计与决策，2010（21）：153-154.

［429］孙敏. 战略性新兴产业发展研究综述及反思［J］. 中共宁波市委党校学报，2015（2）：123-128.

［430］孙书博. 巴斯夫埃克森美孚推突破性气体处理技术［EB/OL］. http：//d. drcnet. com. cn/eDRCnet. common. web/DocDetail. aspx? chnid = 4799 &leafid = 18527&docid = 5873900&uid = 270701&version = emerging，2020-06-15.

［431］孙婷婷. 基于技术路线图的战略性新兴产业技术管理研究——以光伏产业为例［D］. 天津理工大学硕士学位论文，2014.

［432］孙文祥，彭纪生，仲为国. 从引进到创新：中国技术政策演进、协同与绩效研究［M］. 北京：经济科学出版社，2007.

［433］孙毅霖. 现代科学技术革命概论［M］. 上海：上海交通大学出版社，2009.

［434］孙英兰. 专访路甬祥——经济危机往往催生重大科技创新［J］. 瞭望，2009（3）：34-35.

［435］孙远远. 河南省战略性新兴产业发展路径研究［D］. 郑州大学硕士学位论文，2012.

［436］孙早，张敏，刘文璨. 后危机时代的大国产业战略与新兴战略产业的发展［J］. 经济学家，2010（9）：84-95.

［437］孙志燕. 全球价值链下的产业升级［J］. 新经济导刊，2006（1）：20-21.

［438］谭中明，李战奇. 论战略性新兴产业发展的金融支持对策［J］. 企业经济，2012（2）：172-175.

［439］汤碧. 中国高技术产业价值链地位的测度和影响因素分析［J］. 经济学动态，2012（10）：65-70.

［440］陶然. 美日发展高新技术产业的政策比较［J］. 当代财经，2003（7）：15-17.

［441］特斯拉全新技术：取消换挡杆，用方向盘换挡［EB/OL］. 维科网，https：//nev. ofweek. com/2020-03/ART-71000-8300-30429674. html，2020-03-02.

［442］田鹏，杨炎轩. 人力资源管理概论［M］. 北京：科学出版社，2010.

［443］田艳军. 北京网游新技术应用中心落户经开区［EB/OL］. http：//d. drcnet. com. cn/eDRCnet. common. web/DocDetail. aspx? chnid = 6172&leafid = 24468&docid = 5863853&uid = 271901&version = emerging，2020-06-05.

［444］佟家栋，盛斌，蒋殿春等. 新冠肺炎疫情冲击下的全球经济与对中国的挑战［J］. 国际经济评论，2020（3）：9-28.

［445］童汝根. 支持战略性新兴产业人力资本投入的财税政策［J］. 税务研究，2010（8）：28-30.

［446］涂正革，肖耿. 环境约束下的中国工业增长模式研究［J］. 世界经济，2009（11）：41-54.

［447］屠海令院士综述：我国新材料产业现状分析与前瞻思考［EB/OL］. 搜狐网，https：//www. sohu. com/a/362142175_777213，2019-12-23.

［448］万钢. 把握全球产业调整机遇　培育和发展战略性新兴产业［J］. 求是，2010（1）：28-30.

［449］万军. 战略性新兴产业发展中的政府定位——日本的经验教训及启示

[J]. 科技成果纵横, 2011 (1): 13-16.

[450] 万晓榆, 杨腾, 袁野. 新冠肺炎疫情对重庆市大数据智能化企业的影响分析及对策建议 [J]. 重庆邮电大学学报（社会科学版）, 2020 (3): 82-90.

[451] 万宇. 携手中环股份开启发展新动能 TCL 科技卡位新能源材料产业 [EB/OL]. http://d.drcnet.com.cn/eDRCnet.common.web/DocDetail.aspx?chnid=4803&leafid=18540&docid=5941178&uid=271101&version=emerging, 2020-08-18.

[452] 汪峰, 徐俊华. 我国新材料产业：现状、困局及升级 [J]. 新材料产业, 2011 (2): 76-79.

[453] 汪海粟, 胡立君, 石军伟, 王玉燕. 我国战略性新兴产业发展研究——中国工业经济学会年年会学术观点综述 [J]. 中国工业经济, 2012 (4): 31-36.

[454] 汪克强. 深化体制机制改革：发展战略性新兴产业的关键 [J]. 中国高校科技与产业化, 2011 (3): 25-28.

[455] 汪世银. 区域产业结构调整与主导产业结构研究 [M]. 上海: 上海三联书店, 2003.

[456] 王冰. 市场失灵理论的新发展与类型划分 [J]. 学术研究, 2000 (9): 37-41.

[457] 王镝, 黄成明. 加快培育战略性新兴产业发展的对策研究 [J]. 宏观经济管理, 2010 (8): 54-55.

[458] 王光辉. 我国移动通信产业发展对我国发展战略性新兴产业的启示 [J]. 中国科技论坛, 2011 (1): 28-32.

[459] 王辑慈. 别树一帜的国家竞争优势理论 [J]. 管理世界, 1992 (1): 213-214.

[460] 王劲峰. "十二五" 节能环保产业的机遇与对策 [J]. 宏观经济管理, 2011 (8): 51-52.

[461] 王立岩, 吴英娜. 京津冀区域战略性新兴产业空间布局优化研究 [J]. 未来与发展, 2016 (8): 29-31.

[462] 王利, 尚晓昆, 蒋宁. 我国战略性新兴产业发展研究——基于近现代新兴产业发展规律的分析 [J]. 科技进步与决策, 2012 (12): 52-56.

[463] 王利政. 我国战略性新兴产业发展模式分析 [J]. 中国科技论坛, 2011 (1): 12-24.

[464] 王其藩. 高级系统动力学 [M]. 北京: 清华大学出版社, 1995.

［465］王其中. 促进战略性新兴产业高端化发展的思考［J］. 经济纵横，2013（12）：60-62.

［466］王遒. 俄罗斯大国崛起启示录［EB/OL］. http：//www. wyzxwk. com/Article/guoji/2009/09/54103. html，2008-11-24.

［467］王润良，郑晓齐. 略论技术创新与科技创新的区别［J］. 科技导报，2000（10）：63-64.

［468］王世琪. 一季度业绩逆势稳步增长，浙江重大装备制造业——“重器”正过“万重山”［N］. 浙江日报，2020-05-07（07）.

［469］王树华，陈柳. 江苏战略性新兴产业高端化发展的困境与突破［J］. 江南论坛，2015（1）：9-11.

［470］王舜. 生物技术与我国发展生物经济的对策分析［J］. 生产力研究，2006（1）：122-123.

［471］王遂昆，郝继伟. 政府补贴、税收与企业研发创新绩效关系研究——基于深圳中小板上市企业的经验证据［J］. 科技进步与对策，2014（9）：92-96.

［472］王小强. 信息革命与全球化背景下的中国战略产业重组［J］. 战略与管理，1997（5）：1-14.

［473］王小霞. 后疫情时代 大健康产业机遇与挑战并存［EB/OL］. http：//d. drcnet. com. cn/eDRCNet. Common. Web/DocDetail. aspx？DocID=5841663&leafid=18534&chnid=4801，2020-05-18.

［474］王续琨，刘洋，侯剑华. 论战略性新兴技术［J］. 科学学研究，2011（11）：1061-1066.

［475］王艳芳，孙艳. 新材料产业化影响因素及优化路径［J］. 经济体制改革，2011（5）：174-176.

［476］王永顺，沈炯. 战略性新兴产业——成长、结构和对策［M］. 南京：东南大学出版社，2012.

［477］王宇昕，吕伟. 促进内蒙古战略性新兴产业发展的财政政策研究［J］. 科学管理研究，2013（1）：57-60.

［478］王岳平，葛岳静. 我国产业结构的投入产出关联特征分析［J］. 管理世界，2007（2）：61-68.

［479］王志电. 当代中国产业布局北京［M］. 北京：中国城市经济社会出版社，1990.

［480］王忠宏，石光. 发展战略性新兴产业推进产业结构调整［J］. 中国发

展观察，2010（1）：12-14.

[481] 魏伟，张绪坤，祝树森，马怡光. 生物质能开发利用的概况及展望[J]. 农机化研究，2013（3）：7-11.

[482] 翁国娟，朱克斐. 上虞经开区新材料产业逆势飘红 [EB/OL]. http://d.drcnet.com.cn/eDRCNet.Common.Web/DocDetail.aspx? DocID=5854034&leafid=18544&chnid=4804，2020-05-27.

[483] 我国形状记忆聚合物复合材料研究与发展现状 [EB/OL]. 成都新材料研究院，http://www.cdxcl.org/news_details.html? id=4189，2019-04-02.

[484] 我国智能电表的三大优势及未来技术发展方向 [EB/OL]. 战略性产业数据库，http://d.drcnet.com.cn/eDRCnet.common.web/DocDetail.aspx? docid=5523835&leafid=18537&chnId=4802&version=emerging，2019-06-25.

[485] 巫景飞，芮明杰. 产业模块化的微观动力机制研究——基于计算机产业演化史的考察 [J]. 管理世界，2007（10）：75-83.

[486] 吴传清，周勇. 培育和发展战略性新兴产业的路径和制度安排 [J]. 理论参考，2011（11）：12-13.

[487] 吴德进. "十三五" 福建战略性新兴产业发展方向与重点 [J]. 金融经济，2015（8）：15-22

[488] 吴桂林，刘艳艳，韦宝秀. 产业政策制定和执行过程中的政府行为分析 [J]. 中国集体经济，2010（1）：56-57.

[489] 吴海军. 法国新工业化着力培育战略性新兴产业增长点 [J]. 全球科技经济嘹望，2015（4）：52-60.

[490] 吴金希，李宪振. 地方政府在发展战略性新兴产业中的角色和作用[J]. 科学学与科学技术管理，2012（8）：117-122.

[491] 吴敬琏. 经济增长模式与技术进步 [J]. 中国科技产业，2006（6）：23-29.

[492] 吴敬链. 中国改革成就是和经济学的进展分不开的 [J]. 中国经贸导刊，2002（18）：7-8.

[493] 吴娜，张向前. 知识型人才流动与产业集群发展互动关系研究 [J]. 科技管理研究，2017（24）：193-200.

[494] 吴松泉，黄永和，杨祥璐. 新冠肺炎疫情对我国汽车供应链的影响和建议 [J]. 汽车纵横，2020（5）：48-49.

[495] 伍赛特. 交通运输减排技术研究及展望 [J]. 上海节能，2020（6）：

538-542.

［496］伍业锋，刘建平. 生物产业的界定及统计制度方法初探［J］. 统计与决策，2011（20）：35-37.

［497］物联网技术在电子商务中的应用［EB/OL］. 快资讯，https：//www. 360kuai. com/pc/9e5096dc87d2d4374? cota = 3&kuai _ so = 1&sign = 360 _ 57c3bbd1&refer_ scene = so_ 1，2020-04-20.

［498］筱原三代平. 产业结构论［M］. 北京：中国人民大学出版社，1990.

［499］肖春来，宋然. VAR 理论及其应用研究［J］. 数理统计与管理，2003（3）：6-10.

［500］肖曙光. 战略性新兴产业组织的劳资分配［J］. 中国工业经济，2011（1）：100-109.

［501］肖兴志，邓菁. 战略性新兴产业组织的政策评价与取向［J］. 重庆社会科学，2011（4）：55-62.

［502］肖兴志. 发展战略、产业升级与战略性新兴产业选择［J］. 财经问题研究，2010（8）：40-47.

［503］肖兴志. 战略性新兴产业政府创新基金投向：传统转型企业还是新生企业［J］. 中国工业经济，2013（1）：128-140.

［504］肖兴志. 中国战略性新兴产业发展研究［M］. 北京：科学出版社，2011.

［505］肖志兴，王伊攀. 战略性新兴产业政府补贴是否用在了“刀刃”上？——基于 254 家上市公司的数据［J］. 经济管理，2014（4）：19-31.

［506］谢德荪. 重新定义创新［M］. 北京：中信出版社，2016.

［507］谢建国. 市场竞争、东道国引资政策与跨国公司的技术转移［J］. 经济研究，2007（6）：87-97.

［508］欣雯. 视联网技术推动工业互联网高质量发展［EB/OL］. http：//d. drcnet. com. cn/eDRCnet. common. web/DocDetail. aspx? chnid = 6172&leafid = 24468&docid = 5846805&uid = 271901&version = emerging，2020-05-21.

［509］新基建催生新机遇同盾智能分析决策技术承接新使命［EB/OL］. 战略性产业数据库，http：//d，drcnet. com. cn/eDRCnet. common. web/DocDetail. aspx? chnid = 6173&leafid = 24471&docid = 5922701&uid = 272001&version = emerging，2020-08-03.

［510］新技术能让塑料垃圾高效转化为航油［EB/OL］. 新华网，http：//

www. xinhuanet. com/science/2019-06/04/c_138115856. htm, 2019-06-04.

[511] 新热泵技术新能源汽车极寒天气开暖风续航只掉9% [EB/OL]. 快资讯, https: //www. 360kuai. com/pc/9552a11df5272deab? cota = 3&kuai _ so = 1&sign=360_57c3bbd1&refer_scene=so_1, 2020-06-12.

[512] 邢志强, 金世哲. 关于发展节能环保产业的几点思考 [J]. 应用能源技术, 2010 (10): 1-3.

[513] 熊彼特. 经济发展理论 [M]. 邹建平译. 北京: 中国画报出版社, 2012.

[514] 熊彼特. 经济分析史 (第 2 卷) [M]. 北京: 商务印书馆, 1991.

[515] 熊斌, 葛玉辉. 推动战略性新兴产业发展的科技人力资源开发研究 [J]. 中国人力资源开发, 2010 (8): 7.

[516] 熊莉, 戴维, 张璟. 基于系统分析的产业技术创新战略联盟运行机制研究——以江苏省石墨烯产业联盟为例 [J]. 价值工程, 2017 (36): 17-20.

[517] 熊勇清, 郭兆. 战略性新兴产业培育和发展中的利益关系及协调机制 [J]. 求索, 2012 (7): 5-7.

[518] 熊勇清, 李世才. 战略性新兴产业与传统产业耦合发展研究 [J]. 财经问题研究, 2010 (10): 38-44.

[519] 熊正德, 詹斌, 林雪. 基于和模型的战略性新兴产业金融支持效率 [J]. 系统工程, 2011 (6): 35-41.

[520] 徐长明. 我国新能源汽车发展分析 [J]. 当代石油石化, 2010 (1): 4-6, 25, 49.

[521] 徐翔. 新冠疫情下全球供应链重构与中国制造业应对 [EB/OL]. http: //www. china. com. cn/opinion/think/2020 - 03/20/content _ 75837608. htm, 2020-03-20.

[522] 徐晓兰. 建议设立战略性新兴产业投资基金 [J]. 中国科技产业, 2011 (7): 61.

[523] 许彬. 人力资本增长模型与经济增长方式的转变 [J]. 浙江大学学报, 1999 (1): 134-140.

[524] 许良胜, 李莉. 战略性新兴产业 R&D 活动的产品分类及其干预策略研究 [J]. 兰州财经大学学报, 2016 (5): 25-32.

[525] 许晔. 战略性新兴产业与信息技术发展 [J]. 中国科技论坛, 2011 (6): 19-22.

［526］薛敬孝，白雪洁. 日本产业结构调整的趋向［J］. 现代日本经济，2000（6）：1-6.

［527］薛艳杰. 长三角战略性新兴产业：现状、趋势与对策［J］. 经济体制改革，2011（3）：50-54.

［528］亚当·斯密. 国民财富的性质和原因的研究（上卷）［M］. 郭大力，王亚南译. 北京：商务印书馆，1972.

［529］闫帅. 模块化分工条件下产业链协同创新研究［J］. 杭州电子科技大学学报（社会科学版），2015（12）：30-36.

［530］杨灿. 产业关联测度方法及其应用问题探析［J］. 统计研究，2005（9）：72-75.

［531］杨长湧. 美国支持国内技术创新政策研究［J］. 经济研究参考，2012（20）：43-51.

［532］杨春学. 政府与市场关系的中国视野［J］. 经济纵横，2018（1）：19-21.

［533］杨全发，韩樱. 知识产权保护与跨国公司对外直接投资策略［J］. 经济研究，2006（4）：28-34.

［534］杨森平，黎志杰. 发展战略性新兴产业的财税措施［J］. 税务研究，2011（6）：31-34.

［535］杨宜勇，温鹏莉. 日本代表性战略性新兴产业的发展［J］. 市场论坛，2014（4）：11-14.

［536］杨以文，邓江淮，黄永春. 需求规模、渠道控制与战略性新兴产业发展——基于长三角企业调研数据的实证分析［J］. 南方经济，2012（7）：78-86.

［537］杨震宇. 战略性新兴产业全要素生产率的测算及其收敛性分析［J］. 科技管理研究，2015（15）：114-121.

［538］一部分新兴产业投资过热 谨防新一轮重复建设［EB/OL］. 中投投资咨询网，http：//www. ocn. com. cn/touzi/chanye/201809/dzvrq28094430. shtml，2018-9-28.

［539］尹昊智，李青霖. 美国战略性新兴产业发展情况与经验简析［J］. 信息通信技术与政策，2019（6）：52-55.

［540］尹小平，马欣员. 科技政策与经济增长：美国的经验［J］. 当代经济研究，2013（12）：56-60.

［541］［英］约翰·希克斯. 经济史理论［M］. 厉以平译. 北京：商务印书馆，1987.

[542] 于立宏，郁义鸿. 光伏产业政策体系评估：多层次抑或多元化 [J]. 改革，2012 (8)：114-122.

[543] 于刃刚. 主导产业论 [M]. 北京：人民出版社，2003.

[544] 于新东，牛少凤等. 我国战略性新兴产业的突出矛盾及相关对策 [J]. 红旗文稿，2011 (19)：19-20.

[545] 贠天一. 上海：以战略性新兴产业为引领的现代产业体系初步形成 [J]. 中国战略新兴产业，2018 (3)：40-41.

[546] 袁波，王蕊，张雪妍. 以自贸区战略促进中国产业发展 [J]. 国际经济合作，2014 (5)：42-46.

[547] 袁健红，张亮. 基于破坏性创新视角的中国新能源汽车产业发展路径研究 [J]. 中国科技论坛，2010 (8)：41-46.

[548] 袁天昂. 资本市场支持我国战略性新兴产业发展研究 [J]. 西南金融，2010 (3)：68-71.

[549] 约瑟夫·熊彼特. 经济发展理论——对于利润、资本、信贷、利息和经济周期的考察 [M]. 何畏，易家详译. 北京：商务印书馆，1991.

[550] 云洁. 我国新能源汽车产业概况及问题与思考 [J]. 上海节能，2012 (2)：25-28.

[551] 韵江，刘立. 创新变迁与能力演化：企业自主创新战略——以中国路明集团为案例 [J]. 管理世界，2006 (12)：115-130.

[552] 曾昭宁，魏珍. 日本、芬兰、美国发展战略性新兴产业的经验及启示 [J]. 商业时代，2011 (11)：121-123.

[553] 翟华云. 区域创新能力与战略性新兴产业高端化关系研究 [J]. 科技进步与对策，2017 (17)：34-39.

[554] 翟华云. 我国战略性新兴产业发展与多层次资本市场构建 [J]. 财会月刊，2012 (5)：23-25.

[555] 张静，李威. 基于灰色关联分析的甘肃省居民消费与经济增长关系研究 [J]. 中国科技论坛，2012 (6)：120-125.

[556] 张雷，黄园淅. 中国产业结构节能潜力分析 [J]. 中国软科学，2008 (5)：27-54.

[557] 张领先，李伟书，白京羽，傅泽田. 基于我国的生物产业国际竞争力评价 [J]. 科技管理研究，2010 (10)：32-34.

[558] 张其仔. 比较优势的演化与中国产业升级路径的选择 [J]. 中国工业

经济，2008（9）：59-68.

［559］张泉. 京东数科自主研发可穿戴 AI 仿生手［EB/OL］. http：//d. drcnet. com. cn/eDRCnet. common. web/DocDetail. aspx? chnid = 4800&leafid = 18530&docid = 5871955&uid = 270801&version = emerging，2020-06-12.

［560］张少春. 中国战略性新兴产业发展与财政政策［M］. 北京：经济科学出版社，2010.

［561］张世如. 基于收益变迁的集群形成机制研究——兼论战略性新兴产业培育［J］. 宏观经济研究，2011（12）：59-65.

［562］张烁，程家瑜. 我国战略性新兴产业发展阶段研究［J］. 中国科技论坛，2011（6）：15-18.

［563］张翔. 国内新能源汽车知识产权的概况［J］. 上海汽车，2011（1）：46-48.

［564］张晔. 提升企业创新能力江苏推出园区知识产权服务包［EB/OL］. http：//d. drcnet. com. cn/eDRCnet. common. web/DocDetail. aspx? chnid = 6173&leafid = 24471&docid = 5943840&uid = 272001&version = emerging，2020-08-21.

［565］张一鸣. 疫情将加速全球制造业洗牌进程——访国务院发展研究中西产业经济研究部研究室主任魏际刚［N］. 中国经济时报，2020-03-23（03）.

［566］张嵎喆，王俊沣. 培育战略性新兴产业的政策述评［J］. 科学管理研究，2011（2）：1-6.

［567］张宇，蔡万焕. 金融垄断资本及其在新阶段的特点［J］. 新华文摘，2009（19）：49-53.

［568］张宇，蔡万焕. 马克思主义金融资本理论及其在当代的发展［J］. 马克思主义与现实，2010（6）：101-106.

［569］张玉强，白福臣. 地方政府发展战略性新兴产业"热"的冷思考［J］. 科技进步与对策，2011（22）：67-69.

［570］张玉双. 基于"微笑曲线"理论的我国盾构制造业服务化转型研究［D］. 上海大学硕士学位论文，2012.

［571］张宗益，陈龙. 政府补贴对我国战略性新兴产业内部 R&D 投入影响的实证研究［J］. 技术经济，2013（6）：15-20.

［572］赵福昌，李成威. 促进战略性新兴产业发展的财政政策手段分析［J］. 经济研究参考，2011（57）：49-55.

［573］赵汉斌. 新型复杂细胞松弛素分子首次全合成［N］. 科技日报，2018-

08-30.

[574] 赵洪侠. 权衡理论在企业资本结构战略中的应用 [J]. 吉林粮食高等专科学校学报, 2005 (3): 54-57.

[575] 赵静. 数学建模与数学实验 [M]. 北京：高等教育出版社, 2000.

[576] 赵兰, 周亚利. 产业政策与企业创新绩效——以战略性新兴产业为例 [J]. 商务会计, 2014 (2): 86-91.

[577] 赵玉林. 战略性新兴产业发展机制研究——基于全球生物芯片产业融合发展的实证分析 [D]. 武汉理工大学博士学位论文, 2015.

[578] 赵玉奇, 刘正桥. 新旧动能转换与金融支持战略性新兴产业发展研究——以山东省为例 [J]. 行政科学论坛, 2018 (6): 13-18.

[579] 赵振全, 薛丰慧. 金融发展对经济增长影响的实证分析 [J]. 金融研究, 2004 (8): 94-99.

[580] 浙江宁波：战略性新兴产业成为推动产业高质量发展的引领力 [EB/OL]. 中国战略新兴产业, http://www.chinasei.com.cn/ad/ad9/201903/t20190326_24901.html, 2019-03-26.

[581] 浙江省四大举措推进战略性新兴产业高质量发展 [EB/OL]. 同花顺财经, http://news.10jqka.com.cn/20190705/c612349717.shtml, 2019-07-05.

[582] 郑刚, 姜春林. 区域产业国际竞争力评价指标体系研究 [J]. 科学管理研究, 2001 (6): 24-27.

[583] 郑江淮. 理解战略性新兴产业的发展——概念、可能的市场失灵与发展定位 [J]. 上海金融学院学报, 2010 (4): 5-10.

[584] 植物"入睡"有"开关", 两种酶起关键作用 [EB/OL]. 中国生物技术信息网, http://www.biotech.org.cn/information/155602, 2018-08-21.

[585] 智慧物流时代的到来, 物流机器人行业发展趋势 [EB/OL]. 战略性产业数据库, http://d.drcnet.com.cn/eDRCnet.common.web/DocDetail.aspx?chnid=4802&leafid=18537&docid=5872143&uid=271001&version=emerging, 2020-06-12.

[586] 中共中央党校省部班调研组. 转变经济发展方式的体制难点 [J]. 中国党政干部论坛, 2011 (4): 16-19.

[587] 中国工程科技发展战略研究院. 中国战略性新兴产业发展报告 2014 [M]. 北京：科学出版社, 2014.

［588］中国经济增长与宏观稳定课题组. 全球失衡、金融危机与中国经济的复苏［J］. 经济研究，2009（5）：4-20.

［589］中国汽车工业协会. 中国新能源汽车产业发展报告［R］. 2013.

［590］中国人民大学区域经济研究所. 产业布局学原理［M］. 北京：中国人民大学出版社，1996.

［591］中国太阳能光伏. 产业技术现状［EB/OL］. 北极星太阳能光伏网，http：//guangfu. bjx. com. cn/news/20121225/409928. shtml，2012-12-25.

［592］中科智博产业规划. 加快推进新基建，战略性新兴产业该如何布局?［EB/OL］. http：//zzkb2016. blogchina. com/981238403. html，2020-04-13.

［593］钟清流. 战略性新兴产业发展的动力机制［J］. 经济导刊，2010（9）：24-25.

［594］钟瑛，陈盼. 新冠肺炎疫情对中国宏观经济的影响与对策探讨［J］. 理论探讨，2020（3）：85-90.

［595］周超. 创新驱动发展战略下产业技术创新联盟模式探析——以佛山市为例［J］. 岭南学刊，2019（5）：41-48.

［596］周菲，王宁. 芬兰发展战略性新兴产业的经验与启示［J］. 对外经贸实务，2011（11）：29-31.

［597］周篁. 美国可再生能源发展和节能现状［J］. 中外能源，2007（1）：1-6.

［598］周晶，何锦义. 战略性新兴产业统计标准研究［J］. 统计研究，2011（10）：3-8.

［599］周晶. 战略性新兴产业发展现状及地区分布［J］. 统计研究，2012（9）：24-30.

［600］周静言. 俄罗斯创新能力与创新政策保障分析［J］. 经济研究参考，2014（1）：54-60.

［601］周绍东. 战略性新兴产业创新系统研究述评［J］. 科学管理研究，2012（4）：40-42.

［602］周绍东. 战略性新兴产业技术创新研究综述［J］. 科技进步与对策，2012（16）：156-160.

［603］周新生等. 产业分析与产业策划方法及应用［M］. 北京：经济管理出版社，2005.

［604］周亚虹，贺小丹，沈瑶. 中国工业企业自主创新的影响因素和产出绩

效研究［J］. 经济研究，2012（5）：107-119.

［605］周莹. 创新政策的功能耦合——日本创新政策的演变及其启示［J］. 中国科技论坛，2009（3）：134-138.

［606］周元，孙新章. 以节能和新能源产业为主导推进战略性新兴产业发展［J］. 中国人口·资源与环境，2010（12）：31-34.

［607］朱晶. 新冠肺炎疫情对北京集成电路产业的影响及应对措施建议［J］. 中国工程咨询，2020（4）：27-30.

［608］朱瑞博. 全球产业重构与中国产业整合战略［J］. 改革，2004（4）：73-79.

［609］朱瑞博. 中国战略性新兴产业培育及其政策取向［J］. 改革，2010（3）：19-28.

［610］祝宝良. 构建发展战略性新兴产业政策支撑体系［J］. 科技成果纵横，2010（1）：7-9，12.

［611］祝尔娟，王天伟，陈安园. 京津冀产业发展升级研究——重化工业和战略性新兴产业现状、趋势与升级［M］. 北京：中国经济出版社，2011.

［612］祝君壁. 后疫情时代，“新基建”焕发“新机遇”［J］. 中国中小企业，2020（5）：18.

［613］淄博市科学技术情报研究所. 企业转型升级必须依靠自主创新——东岳集团［EB/OL］. http：//www. ziboinfo. com. cn/html/9465372647. html，2016-05-09.

［614］祖玫. 等离子体技术废水处理工艺详细介绍［EB/OL］. https：//bbs. co188. com/thread-9885939-1-1. html，2018-1-31.